文化叢書143

當代華語電影論述

李天鐸　編著

ISBN 957-13-2032-3

目錄

香港電影部分

大陸電影部分

謹以本書紀念一位我們的好朋友

吳正桓（1951～1995）

緒論：找尋一個自主的電影論述

◆李天鐸

在過往的十多年裡，海峽兩岸三地的中國，無論是在政經社會的發展，或是在電影創作的表現，都經歷了一段前所未有的變動與衝突，本書收錄的十五篇論文，都共同以一種宏觀的視野，套句電影術語——採取「大遠景鏡位」(extreme long shot)來檢視七、八〇年代交替以來至今九〇年代中期，台灣、大陸、香港的電影機構(institution)在文化的顯意過程中，與整體社會體系互動牽引所產生的複雜意涵。

台灣，七〇年代末期，快速的經濟成長改變了傳統農業社會的結構，新興資本家、中產階級、技術勞工與沒落農民，從以往經濟利益的追求，逐漸重視上層政治權利的分享，而與統治階級的權威體系產生撞擊，引發了一連串的抗爭，社會瀰漫著騷動的情緒。就在此時，一股名爲「新電影」的風潮突然崛起，卻又驟然沉寂（請參閱第二章）。海峽對岸，一九七九年，長期閉關鎖國的大陸，經過了一場「文化大革命」風暴，整個社會開始對四人幫進行批判，同時審慎的摸索新的政經方向與社會規律。當「以經濟建設爲中心，堅持四項基本原則，完成現代化」的基本路線確定不久，以第五代創作者爲主幹的「新中國電影」首先在國際影壇引起關注，接著卻在國內與領導體系產生摩擦，而呈現兩極的爭議（請參閱第十章）。相對的，延伸西方工業文化的香港，表面上呈現的景象是一片欣欣向榮的物質天堂，但其社會內部由於戰後的新生代陸續投入生產的行列，改變了原有的生產關係與基礎經濟結構，進而刺激了長期殖民文化與中國傳統思想交雜而成的上層建築。也就是在這種氛圍下，一批由電視培育的年輕創作者進入電影體制後不久，便掀起一股在形式與內容上，都不同以往的新浪潮（請參閱第六章）。

這三個時間緊鄰的風潮，就內在社會條件與美學理念來看，當時它們之間並沒有明顯直接的關聯，而自戰後便形成市場依存關係的台港電影工業也在此時出現斷裂。但是隨著三地政經局勢，由對峙而轉接觸、由殖民而將回歸，到九○年代中期的今天，三地電影的發展，不論是垂直的生產分工，或是水平的發行映演，都已經形成一個初期複合形態的工業體制，並產製出數量可觀、極富創意巧思與深度人文探觸的佳作。這個演變的結果，既是堅苦漫長，也是歷史的必然，因此就格外值得我們做宏觀的檢視，當然也早就引起處於國際地緣政略(geo-political)核心位置的歐美電影體系的關注。

八○年代初，隨著大陸改革開放的政策宣示，歐美電影體系便將對第三世界影片的目光，由原本的拉丁美洲轉向社會急速且戲劇化變遷的三地中國，試圖將三地多樣風貌的文化成品，納入其長久經營的「國際電影」版圖，來豐富其建構的「全球關注」的意涵。十餘年下來，這個強勢電影體系透過各類影展的評選、學界的論著、媒介的報導，不斷向處於世界各地緣邊陲位置的三地文化成品，提出權威式的優劣價值論斷，並給予各種形式的酬賞，例如：賜頒金銀大獎、簽購區域版權，或是出版專書專文對某特定作者或其作品做禮讚式的評析等。

其實這些關注對地處邊陲的三地中國而言，在某些層面來看，並沒有什麼不好。能在全球政經文化激烈競爭的生態中，取得論述的辯證位置，其意義當然是積極肯定的。然而，遺憾的是，這些年來歐美強勢體系的價值論斷，卻已在三地形成一種「自然現實(natural reality)的意識形態效果」(阿圖塞語)；也就是說形成一種「歐美對我們自身文化成品的論斷說法即是當然的論斷說法」的認定，而服膺在優勢的霸權論述下，被召喚成其意識形態的主體。就單以台灣來看，我們已看到越來越多的影片攝製，是以能參加國際影展為主要的企劃考量；而影片的表現形式語法則以符合西方美學感知爲首要創作依歸；我們的政府則更是明明白白的遵循著西方影展的認定，來訂定自身影業輔導獎勵的措施與大陸影片進口映演的標準（請參閱第四章）。而在報章媒體上，世界幾個主要影展活動也已成爲絕不可「獨漏」的影劇新聞。我們看到，每年大批記者有如「朝聖」般奔赴映會現場，將那些遠在千里之外的點點滴滴鮮活的內化爲每年國內的電影大事。這些大事受到的重視絕不亞於我們自身的金馬獎。

至於學術與評論界則更是陷入一片「迷思」。在面臨歐美強勢論斷的意識形態效果，我們非但難得見到對其解構的「對抗閱讀」（oppositional reading），反而倒常見它被當做權威式的憑證，轉述又轉述，來爲幾位作者的特定作品，做強力的辯護；或是把它當做優勢的籌碼，強調再強調，來對異議群體進行鬥爭。甚至，那些論斷更還被當做珍貴的資訊，報導又報導，來對過往因政治對峙而被視爲禁忌的大陸電影，或是因地理隔閡而無法近身觀察的香港電影，進行理解與評析。回顧十多年前，數量僅佔同期國產影片十分之一弱，且讚譽與質疑持續不斷的「新電影」（請參閱第三章），如今卻能成爲整個年代，甚至整個戰後台灣電影發展，最具代表性的文化現象，這或多或少都與它於八〇年代後期全面獲得歐美電影體系的肯定有關。而當年極度捍衛這個風潮的人士，如今則更從評論的位置兼而涉入影片的生產，擔任企劃與促銷，而成爲國內創作成品通往歐美體系的「守門人」，歐美體系派駐台灣的「代理」（agent）。其立場已喪失評論工作應秉持的距離與客觀。當然我們不能說上述的迷思是「整個」台灣評論系統的現象，但它絕對是台灣評論系統近些年來非常明顯的一個現象。事實上，國內過往並不是沒有對這個迷思質疑的聲音，然而在整體意識形態效果的氛圍下，還局限於有限的發言空間，其意見不是無法適切的取得披露位置，要不就是被當做不同流派的「義和團份子」，予以圍剿。

類似的迷思也出現在對岸大陸。同樣約在八〇年代前期，不論是在形式駕馭或題材掌控，都嫌稚嫩的「第五代」，由於稍後連接在幾個影展獲頒首獎，頓時一躍成爲中國電影在國際影壇的代表，並且讓人產生一種中國電影除了第五代導演，其他（第四代或第三代）都是共產宣傳黨工，其作品乏善可陳的錯誤印象。如今這幾位第五代導演雖與領導階層矛盾不斷，卻能挾國外（包括港台）的資助，遊走於政治尺度邊緣，持續創作，飽享各方讚譽。針對這個現象，大陸學界的少壯派批評健將早在三年前便開始進行一連串內省式的解構與批判（請參閱第十四章、第十五章與第十六章）。

同樣的，在面對這種現象，我們不禁要深思：由於過往三地的政治對峙與地理隔閡，該如何用更宏觀的視野來「直接」審視相互作品與社會變遷互動，所產生的深層意涵（請參閱第七章、第十一章）？在過往的十多年裡，三地創製的衆多影片，除了幾位國際名家的作品外，還有那些極具文化意義值得納入文字書寫紀錄的？那些是已經做過了？那些則是漏掉了的？（請參閱第三章、第六章）回顧過往三地的電影發展，我們自己一套貼近政經脈動的自主論述是什麼？（請參閱第五章、第十二章）還有，我們對三地電影發展的歷史脈絡該如何認定呢？（請參閱第一章、第九章）這一連串的問題即是兩年前著手本書的動機，也是這兩年來編整本書的方向。

本書分爲三個部分，共計十六篇論文。香港部分：丘靜美的〈跨越邊界：香港電影中的大陸顯影〉與李歐梵的〈香港電影的兩種風貌：嘲諷與寓言〉，還有台灣部分：陳蓓芝與我的〈八〇年代台灣（新）電影的社會學探索〉等三篇，原本都是用英文書寫，並在一九九〇年加州大學洛杉磯分校主辦的〈八〇年代中國大陸、香港、台灣的電影與社會變遷〉學術會議上提報。另外，吳正桓的〈台灣電影文化和兩種電影觀〉則完成較早，並曾於台北《當代》月刊發表；石琪的〈八〇年代香港電影成就感和危機感〉則曾於一九九一年香港國際電影節特刊發表。至於大陸部分：倪震的〈城市電影的文化矛盾〉、楊遠嬰的〈女性主義與中國女性電影〉、胡克的〈中國大陸社會觀念與電影理論發展〉；還有李迅的〈中國電影：多重視點中的敍述分析〉等四篇，都是爲輔仁大學大衆傳播學系與中華民國視覺傳播藝術學會於一九九二年年底主辦的「海峽兩岸電影學術交流研討會」所準備的專文，並且四位均親自來台出席提報；而另外由戴錦華撰寫的〈困境與裂隙：邁向九十年代的新中國電影〉，完成於九十年代初期，現已收入北京電影學院一九九三年編纂的教材《電影理論與批評手冊》中。至於張頤武的〈後新時期中國電影的分裂與挑戰〉與王一川的〈誰導演了張藝謀神話〉，則是於一九九五年特別因應本書的編整而提供的。還有四篇近兩年完成的，吳昊的〈香港電影的歷史痴呆症〉與我的〈重讀九〇年代台灣電影的文化意涵〉，都於一九九四年台北金馬影展《九〇年代中國電影特刊》刊載；而劉現成的〈開放歷史視野：檢視八〇到九〇年代偏執的台灣電影論述〉則是應我之邀特別爲本書而寫的專文；最後，齊隆壬的〈台灣電影的日本殖民記憶〉曾刊載於一九九四年的《中外文學》期刊。

儘管這些論文完成時間有先後，但是幾位作者均爲了本書的出版，而做了重新的調整，並增補了些許資料。此外，雖然這些論文在當初都爲因應不同的需要而撰寫，但是卻均有幾個共通的特點：首先，在論述方法上，它們既不像慣常以某導演系列作品爲對象的作者論式評析，同時也不像一般就某部特定作品做細微解剖的文學批評式的閱讀。事實上，它們是將整體自身電影發展現象當作「正文」，以社會歷史研究取向(socio-historical approach)爲綱領的文脈分析(contextual analysis)。其次，在論述態度上，這些論文並沒有爲了要駁斥西方對中國電影的「說法」，而刻意搬出另一套有力的「家法」，來一別苗頭的意思。相反的，它們普遍都參照了當今西方批評思潮（像敍事理論、意識形態分析、心理分析、女性主義研究、後現代理論、後殖民論述……等），並將其與自身社會文化情境融合運用，以求貼切的詮釋整體電影發展現象，並進一步挖掘出潛藏在這現象深層結構的複雜意義。最後在論述性質上，這些論文對三地電影發展做的是一種有距離的歷史性回顧，也是一種宏觀性的批判審思。因爲經過一段歷史距離，回頭看過往十多年來三地電影的表現，似乎可以比較清楚的認識它們當時在政經社會複雜的牽引下，許多評斷與說法是如何形成的，許多價值與意義又是怎麼建構的。

當然，要徹底且全面做到這個回顧與審思，單就本書十六篇論文是不夠的，但至少這是本書幾位作者們的一種努力。在此，我要特別感謝他們應我的邀約，無條件的提供精闢的論著，並做重新的增補修訂，使得本書得以順利出版，並且對三地中國電影回顧與審思的努力也得以實現。還有，我要謝謝我在輔仁大學的兩位同事：一位是唐維敏先生，感謝他花了許多心血將丘靜美與李歐梵兩位教授的英文原著翻譯成精確順暢的中文；另一位是陳明珠女士，感謝她在本書出版過程中給予的協助。這本書是屬於大夥的。

最後，在本書完成的此刻，一個針對電影、電視、錄影、攝影而特別設計的「影像傳播學系」已正式宣告成立。這個新教育計畫的推動可以說是過去兩年多的學術生涯中，與本書編整幾乎同步進行的大事，這其間所面臨的挫折、矛盾與壓力，如今總算煙消雲散。冀望這個國內首創的新系，在同仁們一起耕耘下，能爲未來影視理論研究與創作人才培育貢獻一份可觀的助力。特此銘記！

一九九六年三月十八日

台灣電影部分

台灣電影文化和兩種電影觀

◆吳正桓

社會鉅變下的文化再生

一九八六年應該是探索台灣電影文化日後演變的一個重要起點。這一年，執政多年的國民黨在解除戒嚴及黨禁等敏感的政治問題上，採取了一般均認爲較以往開明的態度。此舉的歷史性意義，或許在短期內尙難以釐清，目前可以確知的是，台灣的社會經濟結構已經發展到一個非在政治結構做適當調整不可的轉捩點上了。社會、經濟，乃至政治活動形態的變化，勢必對台灣的電影體制產生一定程度的衝擊，從而決定了電影在新時代的台灣社會中將扮演的角色。對於台灣電影未來的走向，回過頭來考察近幾年來電影文化的變化，已呈現出一些具體而微的徵象，可供揣摩。這些徵象所隱涵的意義，也具體反映了面臨轉型期時，傳統、保守的價值觀與現代、開放的價值觀間的矛盾與衝突。

台灣過去三十年來，最爲凸顯的成就，便是爲世人所津津樂道的經濟奇蹟。這個奇蹟自六〇年代以來，表現在持續而穩定的高經濟成長上，不止大大改善了台灣民衆的物質生活，還將台灣社會帶進富裕的消費時代裡。然而，這個奇蹟也爲傳統的、以農業爲主的社會體制，帶來空前的巨大衝擊，使得台灣的農村社會，面臨瓦解的命運。同時，也使得建立在農業經濟形態之上的傳統文化，步向式微的危機。具體而言，在短短三十年，成功而徹底的工業化的過程中，台灣的社會結構也進行著表面平靜、但實際上卻是劇烈異常的翻造重組。中國立國之本的農業在台灣的經濟成長中，重要性逐年下降，最明顯的指標便是傳統的農業人口從一九五三年的百分之五十六減至一九八三年的約百分之十九，在這段期間進入勞動市場的人口便完全爲工業或服務業所吸收。人口大量的從農村往都市移動，勞工階級的出現和都市化的速度便成爲一體兩面的現象。中國傳統社會的大家庭模式在這種情形下，便再難以維持下去。在核心家庭的體制上，傳統的、權威取向的家族倫理便失去了依靠。都市裡疏離的人際關係，也使得新興的勞工階級逐漸從封閉的農業社會規範的束縛中解放出來。因此，在行爲和意識形態上，他們有較自由開放的發展空間，但同時在新的社會經濟活動條件下，一種牢靠的、足以安身立命的新價值觀和人生觀仍未形成，故在精神生活上產生相當程度的疑惑、迷惘。

相對於勞工階級的產生，台灣以出口爲主導的工業化過程，也製造了中產階層。他們儼然取代了傳統社會中地主、士紳的角色，成爲穩定社會秩序的一股力量。但由於他們的經濟活動本身便較爲多元化、專業化，傳統的道德、習俗及儀式規範的約束力，也相對減弱。尤有甚者，他們要求一套適合其經濟活動特性的政治操作系統(即民主、法制)，而這種要求往往成爲推動政治革新的動力。政治革新的底層動機，自然是鞏固、擴張、實現其既定的利益，並使其合法化。這種尊崇理性的力量，對於統治階層的權力體系產生的撞擊，隨著傳統社會的日益解體而日形激烈。雖然新興的中產階層頗爲富裕，但在精緻其精神生活品質的消費上，卻顯得相當貧乏粗糙。庸俗而反智的電視節目仍然受到普遍的喜愛，就是具體的反映。

總的來說，台灣由農業社會轉向工業社會的過程中，傳統的社會規範媒介，如家族、宗親和鄉黨，對於隨著勞動方式改變而產生的勞工及中產階層，其約制力已逐漸喪失。由於經濟活動的內容及實質的改變，傳統的行爲規範準則、道德理念及價值觀，與工業時代的意識形態也產生了難以調和的矛盾，而逐漸崩潰流散。然而，工商業社會的道德觀、價值觀尚未有效而統一的形成主導的新社會規範，因此，傳統與現代間的矛盾，保守心態與進步心態間的衝突，隨著經濟成長而日形尖銳、激烈，並反映到種種文化、藝術活動層面上。文學上，先後有現代詩定位的爭議、鄉土文學論戰；戲劇上，有國劇改良之嘗試；至於電影文化，則在八〇年代，出現了台灣新電影之後，表現在兩種電影觀的分歧，而台灣電影文化的演變，也在這時走到關鍵時刻。

從政策電影到適應市場的轉折

台灣的電影工業一直是以國民黨經營的中央電影公司及隸屬政府的中國電影製片廠和台灣省電影製片廠爲主幹，其他的民營公司爲枝葉。六〇年代以前，民營公司由於資金短絀、設備不足，加上市場需求有限，所以活動力甚低。六〇年代之後，電視台相繼成立，電影市場更形縮小，一方面，固然打擊了電影工業；但是由於電視節目的內容，在題材的選擇、對白的處理，本已相當貧乏粗糙，經過有關當局僵硬的檢查過濾，往往喪失了視聽娛樂應有的趣味及光彩。電影工業在這種「產品差異化」的情形下，反而發展出電視不能取代的娛樂功能。同時，由於電視的競爭，在「產品差異化」的條件下，電影製作的成本必須提升以強化品質，故電影工業和台灣的工商業一樣，開始走向資本密集的道路，使資金結構不良的民間公司，經常面臨周期性的危機。在香港拍粵語片及在台灣拍台語片的公司，因爲不能統合在以國語片爲市場的廣大市場內（包括台灣、香港及東南亞華僑聚居之地），先後遭到淘汰或重組之命運。僅存的大公司如邵氏、國泰、電懋及稍晚的嘉禾，所拍的商業片，源源進入台灣，與以中影爲首的三大公營公司，在七〇年代之前支配了台灣的國語片市場。

處於政治敏感的香港，爲了進軍台灣市場，港片的內容較傾向於脫離現實的逃避主義，在製作的企圖上，則以商業的牟利爲著眼點，雖有個別的導演在藝術成就上有所作爲。一般而言，港片所處理的題材及態度，可以說是相當的老舊保守，在男女愛情上如此，在家庭及社會的倫理觀照亦是如此。對於近代中國急遽社會變遷的回應反省，幾乎完全空白；相反的情況，則在以中影爲首的公營公司的片子上出現。撤退到台灣的國民黨，在沉重的憂患意識中，積極從事民心士氣的建設工作，國策的宣揚、反共的宣傳及社會風氣的教化，便成爲電影最重要的任務。不止中影、中製、台製在電影製作必須遵循這個政策，甚至也利用各種獎勵措施，鼓勵民營公司攝製國策片。早期的國策片在內容上不是控訴共產暴政，便是宣揚三民主義政策下的政府德政。基本上，這時期的國策片立意在做社會心理之改造，強化反共政治意識的基礎，以製造利於國民黨動員社會資源的局勢。然而，在劇情的處理上，泛道德主義的自我膨脹，顯得過度僵化刻板，片中除了政治背景與現實的局面有所呼應外，人物、生活細節，甚至意識形態的反映均過於空洞，陷入文宣政策執行者的主觀願望。這時期國策片所表現出來的社會改造意識與香港片表現出來的逃避現實的享樂意識，是一個明顯的對比。這個對比使得僵硬的國策片在市場上漸漸失去競爭能力。票房收入低落，顯示的不止是資本的浪費，在當時最重要的意義則是宣傳效果不佳。因應這個困局，一九六三年，中影開始提倡所謂「健康寫實路線」的製作方向，將國策片在題材及內容與台灣的現實（如三七五減租之後的新農村面貌），做更貼緊的結合。「健康寫實路線」的提出，雖曾引起一陣議論，但無疑的將台灣的電影文化引進一個較廣闊的空間，提升了電影的藝術水平，也多少平衡了國策片在市場上的劣勢，台灣上一代的優秀導演也大都在這個時期進入了其創作上的成熟期，而在後續的十年中完成了他們藝術生涯中最好的作品（如李行的《養鴨人家》及後來的《秋決》）。從此，以中影為主的公營公司的製片路線，也開始注意市場口味的變換，做有限度的調整，較為主觀而強制的社會教育訴求也變換得較為和緩，加上商品包裝的娛樂訴求（例如瓊瑤小說的改編、明星制度的強化等）。同時，在運作上也偏向市場經濟的原則，以適應台灣經濟體制快速的資本主義化。

電影體質的結構變遷

七〇年代中期，台灣的電影文化開始出現本質上的變化；年輕一代的電影觀衆群成為票房收入的主要來源。電影觀衆平均年齡下降，是戰後全世界電影工業的趨勢。但台灣新一代電影觀衆的出現，卻另有一番意義。新一代與上一代不同，成長經驗裡沒有戰亂動盪這麼重大的事件，來塑造他們共同的人生觀；雖然他們是在統一的學校體制內接受教育，但是隨著經濟成長所帶來的富裕和透過進口電影及盜製錄影帶的外來文化（主要是美國及日本）接觸，他們的價值觀出現多元化的現象，這與台灣社會的多元化是一致的。面對著這樣一群不同的觀衆，傳統規格化的電影製作方式便處於瞎子摸象的局面。新題材的挖掘（如學生電影、黑社會電影、喜感功夫、警罪片等）一旦在票房獲得成功，馬上興起一陣跟風，以抄襲、因循的作風，將具有發展潛力的題材，做強暴式的剝削，粗製濫造的產品大量出籠，將觀衆的興趣打亂，終導致市場的低迷，而走進空前的危機中。

另外，東南亞國家的民族意識抬頭，抵制華語影片的進口，使得港台國語片的市場縮小，更加劇了這個危機。在此情況下，資本集中且較成熟的香港電影工業反應較快，開始吸收年輕一代的電影工作者，從事低成本、新題材、新手法的製片路線，將危機轉化成生機。香港電影的新浪潮，於七〇年代末期在台灣產生很大的衝擊，他們不止吸引了台灣新一代觀衆的興趣，在票房上屢屢告捷，藝術成就上，也得到奧斯卡與金馬獎的肯定，同時，引起台灣新一代影評人的熱烈討論。

台灣電影工業在應付同一危機時，所表現出來的遲鈍，在在顯示了台灣電影工業在資本主義化過程的停滯，也顯示民營公司處處受制於政府管制的不良體質。在一九八三年《電影法》尚未通過之前，電影工業是屬於「特種營業」，在法律基礎脆弱的環境下，「投機」取代「投資」爲台灣電影工業的一大特色，長期性、專業性的經營觀念，甚難生根。最明顯的事例，便是金馬獎的脫胎換骨，及後續的籌畫工作，均由官方的新聞局領導完成，民營公司反而不積極。甚至金馬獎的籌畫工作交由民間電影團體來執行，也處處暴露出非專業化的缺陷。在這種惡劣的環境下，只有把握著優厚資源的中影公司，展開了自救行動。在「窮則變，變則通」的情況下，中影找了四個年輕導演，以低成本、風險分擔的做法，拍出了台灣新電影的濫觴作品《光陰的故事》。這部作品對中影而言，只是投石問路，不意竟頗爲成功，結果爲後續的其他年輕導演鋪出一條道路，紛紛拍出與過去大爲不同的電影，造成台灣新電影的誕生。新電影成爲一股風氣，對電影創作者而言，並不是一個有意識、有規畫、有一套預先設定的美學觀的運動。故在本質上，新電影並不以挽救國片危機爲其自覺的任務，同時也並沒有以提升社會文化爲創作目標。它的產生，可以說是來自電影創作者對本土生活體驗反省的結果；即對台灣過去三十年來的現實生活尋找一個確切的意義。因爲在既存體制內製造的商業電影或是政治宣傳電影，已經無法與戰後一代的生活現實產生溝通，新電影的出現，正是對這種虛僞作假的影像，對電影藝術的墮落，自然而然的一種反動。

新電影重新反映生活經驗

考察台灣新電影的特色，如《海灘的一天》、《兒子的大玩偶》、《小畢的故事》、《油麻菜籽》、《殺夫》、《風櫃來的人》、《冬冬的假期》、《童年往事》、《青梅竹馬》、《我這樣過了一生》等，雖然許多片子均取材於優秀的小說，在原創性上較爲匱乏，但是在電影語言的開發，卻蔚然成爲一個新氣象。發生在任何一種藝術形式內的革命，總是在表現語言（符號）上開始的。不是將傳統的語言秩序打破，予以重組，產生新的意義；便是摒棄了傳統的語言系統，另外創造與其表現內容相容的新語言系統。台灣新電影在表現語言的使用上並未極端到革命的地步，然而嘗試著去尋找一套更能貼切的表達其創作內容的企圖卻異常清楚。

以表達內容來看，新電影所欲處理的題材，與商業片及政策片就有不同的重點。例如，對社會邊緣人物的同情觀照（《看海的日子》與《小畢的故事》、《風櫃來的人》），對傳統的父權道德體系的無情剖析（《殺夫》、《油麻菜籽》、《海灘的一天》），對台灣社會三十年蛻變過程的呈現（《童年往事》、《我這樣過了一生》、《海灘的一天》），對都市生活疏離感的捉捕（《青梅竹馬》）等等，新電影導演針對這些切身的素材，要誠摯的表達其自身的感受，畢竟這些素材也是創作者及年輕一代觀衆生活經驗裡相關的一部分，自覺或不自覺的挑選適當的電影語言或表現手法來敍述，便融爲藝術創作的重要部分。然而，這種自主而帶著個人主義色彩的創新作品，無形中已經脫離了電影是消費商品及意識形態媒介的體制規範，而被既存體制的維護者視爲具有顛覆性。《兒子的大玩偶》所引發的「削蘋果事件」，是保守意識形態衛道者的反擊；從商業體制利益出發的反擊，則表現在保守的影評路線對新電影偏頗的抨擊。這兩個事件，前者暴露出保守勢力無法適應時代潮流演變的悲哀；後者則暴露了一種藝術視野非常狹隘、立論觀點非常封閉而偏頗的電影觀，兩個現象共同的則是對台灣電影文化中進步的、創新的成分，無法把握、無能理解、不願容忍的保守心態。

「削蘋果事件」提供了三項有關八○年代電影文化走向的啓示。最清楚的便是掌握文化霸權的執政單位內部已分化出開明革新與閉塞守舊的兩股勢力，雖然這兩股勢力的消長多少受制於整體政治局勢的變化，但可以預見的是保守勢力如要在未來取得更有影響力的發言權，不經過現代化的洗禮，重新在理論上調整、加強的話，已經是不可能的事了。這股保守勢力承襲一九四九年大陸撤退時的憂患意識，在救亡圖存的危機感及使命感激勵之下，產生了威權取向的性格。在道德上採取截然分明的黑白二元觀，對於異己不能容忍，極力排擠打擊，迷信絕對的權力及絕對的服從，排斥系統化的科學思考，偏於反智、反理性。這種心態表現在文藝政策的執行上，便處處顯得霸道強硬。固然，因應五○年代的特別局勢，這種做法有其不得不然的必要，但是處於八○年代多元的消費社會，這股保守勢力擔任意識形態把關者的觀念及技術，已經面臨不可避免的挑戰，在時代蛻變的局面下，他們的老習慣已成爲蓬勃自發的文化運動的箝制。

其次，文藝政策的執行，從過去幾年來所持續較爲開明、彈性的作風上來看，可以樂觀的預測在未來仍將維持下去。一方面是因爲社會演變的趨勢，一元而獨斷的做法很難獲得民意的支持；另一方面則是部分有關決策人員的素質較爲優良，他們受過較爲完整的現代教育，深諳民意的取向，也體認到台灣在國際外交逐漸孤立的情況下，要在世界的舞台上發出聲音，塑造有利的形象，文化藝術交流的重要性將日漸增加。如果沒有優秀的本土作品，勢必無法擠進沒有國界的藝術殿堂；但沒有較具彈性的作風、較爲開明的環境，優秀的本土電影是很難產生的。萬仁後來拍的《超級市民》，在沒有大刀闊斧的修剪下，送出去參加海外影展也是個例證。最後，「削蘋果事件」顯示的，則是年輕一代的影評人、記者、文藝工作人員，對於有關單位開倒車的行爲，已經能夠有效的發動輿論，提出鏗鏘有聲的批判，充分表現出台灣的電影文化已經發展出相當的活力。不止大衆傳播媒體（主要是報紙及雜誌）的影評專欄，有不同形式的影評出現，而且也有一群將電影視爲嚴肅藝術的觀衆，在閱讀影評。專業影評人和精英觀衆的出現，對電影工業產生了一定的影響。

兩種對立的電影觀

台灣的電影市場，洋片與國（語）片一直是涇渭分明的兩個部分，各有其觀衆群。洋片一向以好萊塢產品爲最大宗，主要觀衆群一般而言是大學生及白領階級，教育程度較高，集中於大都會區；國片雖有港台之分，但主要觀衆群是彼此不分化的。一九七七年「電影圖書館」成立之後，舉辦的一系列會員活動中，開始有系統的介紹西歐電影名家及國片的優秀作品，加上配合金馬獎的國際影展，使得藝術電影的觀賞、評鑑、討論，打破了好萊塢模式的獨佔局面，對電影藝術形式及內涵的無限可能性，提供了可供探索、思考的園地，從而培養了一群鑑賞能力較以往大爲提升的電影觀衆。較爲專業性的電影評論文字也在具有一定讀者群的期刊上刊載。其中電影圖書館出版的《電影欣賞》，成爲繼《劇場》、《影響》之後，最具代表性的電影刊物。

經由這些專業化文字媒介的引領，電影藝術不再是不可知的神祕領域；對電影的領會，從影評文筆中呈現的美學評鑑，都有系統化的脈理，可供揣摩，看電影也不再是單純的消遣，而可以是心靈經驗的擴大充實。這些專業化影評人擺脫了過去影評只爲片商利益服務的曖昧立場，就電影論電影，重新樹立了影評人的尊嚴，但也引發了保守的電影界做出激烈的反應。

早在一九八一年《聯合報》推出的影評專欄「電影廣場」上，專業影評人對投機取巧、粗製濫造的電影，展開語氣尖銳、火力兇猛的批判，影響片商的利潤收入，造成片商極端的不滿，因此發動了攻勢極爲綿密的反擊。這些反擊採用黑函告狀、祕密檢舉、集體杯葛的方式，終於使得《聯合報》取消了此一專欄。從那時候起，台灣電影工業體制內的保守勢力與精進的新派影評人之間，對於電影的功能、影評的寫法、電影文化的走向，出現了分裂看法，具體的表現在對新電影的評論上。「削蘋果事件」之後，新電影導演陸續拍出的一些片子，如《風櫃來的人》、《殺夫》、《冬冬的假期》、《青梅竹馬》、《童年往事》等，以台灣電影文化的傳統來看，在風格與題材上均頗具開創性。由於欠缺適當的行銷策略，沿用傳統娛樂片的發行方法及通路，故在票房上並沒有締造「奇蹟」，甚至有的片子還被迫提前下片。新電影在票房上的失利，其實也是本土電影在港片準確的行銷策略滲透下，普遍碰到的局面；並非新電影本質上的缺陷，而是台灣電影工業體制、經營觀念及技術落伍的結構性問題。

然而，新電影卻在保守勢力的言論下，成爲摧殘台灣電影生機的異教徒，背負了沉重的罪名。保守的影評路線對新電影的抨擊，不管是不是站在美學理論的觀點發言，都一致指責新導演拍的片子異常沉悶；這主要是沒有「意義」的場景拍得太久，鏡頭經常靜止不動，演員表演不夠戲劇化，因此不夠刺激，生活細節的描述太過瑣碎（因爲電影是娛樂，不能與現實太接近）。總之，製造疏離，或創造觀衆思考、反省的手法，破壞了電影做爲精神調劑、逃避現實生活壓力的娛樂效果。其次，他們也批評新導演的個人主義作風，忽略了電影是牟利的商品這個特性，所以不能對台灣電影工業危機的解除有所助益，反而會毀壞了國片的前途。這些論點所採取的電影觀，推敲起來，是站在與好萊塢商業體制相仿的立場出發的。亦即將「電影是什麼」這個問題窄化在只是商品的概念上來思考。做爲商品的電影只有一個目的——賺取利潤。要賺取利潤，就需要盡量吸引觀衆，爲了吸引大量觀衆，電影便必須以大多數觀衆都習慣而接受的方式來拍。好萊塢規格化的產品所建立出來的電影美學，便是這個模式的典範。因此，違反這個模式的電影，不止在美學理論上站不住腳，而且會破壞既成體制與觀衆之間預設的契約，危害了體制的生存。因此從這個立場出發的影評，常以保護消費者的利益爲其立論之依據（因爲觀衆的專賣權屬於他們），無形中將觀衆對電影的接收，視爲被動的過程，而忽略了人對影像的理解，也有主動的一面。感官刺激所聳動的情緒經驗之深淺，常成爲評斷電影好壞的唯一標準。他們對電影可能成爲一種對現實人生提出反省的藝術本質，不理解，也不願去理解，因此相當排斥具有原則性的做法。

照理說，對新電影的否定，從美學觀點而言，可以是見仁見智的說法。但是將新電影視爲國片前途的障礙，則牽涉電影理論以外，更深層的心態問題了。保守勢力總認爲目前的國片市場是他們經營出來的，新電影出現，不止擾亂了既有的市場秩序和消費者口味，使整體電影工業遭受池魚之殃，而且還將電影界有限的資源揮霍一空，斷了後續的生路，令潛在的投資者却步，逼使日漸減少的電影院加速關閉。這種心態的形成，其實正是台灣電影工業最大的隱憂，也是台灣電影文化兩極化的根源。

支持新電影的影評，基本上對「電影是什麼」採取較寬廣、開放的看法，因此電影除了是商品之外，也可以是對現實反省的藝術。新電影以誠摯的創作態度，從不同的層面，以不同的風格，爲傳統中國社會走向現代化過程中所發生的種種人文變遷，做忠實的記錄。也就是因爲這些開創性的做法，爲台灣貧瘠的電影文化播了些種子，而且在國際間的文化交流上，贏得了能與台灣「經濟奇蹟」互相輝映的成就；對開拓國內及海外的國片市場，也提供了一些助力——雖然這些助力還沒有推動體質脆弱、觀念僵化、作風落後的台灣電影工業。對新電影抱著肯定態度的影評，在立論上，認爲人在觀影過程中，是主動的，所以也承認一部電影可以有許多看法。故影評人的任務，並不在促成觀衆對影片的消費，直接爲電影工業的利益服務，而是在界定、釐清電影作品蘊涵的多層意義，爲電影文化的起飛努力。兩種對立評價新電影的影評路線，其實對作品意義詮釋的差異只是表象，最根本的是對「電影是什麼」有不同的設定。這種基本上的差異對電影工業的何去何從，也就衍生不同的看法了。

新電影的積極性

那麼，八〇年代之後的台灣電影工業將走向何方呢？在經濟環境日漸自由化、社會環境日趨多元化、電影工業內的競爭逐日激烈的情況下，大衆化商業電影的製作成本也將步步高陞。四十年來，台灣中小企業規模的民間電影公司，到了今天處於苟延殘喘的境地，一方面是他們欠缺有效的經營方法及電影文化的修養；另一方面則是政府的管制，使得拍片的題材局限於很窄的範圍，限制了小資本也可以生存的空間。然而畢竟不同口味的電影消費群已經出現了，在這個情況下，中影公司由於設備、資金及國民黨所屬機構的特性，將繼續成爲台灣電影工業的最大支柱。

這幾年來，因應電影市場的變化，中影的經營方式也有相當程度的調整。例如，多角化的經營，包括錄影帶發行、觀光取向的文化城，與香港片商合作製片以降低投資風險，拍攝投機性的類型片如殭屍片、煽情片，發行港片等。在走向追求利潤的策略下，又同時能夠與新導演合作，拍出可以到處參加影展的作品，如《恐怖份子》、《戀戀風塵》、《我們都是這樣長大的》。中影公司這種經營方針上的分裂，在意理上，反映了兩種電影觀的矛盾，然而，在這矛盾中，中影卻取得了最佳的實質利益。不止在競爭激烈的商務系統內，擴大了生存空間，也在對社會的文化任務上，表現了豐碩的成果。將中影公司目前的模式擴大來看，台灣電影工業體制的資本組合，經過適當的改造之後，藉由重新投入的資金，或與香港累積較集中的資金合併，將對目前的電影檢查辦法施予更大的壓力，以求得更開放的製作空間。在資本追求利潤的前提下，更開放的電影檢查尺度，並不必然會產生文化意義更成熟的作品，可以確定的是，視「電影只是娛樂商品」的保守主義，將在更加精緻的包裝下，以新的面貌出現。檢視今年金馬獎的提名名單，已經可以看出這個新保守主義的趨勢了。

然而，這幾年台灣新電影的出現，也提供了本土電影工業轉化的一個契機。以台灣有限的市場規模而言，資本密集的經營模式，如果未能有效的開拓海外市場，勢將難以生存。因此，低成本的製作——降低明星的高片酬及特殊效果的費用、高品質的劇本、藝術意義豐富、民族風格突出的電影，在口味多元化的本土市場中，配合以正確的行銷策略，仍然充滿著機會。同時，藉由海外影展的引介，開拓海外市場也不是沒有成功的可能。當然最適合做這種有前瞻性的文化建設工作的機構，應該是國營的中製及台製。令人遺憾的是，這兩個機構徒將有限的預算花費在不能取得觀衆共鳴、又無文化意義的電影製作上。從這點可以看出政府有關單位在策畫、執行電影文化工作的顢頇及落後，更可悲的是這種無能無知的現象，尚未受到藝術工作者及知識份子輿論的壓力。亟需的改善，卻不知何時方始？

當然從台灣社會演變的情勢來看，新電影在八〇年代出現，其文化意義要遠比經濟意義來得深遠。步入新時代的台灣社會，面對著不可預知的未來，或可退縮回傳統裡，沐浴於昔日的光輝，重溫舊夢；或可沉溺於經濟奇蹟下的物質享受，以聲色刺激自我陶醉；也可以正視歷史演變的軌跡，重新界定在台灣生活的意義。新電影的貢獻，正是對第三種的可能性，提出了一個正面而肯定的回應。忽略了這一點，任何對台灣電影工業前途之思辯，將是徒勞無功的。

八〇年代台灣（新）電影的社會學探索

◆李天鐸　陳蓓芝

前言

電影是科技、工業、藝術與文化思想匯結的產物，與整個政治、經濟、社會大環境的變化密切相關。在資本主義社會裡，電影不全然是作者論批評家所謂「個人世界觀」(world view)的展示櫥窗，而且是結合藝術與商業的大衆消費產品，成爲社會現象與機構(institution)運作的一部分。因此，當我們在爲某「同質影片群」(homogeneous cluster)的風格、主題、圖象等元素做歸納分析時，也有必要由社會歷史鉅視角度剖析其與社會環境互動關係。

近四十年來，台灣社會轉變十分急遽。經濟高度發展造成整體價值茫然於傳統與現代之間，社會動盪與功利取向。到了八〇年代，隨著大衆對社會資源分配要求提高，傳統權威政治結構急速瓦解。一時之間，台灣社會變遷內涵複雜，文化系統面臨調適因應考驗。正當此時，一群年輕電影工作者在內容上強調近十多年來台灣經驗；在形式上傾向自然寫實的電影現象發生。一九八二年，傳播界開始泛稱之爲「台灣新電影」(Taiwanese New Cinema)而喧騰開來，並獲得影評界與文化界熱烈反應，實爲台灣四十多年電影史上絕無僅有現象。

然而緊跟著這個名詞出現，一連串質疑便接踵而至：什麼是「新電影」？哪些創作者的作品屬於「新電影」的範疇？是否具有獨特的主題意識與表現形式匯集成流，足以稱之爲電影運動？那麼相對於「新電影」，「舊」電影又該如何定位？一開始這些根本問題便無法獲得一致定論，引發後來評論界對整個「新電影」現象在美學價值上熾烈爭議。直到一九八七年，也就是「新電影」熱潮呈現沒落之勢後兩年，二十多位電影工作者與評論者試圖做一番根本審理，仍然不能取得共識，獲致具體結論。①

面對至今仍持續的爭議，本文不擬做蓋棺論定，亦不打算針對這個電影現象中某些創作者，或某些作品，做重新的優劣評價。相反的，準備探討以下三個過去諸多爭論中很少詳細剖析的問題：

一、在台灣社會快速變遷的四十年裡，爲什麼新電影現象會在八〇年代特定時間中，驟然崛起而又驟然沉寂？

二、新電影現象的內容與表現形式與當時社會環境有何互動關係？

三、在整個台灣電影文化中，新電影現象功能爲何？

換句話說，本研究以社會體系宏觀角度，將一九八二至一九八六年之間的新電影風潮，置放在第二次大戰後台灣社會變遷歷史脈絡裡，來檢視它的社會文化意義。

研究架構與假設

觀察電影現象的研究途徑(research approach)很多，例如美學分析、符號學分析、心理分析、意識形態分析等。任何途徑都能解釋現象的某一層面，提供觀察角度。但是每一種途徑也都有其限制。社會歷史研究途徑(socio-historical approach)探討電影現象與社會關係面向(dimension)繁雜，舉凡政治、經濟、教育、文化等均包含其中，並不能詳述淨盡。而每一種解釋面向又有不同角度取向，只能根據研究目的，選擇最合適的角度去分析所設定的現象面。查菲(Jan Jarvie)在其著作

《電影與社會》(*Movies and Society*)一書中，對觀察社會環境中的電影現象提出四個角度：

一、電影工業體：誰製作電影？怎麼製作？爲什麼？

二、電影觀衆體：誰看電影？爲什麼去看？

三、電影本體：呈現什麼？爲什麼？

四、電影評論體：誰評析電影？怎麼評法？爲什麼？

羅伯・亞倫(Robert A. Allen)與道格拉斯・格莫瑞(Douglas Gomery)擴充查菲問題範圍，認爲在一特定時間，電影現象還要考慮與其他社會網絡關係，把查菲四個角度放入社會體制(social system)中，視電影機構(film institution)爲整個社會體系的「次體系」(subsystem)。觀察媒介與社會各環節之間互動關係。亞倫與格莫瑞同時說明：

> 影片或電影已不能以一件事觀之，且絕不止是個人電影集合而已。它是人們傳播、商業運作、社會互動、藝術可能性與科技的互動、複雜單位。因此，任何電影來源定義都必須認爲，電影發展包括電影作爲一個特殊科技、工業、視聽呈現體系和社會機構的改變。②

從體系的社會歷史觀探討電影現象轉變因素，喬治・瓦克(George Huaco)在《電影藝術社會學》(*The Sociology of Film Art*)一書中特別強調政治機構、工業體制對創作者影響。他根據衝突功能論社會學觀點，把電影視爲「上層結構」(superstructure)中反映社會現象的表意符號(expressive symbols)。社會如發生新的電影現象，或是所謂電影運動，必有其「下層基礎」(base)來源，並見容於政治與電影工業核心體系。瓦克運用這個觀點研究德國表現主義(German Expressionism)、俄國表現寫實主義(Soviet Expressive Realism)，與意大利新寫實主義(Italian Neo-realism)時發現：此三個運動興起，都具備了四個社會條件；沒落，也都是因爲其中一項或多項條件缺乏。此四個條件是：

一、創作核心群（導演、編劇、技術人員等）。

二、必要的工業生產設備。

三、電影工業核心和創作者意識形態相容。

四、整體政治環境和電影創作者意識形態相容。③

由此四項假設關係看出，瓦克把電影工業、政治控制體系與創作者之間互動關係視爲電影運動主要原因。從他的分析裡可以看出其間辯證關係：

控制體系開放且容忍電影新異化思潮，若不如此，電影創作者便得服從既存美學形式與意識形態，放棄挑戰與突破，從統治結構觀點反映現象。

綜合亞倫與格莫瑞社會歷史系統觀及查菲電影社會學觀點，本研究將台灣電影生產體系視爲整個社會體系的「次體系」，首先驗證這兩個主、次體系之間的辯證情況，然後再進入電影生產體系逐步檢視八〇年代新電影創作者、電影工業領導核心、觀衆群體與評論群體之間複雜的關係。（如圖一）

什麼是新電影現象或電影運動？根據大衛・鮑維爾(David Bordwell)與克利斯汀・湯普生(Kristin Thompson)的看法，電影運動是：「某段時期或某個國家的電影共同擁有形式風格上的某些特質。並且在同一個電影工業結構下，電影工作者對拍片概念有共同認知。」④此定義根據電影美學

圖一　研究架構

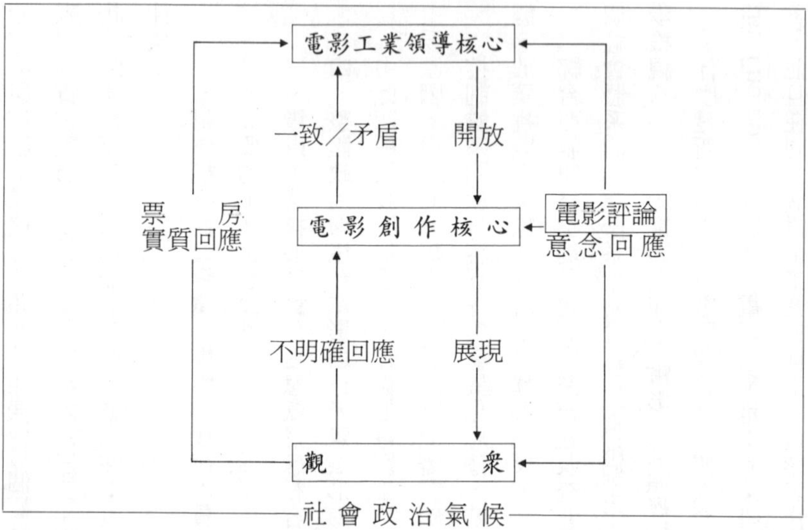

觀點看電影運動。那麼放在社會歷史架構中問題即是：「爲什麼特定美學風格出現在某一特定時間裡，而非其他時間？爲什麼特定電影製片者塑造個人美學觀點？這些美學觀點受到經濟、社會、科技情境影響爲何？作品在特定時期中如何被解讀？這些解讀方式會因性別、階級而有所不同嗎？爲什麼這些特定電影被稱爲『藝術』，而其他電影則不是？」⑤

因此本研究的假設如下：

第一，台灣一九八二至一九八六年的新電影現象具有某種共同創作動機與風格特性。而此種現象發生和台灣整個電影與社會變遷歷程有關，絕非偶然造成。

第二，根據瓦克的研究，政治機構與電影工業領導可能基於某些環境因素開放電影活動空間。但新的電影思潮會和原政治、工業理念矛盾或一致，而產生衝突或妥協現象。

第三，影評基於專業見識與理論知識引導消

費大衆品味、批評電影、提供電影工業決策方向。在新的電影現象發生過程中，影評是否發揮其應有功能亦是造成新電影現象興沒重要因素。

第四，影響票房的因素很多，而不同觀衆人口對電影功能界定不一。但從票房長期趨向、分析觀衆社會背景和人口結構可以解釋在政治、創作者理念衝突或妥協時，觀衆所扮演的角色直接影響其辯證結果。

爲什麼新電影現象會在八〇年代受到國內各方討論？而在此之前，台灣電影史尙無類似現象產生，爲什麼？以下本文首先探討一九四九至一九八〇年台灣社會政治變遷與電影互動因素，來看爲什麼新電影現象直到八〇年代才發生，並具有什麼意義。

一九四九—一九八〇年台灣社會變遷與電影發展

權威政治氣候下的電影工業

台灣電影機構分屬公營與民營，基於政治與商業考慮，在社會變遷歷程中扮演角色不盡相同。五〇與六〇年代是台灣權威政治的極盛時期。國民政府於一九四九年退守台灣之後，面臨中共明顯而立即的武力威脅，實施戒嚴。當時台灣在第二次大戰盟軍的轟炸與封鎖下，經濟凋疲幾達破產的邊緣。次年韓戰爆發，美國立刻宣布軍事協防台灣，並給與經濟物資的援助。這個措施不但使國民政府從一九五三年得以著手農村土地改革與一連串的經濟計畫，同時也爲後來近四十年的「由上而下」的權威統治奠定了基礎。

由於自一九四九年起，大陸中國與海島台灣均以「法統」自居，爲了對抗中共政權，國民政府在安全與經濟問題解決後，便著手統合全島人民的思想：第一，重新灌輸在日本人統治五十年下的台灣居民中國傳統思想，使他們對「中華民國是中國唯一的合法政府」產生認同感；其次，重整由大陸挫敗下的民心士氣，灌輸絕對的反共意識。一九五三年蔣介石先生發表的〈三民主義育樂兩篇補述〉爲這個統合工作確立了方向。這篇三萬多字的補述文獻中，我們可以做出這樣的總括：當前台灣階段的三民主義育樂是以中華固有的傳統文化爲內涵，肅清存留在社會的共產信念，打擊共產黨對社會的教唆分化，掃除社會委靡不振的俗尚，以達到反攻復國使命。次年，國民政府依照這篇補述展開「反紅」（反共產主義）、「反黑」（反教唆分化）、「反黃」（反委靡俗尚）行動，查禁許多中國自五四以來文學與三〇年代反映社會不平論著。這個行動切斷台灣與大陸思想臍帶，造成五〇年代台灣文藝思潮眞空。僵化刻板的反共意識因此一枝獨秀，六〇年代西方現代主義也因此乘虛而入。事實上，台灣當時尚未完全工業化，對於歐美工業革命後的現代主義往往只流於形式上的模仿。現代主義孤寂、自我意識與內心化內涵，在戒嚴體制下，成爲放棄外在寫實，轉向探討個人內在意識，充滿對社會政治逃避心態。

同樣的，電影工業由黨、政、軍勢力支配，電影淪爲意識灌輸工具。至於規模較小的民營電影公司，在嚴苛檢查制度下，只得朝向「不碰紅」、「不碰黑」、「不碰黃」的路向發展，創作題材有限。

五、六〇年代台灣的電影與當時極右反共意識、社會政治逃避心態相呼應。三家電影公營機構——「中央電影公司」，以下簡稱「中影」（隸屬國民黨）、「台灣電影製片廠」，以下簡稱「台製」（省政府管轄）、「中國電影製片廠」，以下簡稱「中製」（屬國防部）所拍攝的國語片，大都是政治宣傳的反共影片。由於台灣居民語言隔閡、內容流於教條而不受歡迎，反而設備簡陋的台語片呈現繁榮景象。六〇年代香港製的黃梅調歌舞片在台灣受到空前歡迎，許多香港創作者來台與本地電影機構合作製片帶動台灣民營製片蓬勃發展。雖然這段時期推出不少優良作品，但是大多數都是充滿懷鄉情緒的古裝歷史劇，要不就是虛幻浪漫的文藝片。

一九六三年隸屬國民黨的中影提出「健康寫實」製作路線。依照資深影評人鄭炳森說法：「所謂『健康寫實』，其實就是效法戰後意大利新寫實電影，以一種寫實手法來關注整個社會，但所不同的是，意大利新寫實電影挖掘出許多社會的黑暗問題。而我們的健康寫實則是要盡量省略社會黑暗面，而將社會光明面呈現給大衆。」⑥換句話說，健康寫實影片將以往反共意識的宣導與激勵民心士氣的建設置放在台灣土地改革後的農村環境，使影片在選材表現上有較寬廣空間，拍攝出不少叫好叫座的經典作品，奠定中影在台灣電影發展的領導地位。但是，「健康寫實」本身即存在著基本矛盾，「健康」的題材不一定「寫實」，「寫實」的題材不一定「健康」，而既要健康又要寫實，無疑框定了製作的範圍。後來淪爲道德濫情的說教窠臼，不久在票房市場上即爲武俠片所取代。然而這個衍化自早期反紅、反黑、反黃的寫實觀念卻一直成爲電影工業的「框格」。

公營的政策宣導影片與民營的懷鄉娛樂影片構成當時台灣電影並行兩大類型。到了七〇年代，台灣社會與人口結構都有極大轉變，相較之下電影成爲最僵化保守的文化體系之一。

七〇年代社會人口變遷與電影發展

七〇年代是台灣社會變遷關鍵時期。政治上，釣魚台事件、退出聯合國、中日斷交、被拒於奧林匹克運動會等一連串國際外交挫折接踵而至。但是在經濟上，台灣卻由農業過渡到工業時期，社會財富增加，中產階級逐漸形成。而此時，四〇年代前後出生的新生代崛起。這群新生代成長於戰後台灣，與大陸及日本殖民經驗脫節，他們對近代兩個中國的混亂局面充滿迷思不解，對反攻大陸使命也不像上一代具強烈認同。面臨一連串國際外交事變後，他們冷視五〇年代的反共教條，揚棄六〇年代西化思潮的膜拜，而在實際環境中思索「傳統／現代」、「本土／西化」、「大陸／台灣」種種政治社會問題，試圖尋找適合自己民族的未來路向。這種思索風氣隨著經濟成長日益凸顯，反映至文化藝術活動。文學上，鄉土風潮受到重視，並與現代主義文學展開論戰；戲劇上，出現「雅音小集」嘗試改良傳統國劇；舞蹈上，出現西方形式本土內涵的「雲門舞集」；音樂上，出現唱出自己心聲的民歌風潮。

當時電影在政治與工業僵化運作下，沒有確切反映這種社會省思傾向，反而仍停留在泛政治與逃避現實的兩極現象。武俠片刀光劍影在六〇年代後期便成爲製片主流，瓊瑤夢幻愛情片在七〇年代中期掀起第二次風潮，接著而來的是李小龍功夫片席捲國內電影市場。根據資料，在一九七八年裡，功夫動作片與瓊瑤愛情片兩種類型，就佔全年總影片百分之七十強。[7]這些影片透過神格化的英雄與俊男美女形體，提供大衆超脫國際挫折的夢境，麻痺大衆長久處於權威統治下的壓抑情緒。同時，以中影爲首的三大公營機構針對當時國際橫逆，拍攝了許多仇日反共激勵人民處變不驚的宣教影片，並透過各種獎勵措施，鼓勵民營公司製作類似影片。

影評與電影斷層現象產生

影評與電影往往相應而生。證諸電影史，法國「新浪潮」電影出現，即有《電影筆記》*(Cahiers du Cinéma)*爲其定名，好萊塢商業電影制度下，也存在許多消費式影話。六〇年代台灣電影事業興起，一九六五年《劇場》創刊始有系統介紹電影批評理論，但這刊物主要是引介西方盛名的高達、費里尼等大師爲主，對自己國內的電影卻鮮少論及。此乃當時社會西化潮流衝擊結果，而「西而不化」缺失也影響日後知識份子只討論西片而不關心國片心理。

七〇年代強調自覺本土文化，「西化」取向的影評稍有改善。一九七二年《影響》*(Influence)*雜誌創刊，延用《劇場》引介的作者論評介國片。但是七〇年代電影普遍籠罩著保守政治與商業氣息，影評不惟以作者論評當時電影引喻失據，其評論空間也受到限制。影評與電影產生鴻溝，質與量均很貧弱，專業刊物常夭折，再者缺乏完整而有系統有關國片的學術研究，影評一直不受重視。長久以來，散見報章的影話和偏重個人主觀電影美學遂成爲評論主流。

由以上論述，總結八〇年代新電影現象前電影與大環境互動關係：

㈠台灣電影發展在權威政治體系下呈現出「泛政治化」與「非政治化」兩種極端風貌。三大公營機構在強大財力支持下逐步建立起自己的發行體系與製片設備，每年不計盈虧配合政治氣候推出一定數量作品，主導整個市場趨向。

㈡在這兩極的風貌下，台灣電影對本世紀中國動盪世局深刻文化記錄，簡直是交了白卷，而對台灣戰後急遽變遷的社會，只停留在「光明寫實」的描繪，因此，所謂「寫實主義」電影在台灣戰後電影裡可說是很少存在的。

㈢反觀影評雖然受到社會文化潮流影響，由絕然西化取向到重視國片發展。但面對政治工業保守氣息，對改進國片狀況充滿無力感，起不了作用。長期以來，電影體系不受知識份子重視。本國影片在一般觀衆界定上只停留在休閒消費功能。

新電影崛起的社會因素

前節述及，七○年代台灣受到外在國際衝擊、內在社會劇烈轉型之下，文學、藝術、學術界從西化盲從中醒來，反思人文思潮如何落實本土。但是電影卻反而強化既有宣傳、逃避主義功能。然而，爲什麼到八○年代，一群新創作群得以進入體制，造成新電影風潮？更重要的，爲什麼這股風潮會由負有國策宣揚使命的中央電影公司首先策動產生？本節以瓦克對電影運動產生的四個社會條件——創作核心群、電影工業設施、工業與政治意識形態和電影理念相容與否，來檢視新電影崛起的社會因素。

衝突緊張的社會情境

一九七八年美國宣布與中共建交，使台灣七○年代以來的國際挫折達到頂點，全國情緒騷動異常。反觀經濟成長迅速，國民年平均所得從一九五○年一百美元躍昇到一九八一年二千六百三十美元。農業社會迅速轉向工業社會。同時，傳統農業社會行爲規範、道德理念與價值觀逐漸崩潰，新的工商社會價值體系尚未完全建立，傳統與現代、保守與急進之間衝突，比七〇年代更趨尖銳。其次，原有農業社會基層結構改變，新興資本家、中產階級、技術勞工與沒落農民，從以往經濟利益追求，逐漸重視上層政治利益分享，而與統治階層的權力體系產生撞擊，過去由上而下意識形態受到質疑。許多政治禁忌、敏感問題（如中國統一／台灣獨立）紛紛浮現，議論分歧，引爆一連串政治衝突事件（中壢事件、高雄事件）。執政黨有鑑於此，加速本土化政策，大量甄拔台灣新生代從政，擴大群衆政治參與面，開放更廣闊言論空間，由解除報禁到解嚴。同時，它也利用各種管道紓緩社會緊張。

電影，這個長久被視爲意識形態塑造的工具便是其中之一。

政治機構的電影改革動機

七〇年代末武俠片、文藝愛情片反覆拍攝，題材內容淘盡，對刺激票房市場失去號召作用，於是兩大主流電影包裝形式力求變化，武俠片時空置換到現代，而成爲犯罪寫實的時裝動作片。這類影片打著「社會寫實」的旗號，卻大肆渲染犯罪情境與幫派拚鬥，而淪爲「黑社會動作片」、時裝動作片。原先的文藝愛情片則由超脫現實的夢幻中轉入校園，而出現以青少年學生爲主的「校園學生片」，但這類作品的產量遠比不上前者。

面臨國際局勢動盪、國內社會抗爭，政府不願坐視電影成爲渲染社會情緒媒介，於是積極革新電影事業。

政治機構首先於一九七九年將金馬獎奧斯卡化，擴大舉辦；推動「學苑影展」，將優良影片主動介紹給大專青年；著手擬定電影法，將電影由長期以來的「特種營業」明定爲「文化事業」；設立電影圖書館等等。改革動機官方指示得很淸楚：

> 現在社會已經夠亂了，我們希望電影能由虛幻的愛情與暴烈打鬥中脱離出來，多拍些表現人性光輝，反映台灣奇蹟、富社會教育價值的影片。我們希望能經由電影這個非官方管道將台灣進步繁榮傳播到海外。⑧

到了一九八六年，官方一貫政策態度並無改變：

> 我覺得國片題材和情節，應該與大衆生活相結合，和社會關愛相結合，和民族的文化相結合。唯有和大衆的生活相結合，作品才會有根，才能見出大衆眞實生活的面貌；唯有和社會的關愛相結合，表現出推動社會建設與進步的過程，才可以給人們增添信心和力量。⑨

換言之，政治機構希望電影能更貼近台灣社會現實，但以「健康光明」社會面爲原則。而這實在與六〇年代的「健康寫實」沒有什麼太大的不同。有關這種態度，我們可以由政治機構接連表揚一九八四年的《箭瑛大橋》、一九八五年的《陳義興老師》、一九八六年的《國父傳》等極具「健康光明」主題，卻不見精緻深刻的影片獲得進一步的印證。

電影工業的困境與嘗試

八〇年代初，台灣電影工業由於長期的跟風搶拍，反覆因循同樣的題材，陷入票房的困境，而顯得一籌莫展。

> 事實上一九八二下半年，已經有不少公司在半停業中，期望景氣好轉，但票房每下愈況，使製片量鋭減，發行疲弱，影片交易停頓，形成製片發行的惡性循環。……六條國片院線，每部影片映期最多只能維持一星期，票房鋭減爲一百萬至三百萬元（原來三百萬至一千萬元）。⑩

台灣民營製片事業一向操縱在院線片商手中。幾十年來，無論是影片題材、劇本、演員、導演的選擇，片商都掌有絕對的權力。這些片商大多缺乏學識基礎，投資影片全靠過去的經驗，只要有題材在票房獲得成功，馬上便抄襲因循，因而造成民營製片事業「投機性」高過於「投資性」的現象。

在民營製片以投機爲導向的狀況下，能夠當改革角色的也唯有公營機構了。但是，當時居首的中影在七〇年代末期接連幾部政策性鉅片的拍製，如《皇天后土》、《大湖英烈》、《龍的傳人》、《苦戀》、《辛亥雙十》，不單未獲得輿論的支持，同時也造成高達一億的虧損。於是中影面臨了前所未有的兩難。它一方面要貫徹執政黨交付的政策宣導的任務，另一方面它也接獲執政黨的指示，設法減輕赤字的惡化。一九八二年，中影總經理明驥表示：

我們工作的重點，重要的是繼續加強執行中央政策：製片和企業經營。中央已有工作方針指示我們，一方面是政策製片，政策製片是本公司的基本任務，如果我們不拍電影，或是不能配合中央的文宣政策，以影片來擴大海內外的文化宣傳效果，那中影就沒有成立或存在的必要，爲了使政策製片能達成任務，而且有能力製片，就必須企業經營，所謂企業經營，就是要賺錢，沒有錢就沒有能力執行「政策製片」，所以我們工作的重點：是永遠執行中央「政策製片」和「企業經營」的工作方針。⑪

因此在這種狀況下，中影開始摸索一條能兼顧兩難的製作方向。於是「小成本、低風險」成爲當時必然的策略。並且配合政治機構鼓勵年輕知識份子參與國片的意願，中影首先嘗試啓用年輕電影工作者，新電影工作者始進入電影工業體制。

核心創作群背景

檢視八〇年代初陸續進入電影工業的年輕創作者的背景，我們可以發現三項特色（見表一）：

㈠教育程度較以往高。以新導演而言，十五人中有十二人受過電影專業訓練，其中七人並取得美國電影碩士或唸過研究課程，原先不乏從事職業影評家、電影教師者。和過去重視學徒制訓練不同，學歷背景較高。

㈡文學家參與電影創作。新電影編劇群，很多都是知名小說家，其文學作品大抵傾向鄉土寫實、

表一　新電影工作者簡歷

姓名	職位	教育程度	一九八二年以前的工作
柯一正	導演	電影碩士	電影教師
張毅	導演／編劇	電影專科畢業	小說家、電影編劇
侯孝賢	導演／編劇	電影專科畢業	電影導演、電影編劇
楊德昌	導演	電腦碩士	電影製作助理
曾壯祥	導演	電影碩士	影評人(香港)
萬仁	導演／編劇	電影碩士	電影教師
陳坤厚	導演／攝影師	高中畢業	助理技術員、攝影師
陶德辰	導演	電影碩士	電影企劃
李祐寧	導演／編劇	電影碩士	影評人、電影編劇
虞堪平	導演	電影專科畢業	電影導演
楊立國	導演	影劇學士	助理導演
麥大傑	導演	英文學士	香港電視台工作
邱銘誠	導演	電影專科畢業	助理導演、電影導演
林清介	導演／編劇	教育學士	教師、電影導演
王童	導演	專科畢業(美術)	美術設計、導演
丁亞民	編劇	建築學士	小說家
小野	編劇／製片	生物學士	小說家
吳念眞	編劇	會計學士	小說家
朱天文	編劇	英文學士	小說家
許淑眞	編劇		電影製作助理
蔡明亮	編劇	影劇學士	電影編劇
李屏賓	攝影師	專科畢業	電影技術人員、攝影師
楊渭漢	攝影師	電影專科畢業	電影技術人員
廖慶松	剪輯師／導演	高中畢業、中影技訓班	剪接師

自傳經驗爲多，對新電影內容風格影響很大。

㈢戰後台灣新生代。他們多半三十歲左右，成長於國民黨來台期間，和中國大陸或日本殖民生活經驗脫節，與台灣變遷平行成長。又剛剛歷經七○年代對本土文化回顧反省思潮。因此，這些人代表對以往國片反覆抄襲類型片失望的一群知識份子，他們承襲著七○年代生活經驗與創作理念，對如何在國片傳統政策宣導、商業類型之外，尋找新的電影風格，凸顯與傳統國片不同風貌，自然有一份更深期許。

政治氣候的轉變，電影工業的嘗試，於是中影公司於一九八二年首先推出由四個年輕工作者執導的《光陰的故事》，結果大獲好評。接著中影再推出《小畢的故事》，叫好又叫座，並贏得數項金馬獎，影評譽之爲新電影開創時期代名詞。隨後，《兒子的大玩偶》、《看海的日子》、《海灘的一天》、《油麻菜籽》等片均獲票房和評論肯定，新電影風潮於是成型。

從以上發展演變過程中，我們可以推論一些與本文假設相關的發現：

㈠落實本土的寫實電影蔚爲風潮。它並非是一個有自主意識與整體美學觀的運動，而是政治機構與工業領導在面臨困局下，對創作者所做的一種妥協性嘗試的結果。

㈡政治機構、工業領導核心、創作群之間對於寫實看法、動機卻不盡相同。政治機構爲了紓緩社會的緊張情緒，而企望於電影寫實，但必須是「光明健康」的寫實電影；電影工業領導核心基於經濟因素考慮，小成本，不用名牌導演、演員等，替寫實主義啓開方便之門，但須是「賺錢的、換回票房」的寫實電影；創作群則持著對本土生活體驗反省的寫實態度，從過去三十年來的現實生活裡找尋確切意義，政治、工業與新電影創作理念自始便存在著衝突矛盾。

新電影與寫實主義

前節我們討論了在台灣社會快速變遷過程之中，爲什麼新電影現象於八〇年代初驟然興起的種種原因。爾後，我們要問的是，新電影現象因此而呈現出什麼樣的內容？這些內容風貌與當時政治機構、電影工業領導是否產生矛盾？爲什麼？

在傳播與論中對新電影的諸多論述裡，最常見的便是「寫實主義」一詞。而所謂寫實主義，不論在文學或視覺媒體上，都有不同的定義與註釋。那麼，當評論體系加諸新電影寫實之名時，必須審視新電影呈現了什麼樣的寫實風格。若根據瓦克引述莫瑞・貝爾斯利(Monreo Beardsley)的看法，寫實這個概念含混的名詞至少包含以下四個要點：

一、非抽象的，題材資料詳盡呈現出來。

二、不是扭曲的，題材基本上和人類經驗一致。

三、描述普羅大眾生活概況。

四、非理想化的。⑫

表現形式的寫實

首先，就貝爾斯利的第一點來看，寫實的電影應該盡可能的保持人物、事件、環境之間關係的完整呈現，而不該是運用動力的剪接(dymanic editing)將其切割，然後再予以抽象的重組。嚴格地來說，新電影表現處理上並沒有統一的形式。但是，大致而言，它們都有一個傾向，那就是捨棄動力式剪接的運用，而有意圖的「場面調度」(mise en scêne)，尤其是早期的新電影作品。齊隆壬說道：

> ……「新電影」之前的傳統電影係建立在㈠明星制度、㈡敘事的衝突性與封閉性、㈢觀衆觀賞的認同性三方面。並依此在新藝綜合體(Cinema Scope)上產生一套對應的特寫、伸縮鏡、搖拍、慢鏡頭、剪裁等電影語碼(codes)。……而「新電影」卻在寫實意念運作下，用㈠非職業（或小牌）演員、㈡敘事的客觀性與開放性、㈢觀衆觀賞距離性認同，而提出一套完全不同的電影語碼：中、遠景、普通鏡頭、客觀鏡頭、長鏡頭來與傳統電影對應。[13]

新電影的「場面調度」是運用長拍鏡頭(long take)與深焦構圖(deep focus)，來加大畫面時間與空間的容量，然後再用固定的中、遠景鏡位來攝取畫面中的人事物，而讓訊息經由三者的互動自然呈現。在這種鏡位擺設下，觀衆與銀幕世界產生距離，迫使觀衆跳脫傳統入戲者的位置，而成爲客觀冷靜的觀察者。爲了避免干擾觀衆「客觀冷靜」的觀察，新電影刻意的選用非職業演員，同時在敘事處理也打破傳統戲劇模式（衝突／發展／高潮／紓解），盡量依照時序，讓劇情緩緩的在觀衆的「見證」下展示開來(display)。

爲什麼新電影會普遍產生這種表現傾向呢？導演萬仁表示：「是一種情緒反動。因爲在我們之前，剪接、伸縮鏡頭、特寫、快慢鏡頭等技法，都已經在電影裡被用濫了。等到我們有機會嘗試創作時，自然希望能提呈出一套完全不同的語法，來豐富作品的內涵。」⑭除了這個原因以外，新電影創作者也受限於有限的成本與製作環境，而被迫經常採用自然光，減少鏡位的變換，保持鏡頭的固定，或是運用簡單的搖拍，於是無可奈何的形成這種「場面調度」形式。導演張毅指出：「我非常不滿意自己的畫面處理方式。我希望我的鏡頭能像貝托路奇(Bernardo Bertolucci)的一樣，能自由伸展移動，帶觀衆進入現實世界的更深處。但是以目前這樣的製片條件可能嗎？」⑮

不管是出於自覺的反動，或是拍片形勢的無奈，新電影這種「促使觀衆成爲一個詮釋主體」的表現形式，雖然爲台灣電影呈現了一種嶄新的面貌，但卻淡化了長久觀衆習慣的戲劇衝突，因而造成工業領導對新電影在票房上的信心缺乏，投資的意願不高。以中影公司爲例，自一九八二年起，該公司對每部新電影作品的投資始終約在六百萬到九百萬台幣之間，拍片計畫由提出到審核通過往往長達七、八個月之久；相對的，該公司對政策宣導影片的投資，例如《旗正飄飄》與《八二三砲戰》，則高達二千萬至四千萬之多。再由表二來看，一九八二至一九八六年新電影片數約只佔國片總產量（包括香港）的百分之五，拍攝數量可謂相當的小。而更不幸的，這些數量甚少的作品還常被用來做墊檔的犧牲品，像《小畢的故事》、《霧裡的笛聲》、《青梅

表二　台灣電影總產量與新電影產量比較

	年度總國片數	年度新電影片數
一九八二	二一〇	二
一九八三	二〇八	十
一九八四	二六五	十三
一九八五	二四七	十四
一九八六	二三六	十二
一九八七	二五〇	八

資料來源：《中華民國電影年鑑》一九二八—一九八七，六冊。

竹馬》、《阿福的禮物》等。還有《我們都是這樣長大的》與《父子關係》都是在完成後，擱置數月才勉強安排上映。而《殺夫》與《我這樣過了一生》在拍攝期間，創作者與工業領導衝突不斷，後者更一度被迫停拍。

新電影的寫實風格從一開始，非但未獲工業領導的支持，反而處處遭其掣肘。

內容題材的寫實

就內容題材來看，新電影與八〇年代以前傳統電影最主要不同的地方，就是它們與戰後台灣現實社會有著緊密的切合性，而與貝爾斯利的其他三項寫實要點頗爲近似。

新電影創作者，整體而言，與七〇年代尋根熱潮下的新生代一樣，成長於戰後台灣政治、經濟、社會變動最急遽的三十年。他們不滿台灣電影長期在政治與僵化的工業體制下，所呈現的泛政治與逃避現實的兩極現象，因而急切的試圖爲台灣由傳統農業社會走向現代化過程所發生的種種變遷，做紀錄式的回顧，以找回台灣電影失落已久的「寫實影像」。但可能是因爲年紀輕、人生閱歷尚淺，當他們要回顧過去社會的種種，自然就會從自己成長的經驗中，或是近似自己經驗的文學作品中，找尋素材。另一方面，因爲戰後的台灣是個充滿壓抑的社會，這些壓抑不止是來自權威政治體系，也來自傳統家庭、教育機構、保守道德信念、風俗習尚等。當這些壓抑與青少年時期的叛逆個性觸碰，自然是最可供發揮的創作素材。也就是這樣，「成長經歷」或「青少年時期生活寫照」便成爲新電影最熱中的題材。像《光陰的故事》描述主角小畢從幼年到踏入社會的成長過程；《竹劍少年》、《風櫃來的人》、《我兒漢生》等，都是徬徨少年期苦悶、叛逆心態的寫照；《我們都是這樣長大的》

與《流浪少年路》講的都是一群學生由少年到進入成人世界的情誼變化。此外，有許多新電影作品直接取材自創作者個人的經歷，充滿濃厚的自傳色彩。像《童年往事》是導演侯孝賢青少年時期在台灣南部的生活片段；《戀戀風塵》根據編劇吳念眞入伍前後的片段經歷改編而成；《冬冬的假期》回憶了編劇朱天文童年的鄉間生活；《陽春老爸》蘊含了編劇于光中家庭生活的實況。⑯

對女性在社會變遷中地位與角色的探討，是新電影另一個熱中的題材。但是在整個新電影風潮裡，我們並沒有見到有什麼創作者標榜過所謂「女性主義」的旗號，相反的卻聽到許多人，如萬仁、張毅等，否認他們的作品與「女性主義」有關。因此，新電影對女性問題的熱中，應該可以說是出於素材上的興趣。關於此點，焦雄屏在《台灣新電影》一書中有詳盡的論述：

> ……台灣面臨物質及價值觀的遽變，傳統大家庭制度崩潰，小家庭林立，父權獨佔體系亦隨之瓦解，女性大量步入社會。由此，女性正面臨角色抉擇的徬徨，台灣電影此時大量引用文學小說的女性形象，嘗試爲過去女性角色的壓抑及受苦下註腳（如《玉卿嫂》、《殺夫》、《小畢的故事》、《看海的日子》、《結婚》、《童年往事》、《桂花巷》），也反映出女性在社會變化下尋找新身分的努力（《海灘的一天》、《青梅竹馬》、《油麻菜籽》、《我這樣過了一生》）。……
>
> 台灣新女作家的「閨閣文學」也爲這種傾向提供大量素材，以廖輝英、蕭颯、李昂的作品最受歡迎。
>
> 這些由「閨閣」改編的作品，多半主題集中在女性生活的難題，如外遇（《今夜微雨》、《不歸路》、《我的愛》、《暗夜》），角色抉擇（《我這樣過了一生》、《暗夜》、《油麻菜籽》）。⑰

除了成長與女性問題外，新電影也將視野帶到現階段環境，來審視台灣發展後文化價值失調與社會各階層的種種問題。像《老莫的第二個春天》、《老科的最後一個秋天》檢視的是大陸來台老兵的問題；《青梅竹馬》、《恐怖份子》探討的是經濟成長後都市人際關係的疏離；《國四英雄傳》剖析的是升學熱潮下畸型的補習班教育；《失蹤人口》觸及的是雛妓問題；《帶劍的小孩》則是有關兒童失蹤的案件。

儘管新電影與八〇年代前的台灣電影有著極大的不同，儘管它們有意的與戰後台灣現實社會做緊密的結合，然而它們在題材的處理上，卻暴露出偏狹而流於層面的缺失。前面我們說過，戰後的台灣是個充滿壓抑的社會，而這些壓抑不止是來自傳統家庭、教育機構、保守道德信念、風俗習尚等，更重要的，是來自權威政治體系。但是綜觀諸多新電影，我們看到許多作品經由個人成長與外在壓抑的衝突，來對不合理的社會機構、僵化的教育體制、傳統父權主宰的家庭等問題，做寫實的探討，唯獨我們看不到什麼對主導近四十年台灣社會發展的政治體系的觸碰。七〇年代外交政治挫敗所引起反省思潮，經濟成長帶來的社會爭議問題（勞資對立、環保抗爭、城鄉失調、經濟犯罪等），八〇年代初政治衝突事件與社會運動所造成的緊張局勢，在諸多的新電影不是被當做故事背景而予以淡化（像《我們都是這樣長大的》、《流浪少年路》、《戀戀風塵》等），就是被刻意規避。結果，衆多以成長爲主題的新電影變得只是凸顯了青少年心理層面的問題（如青春期的叛逆、好鬥、迷惘、性好奇、代溝等），或是變得只是對逝去童年的眷戀與回顧，而諸多探討社會問題的新電影也顯得隱晦，缺乏一種「社會承諾」(social commitment)。

造成這個現象的原因，也許是創作者年齡輕，社會經驗不夠，也許是台灣經濟的奇蹟使得一切社會問題都不是那麼尖銳，但是這絕對與政治機構嚴密的控制有關。

一九八三年《兒子的大玩偶》引起政治機構與新電影首度的矛盾。該片第三段描述五〇年代台灣一名貧困工人在意外車禍中被在台美軍軍官所撞傷，該工人家屬因而受到美軍軍官的賠償照顧，生活反而大獲改善。執政黨認爲該片內容呈現當時低度開發中，台灣的貧困落後與人民的愚昧無知，有損國家繁榮進步的「健康」形象，因而指示中影修整部分情節。這個消息傳開來，媒體輿論嘩然。後來執政黨雖做妥協，但是卻對後來新電影發展有兩個重要的影響。首先，新電影整體作品中約有三分之一是由隸屬執政黨的中影所拍攝。而中影自從這個事件後便調整製作方向，不再觸碰這類反諷台灣被殖民經驗的題材（一直到一九八七年）。其次，這件事讓電影創作者意識到，雖然政治機構致力電影的改革，但這個改革必須是朝向「健康光明」的。因此在往後的創作上，他們普遍都有著「自我設限」的自覺。

接下來，一九八四年張毅的《玉卿嫂》中女主角的性愛畫面，被政治機構認爲違反傳統中國婦女形象，而予以修剪；一九八五年描述台北低層小人物生活百態的《超級市民》，被認爲揭露過多的社會黑暗面，而予以修剪十七處。類似的情況也發生在《尼羅河女兒》、《那年我們去看雪》等許多影片上。

就貝爾斯利所謂內容題材與人們生活經驗世界一致，描述普羅大眾生活，不刻意扭曲與理想化來看，新電影在內容上的確致力於此。這也是新電影的一大特色。但是在政治機構的「健康光明」的框格下，新電影對台灣發展過程的記錄、對低度開發經驗的記憶、對發展後之文化價值失調的種種社會問題的探討等，變得都只是「回顧」與「反省」，而喪失了批判的筆觸；而在工業領導的信心缺乏下，新電影始終在低成本的狀況下創作，而無法與香港片和好萊塢片做市場競爭。

新電影與電影評論

電影評論，不論是反應電影是否值得一看的影話，或是根據理論架構來分析電影的批評論述（film criticism），都是一種社會論述（social discourse）形式，反映社會特定時空下電影專業人士對電影的價值觀與理念。在本節我們要檢視出現在大衆媒介上的電影評論（影話或批評論述）用什麼觀點來分析電影？爲什麼在八〇年代台灣新電影風潮中這些觀點被提出？對整個電影體系的影響是什麼？

在前面我們曾提過，七〇年代以前影評界很少討論國片，而七〇年代後又有許多評論者不屑討論本國影片，影評與電影工業發生隔閡。但是當大衆媒介出現「新電影」一詞，整個影評界立刻予以熱烈的介紹，並給與毫無保留的肯定。俟一九八三年《兒子的大玩偶》遭到政治機構的修剪時，整個評論界更一致的抗議聲援，徹底的發揮輿論制衡的功能。

造成台灣評論界與製作者密切結合之主要原因是，評論者與新電影創作者一樣，對長久以來台灣電影「泛政治化」與「非政治化」的兩極現象，有著強烈的不滿。當他們看到一些從不同層面、以不同風格來忠實記錄戰後台灣社會變遷的種種狀況，自然是給與全力的支持與期望。也就是在這股期望的心情下，許多評論者於一九八二年《光陰的故事》與《小畢的故事》映後不久，便急於替它們貼上「新電影」的標籤，以便和八〇年代以前的台灣電影，其所謂的「舊電影」，劃清界線。

> 既然有新電影，這些新電影是哪裡來的呢？一般同意的看法，都把《光陰的故事》當做起點，像是近代史的鴉片戰爭一樣。……可以說，《光陰的故事》像是辛亥革命前的興中會，《兒子的大玩偶》則像是同盟會——重要的「革命黨」都匯集在國民黨的中影公司了。[18]

這種觀點，僅以幾部作品即將整個戰後台灣電影的發展做「新」與「舊」的二元劃分，並將其視爲「革命」或「運動」，忽略了一個根本的問題：當時新電影的出現只是政治機構與電影工業領導「嘗試性妥協」的結果，它的自主力十分微弱。而這個錯誤也導致後來整個評論界對新電影看法的分歧。

評論界對新電影產生分歧意見是在一九八五年《冬冬的假期》、《青梅竹馬》、《童年往事》等片，相繼票房失利之後。當時分歧的意見主要是三方面：

第一，電影語法

支持者認爲新電影導演慣用長拍鏡頭與深焦構圖，改變了傳統電影浮誇賣弄的語法，充滿客觀寫實的意味，使觀衆由被動的訊息接受者轉變成主動的思考者。批評者則認爲新電影導演過分拘泥於長拍鏡頭與深焦構圖，而使得作品矯揉造作，缺乏電影應有的戲劇張力。

第二，評論方法

支持者沿用七〇年代台灣盛行的作者論批評法則，著重導演個人風格的表現與一貫主題的分析。批評者則基於五〇年代以來「觀衆電影」的批評態度，著重作品與觀衆之間的互動，並爲觀衆做作品欣賞的引導。

第三，工業體制

支持者站在「電影是一種藝術形式」(film as an art)的觀點，抨擊電影工業體制的僵化保守及對新電影不支持。批評者則基於「電影是一種大衆消費商品」(film as a commodity)的角度，斥責新電影創作者只顧個人意念的表現，而忽視作品的市場價值。

其實這三個分歧的論點，簡單的說，就是全球各國評論界都存在的「藝術」與「商業」之爭。這個爭論於一九八五年以後，隨著新電影在海外屢獲好評，在國內卻票房接連挫敗，而變得日愈激烈，甚至出現人身攻擊的言論。影評人蔡國榮認爲這是「一次格調不高的文化論戰」：

《青梅竹馬》與《童年往事》都是民國七十四（一九八五）年間完成與公映，距離「新電影」的興起已有三年，應該是個反省與檢討的時候，檢討時應該是百家爭鳴，自由開放的社會應該可以容納多種不同的聲音。奈何情況剛好相反，許多人都容納不下和自己不同的聲音，人人有話要說，卻沒有人願意聽別人說話，爲了語不驚人死不休，遣詞用句越來越尖刻，不同意見各走極端，從討論、對峙，已經到了惡言叫罵地步，尤其有些文章和言論都是先下了結論，再歸納其他各家說法，凡是和自己意見相仿就大力吹捧，弄得滿天都是「大師」，若和自己意見有出入的就百般辱罵，也弄得遍地「文化賊」，眞理可以越辯越辱罵，只會激起同樣反彈力的抗拒，演變下來，急功近利的黨同伐異便循環進行了，這對「新電影」乃至於整個國片的影響究竟是利是弊？實在值得三思。[19]

其實這種情緒化的論戰，並不是電影界獨有的事件，而是台灣社會在轉型中各階層普遍存在的現象。當時社會大環境種種政治抗爭、勞資糾紛、環保行動，甚至早在七〇年代的文學論戰，都顯示出類似的「新」、「舊」二元對立，而缺乏容許多元觀點存在的客觀性。新電影的這場論戰在缺乏客觀理性的狀況下，演變到後來，論點只圍繞在少數幾個「新作者」與「新作品」的「好」與「壞」，而造成兩個嚴重的缺失：

㈠影評與大衆觀者（mass audience），也就是影評的主要讀者，產生相當程度的脫節。因爲新電影自一九八五年後，票房普遍不佳，而影評對這些大衆觀者（讀者）反應冷淡的作品（或是說很少看過的作品）卻大做爭論，而形成大衆看的是一種電影，影評論的是另一種電影。這其間的共通實在是相當少了。

㈡影評淪爲各方矛盾意識展示的場所，而未能發揮其應有的功能——釐清電影作品的多層意義，爲大衆提供觀賞的參考，爲工業界提出製作方向的指引，爲電影文化的提升做催化。

新電影與大衆觀者

誰看電影？爲什麼看？毫無疑問的，觀衆本質是多元而無結構性團體，包含種種不同次文化品味群體的大衆。但是，電影是社會文化活動消費的一環，在特定社會情境中，與其他文化活動互動。而隨著社會、文化轉變，大衆對其文化活動中電影定位爲何？本研究除了政治、工業、影評之外，將探討第四個可能影響新電影的因素——從八〇年代台灣文化遞嬗發展以及媒介觀衆人口性質中，尋找新電影定位與意義。

台灣人口於一九四七年約只有六百四十多萬，到了一九六七年則已有一千四百多萬。這二十年間增加的人口即是締造七〇年代台灣經濟奇蹟，與帶動八〇年代社會政治改革的主力。同時這些年約十二到四十歲的新生代也是七〇、八〇年代台灣電影的主要觀衆。根據資料顯示，八〇年代初台灣電影觀衆年齡分佈，十八歲以下佔總電影人口的百分之六十七、十八歲至三十五歲之間佔百分之二十四、三十五歲以上則只佔百分之九。⑳

台灣國民觀賞電影的總數於一九六一年約爲八千六百萬次，而一九八一年則增長到二億五千萬，是爲台灣電影事業的最高峰。但是到了一九八二年，也就是新電影熱潮出現的前夕，這個數字驟然降至一億九千萬次，而一九八四年則更落至一億四千萬。㉑造成這個電影事業低迷的原因很多，但是毫無疑問，這個低迷與電視錄影兩個媒體的普及有著極大的關聯。

先看電視。在一項「台灣地區傳播媒體數量」調查報告指出，電視由六〇年代中期引進我國，到一九七七年底爲止，在短短的十餘年之內，台灣地區已有三百一十二萬餘架電視機，家庭電視機普及率約爲百分之九十六，與美國相當。㉒再根據一九八四年的調查，在國民主要休閒活動中，「看電視」的單項活動率高達百分之七十四，爲一切休閒活動之首。而「看電影」則只有百分之三十四點六。㉓

其次再看新興的錄影。「台北市民使用錄影機的行爲與動機之研究」指出，在一九八四年底，台灣地區錄影放影機機數約達一百二十萬，家庭錄放影機的普及率約爲每三戶即有一台，超過當時美國四戶即有一台的比率。同時該研究指出，台北市民中有錄放影機者，平均每人每週花七個小時看錄影節目。而一般民衆最常看的前十種錄影節目依次是：日本警探片、日本愛情文藝片、日本時代劇、中國武俠片、西洋恐怖片、西洋愛情片、西洋警探片、日本社會寫實片、西洋科幻片和西洋戰爭片。在問及有錄放影機家庭取捨電影與錄影的主要因素，該調查發現是因爲錄影內容豐富多樣，且方便，更可看到在嚴苛的檢查制度下，電影看不到的畫面。[24]的確，由前列十類錄影節目來看，其內容眞是包羅萬象，色情、暴力、犯罪，應有盡有。

由這些調查報告，我們得知，電視與錄影的普及，電影在以往社會中扮演的「主要視覺休閒活動」，已經逐漸淪爲次要的角色。而新電影在這個時候出現，其票房也必然受到波及。以上是台灣電影事業在八〇年代初整個大環境的轉變。接下來，我們就這個轉變與新電影有關的因素來做探討。

八〇年代台灣社會文化發展的兩個現象：一是，掙脫長期權威政治桎梏而起的社會抗爭；另一個是，高度經濟成長帶來的「大衆消費文化」。

台灣於一九八四年對外貿易突破五百億美元，成爲世界第十六大貿易國；國民年平均所得躍昇到四千美元。而這種發展經歷與其他開發中國家最大的不同是，台灣不但有蓬勃的經濟成長，同時更有相對平等的社會差距，隨著所得分配均等化，「中產階級」社會力量擴大。社會學者許嘉猷在「台灣主觀生活品質與社會階級」研究中指出，台灣中產階級比其他優勢階級與勞工階級而言，在主觀生活品質上較爲不滿，並在社會改革運動中扮演相當活躍的角色，因此，對於台灣工業發展後新興中產階級而言，由於知識與生活水準提高，社會權益和自主參與逐漸高漲。八〇年代要求政治社會開放呼聲中，其理念已不止於七〇年代尋根反省而已，興起的是社會抗爭、批判的人文思潮。

但是，台灣反叛運動思想內涵，植基於其特殊環境歷史，它的發起以中產階級知識份子爲主，其運動目標大都爲了掙脫長期權威政治桎梏而起：

> 台灣的民主反抗，在政治面遂演變爲一種獨特的標籤化運動。民主被化約爲簡單概念，例如台灣的一切問題似乎依據獨立即能解決，或者政權易手即能解決等。至於其他更廣泛的勞工、婦女、環境等問題也被這樣的機制所意識形態化，而未予切實的觀照。整個台灣的反抗因而被切割爲許許多多不相連署的範圍，它不能彙總爲更大民主空間開創的動力。……基本上，它仍是處於「反」的階段——「反」成爲一種社會風氣，台灣社會在這樣的氣氛裡增大它解構的範圍。[25]

在一片反叛氣息下，許多批判性刊物與言論紛紛出現，藝術創作也開始碰觸以往所視爲禁忌的題材，而與政治機構產生諸多的衝突。而在這些抗爭發生的同時，台灣又發生了一連串的金融風暴，爲原本全國已經夠騷動的情緒，蒙上更深的陰影。這些風暴以一九八四年底的國泰十信事件最爲嚴重，其高達一百三十億台幣的虧損，不但直接促使兩位部長下台，同時也撼動了全國十分之一的金融。

儘管社會的急遽動盪，台灣的對外貿易卻於八〇年代持續擴展，不但爲社會累積了可觀的財富，同時也將台灣帶進「消費時代」。根據統計資料，台灣國民平均所得花用在休閒上，由一九六七年的百分之六提升到一九八四年的百分之十五。[26]在這種狀況下，一個架構於資本主義工業生產的大眾消費文化開始成形。杭之說道：「八〇年代以後台灣社會之大眾文化的流行現象所透露的訊息是：

台灣社會已經眞眞實實地轉成大衆社會了，而且在大衆文化的席捲下，追求商業化之大衆性與普遍性已經成爲整個社會的文化價值，這正是腐蝕著我們文化創造之可能生機。」[27]受到消費大衆文化的衝擊，充滿著熱情與理想的七〇年代反省思潮漸次消逝（雲門舞集、校園民歌不再，現代與鄉土文學之辯爭也趨向融合），台灣藝術文化面臨著轉型困境。以七〇年代的鄉土文學爲例：

> 進入八〇年代以來——尤其是晚近二、三年——作家的意識形態立場暴露無遺，而在開放、多元化時代，多數人爲「同意彼此間的不同意」。但是七〇年代的使命文學觀則逐漸被淡化了，相對的，現實主義的鄉土文學也與大衆消費文化合流而趨庸俗化。再說，城鄉之間的差距，隨著高速公路的開闢也消弭了；如今，對「鄉土」的懷舊風（nostalgia）也逐漸轉化爲許多新生代作家對童年記憶追思的一種形式而已。[28]

八〇年代台灣社會的民主抗爭風潮與大衆消費主義的膨脹，造成新電影在文化活動中定位的兩難。與八〇年代以前的電影比較起來，新電影展現了前所未有的「寫實影像」，因此才能於一九八二年贏得輿論的支持與票房上的成功。但是與八〇年代整個社會風潮比較起來，新電影囿陷在政治機構的框架中，其「反省」與「回顧」不僅顯得保守與軟調，同時也無法爲當時的批判與抗爭活動注入新的理念。因此，雖然新電影於一九八四年後持續獲得部分藝文界人士的讚譽，卻無法贏得普遍中產階級與專業勞工階級的認同。

另一方面，台灣消費主義日益膨脹，文化漸失民主性而傾向物慾的宣洩，大衆口味也漸趨商品化與通俗化，再加上政治抗爭與經濟風暴造成的社會騷動，觀眾此時對電影的企望已不是什麼社會的眞實寫照，或是對過往成長經歷的回顧，相反地，卻是遠離現實塵囂的逃避與壓抑情緒的宣洩。尤其是佔台灣電影人口百分之六十五的青少年，他們長期浸浴在通俗的「電視影像」中，對新事物的接觸傾向趣味性、流行性、世界性（美國與日本），而對過去傳統文化的碰觸則普遍興趣低落。電影對他們而言，主要是經濟實惠的休閒，是遠離升學壓力的逃避，是與朋友共聚的社交，當然更是精采刺激的夢幻娛樂。因此，新電影對過去台灣發展過程的回顧自然無法引起他們的共鳴；同時新電影那種「客觀記錄，使觀眾成爲一個事件詮釋主體」的表現形式也與他們習慣的電視經驗相距甚遠。

於是在以上所述的兩難處境下，新電影便出現詹宏志所說的狀況：

> 相對的，一九八四年新電影不若前年順利，曾壯祥的《殺夫》失利於主流評論，侯孝賢的《冬冬的假期》失利於票房，柯一正的《我愛瑪莉》無人重視，張毅的《玉卿嫂》成爲投資者卻步的藉口，楊德昌十四個月無戲可拍——一九八三年年底新導演的熱潮，似乎一下子冷卻下來，並且走到很尷尬的路口。㉙

而相反的，延續七〇年代，架構在俊男美女與神格化英雄人物上的香港片，以其衝突性的敘事、精緻考究的聲光設計，成功的切入台灣，攻佔了大部分的電影市場。由台北歷年（一九八二到一九八六）十大賣座影片名單來看（表三），新電影作品只有五部（其中三部集中在一九八三年），其餘

表三　台北市十大賣座國語影片（一九八二—一九八六）

片名	導演	出品地	票房紀錄（百萬）	片型
一九八二				
1.龍少爺	成龍	香港	32	動作喜劇
2.粉紅兵團	朱延平	台灣	26	動作喜劇
3.光頭神探賊狀元	曾志偉	香港	26	動作喜劇
4.奇門遁甲	袁和平	香港	22	動作功夫
5.小生怕怕	劉家榮	香港	19	喜劇
6.新西遊記	陳俊良	台灣	18	冒險
7.楚留香天雷行空	楚原	香港	17	古裝武俠劇
8.燃燒吧火鳥	劉立立	台灣	17	文藝
9.提防小手	洪金寶	香港	14	動作喜劇
10.心跳一百	梁普智	香港	13	喜劇
一九八三				
1.搭錯車	虞勘平	香港	42	歌舞文藝
2.五福星	洪金寶	香港	37	動作喜劇
3.最佳拍檔大顯神通	徐克	香港	23	動作喜劇
4.迷你特攻隊	朱延平	台灣	23	動作喜劇
5.新蜀山劍俠	徐克	香港	22	古裝武俠
6.看海的日子	王童	台灣	20	社會寫實
7.踢皮球	袁振祥	香港	17	動作喜劇
8.御貓三戲錦毛鼠	劉家良	香港	16	古裝武俠
9.小畢的故事	陳坤厚	台灣	15	社會寫實
10.男與女	蔡繼光	香港	13	社會寫實
一九八四				
1.A計劃	成龍	香港	69	動作喜劇
2.快餐車	洪金寶	香港	53	動作喜劇
3.天生一對	朱延平	台灣	43	喜劇
4.全家福	石天	香港	36	喜劇

5.七隻狐狸	朱延平	台灣	34	喜劇
6.省港旗兵	麥當雄	香港	31	警匪
7.鐵板燒	許冠文	香港	26	喜劇
8.男人眞命苦	陳俊良	台灣	24	喜劇
9.開心鬼	高志森	香港	20	喜劇
10.老莫的第二個春天	李祐寧	台灣	19	社會寫實
一九八五				
1.暫時停止呼吸	劉觀偉	香港	46	動作喜劇
2.福星高照	洪金寶	香港	44	動作喜劇
3.小丑與天鵝	朱延平	台灣	43	喜劇
4.龍之心	洪金寶	香港	37	動作喜劇
5.威龍猛探	成龍	香港	36	動作喜劇
6.夏日福星	洪金寶	香港	36	動作喜劇
7.電影秀	陳俊良	台灣	35	喜劇
8.我這樣過了一生	張毅	台灣	33	社會寫實
9.老少江湖	朱延平	台灣	28	喜劇
10.舞女	蔡揚名	台灣	25	社會寫實
一九八六				
1.警察故事	成龍	香港	50	動作喜劇
2.龍兄虎弟	成龍	香港	45	動作喜劇
3.好小子	朱延平	台灣	40	動作喜劇
4.英雄本色	吳宇森	香港	38	警匪
5.小蝦米對大鯨魚	元奎	香港	35	動作喜劇
6.富貴列車	洪金寶	香港	30	動作喜劇
7.一見發財	陳會毅	香港	28	動作喜劇
8.八二三砲戰	丁善璽	台灣	27	戰爭
9.暫時停止呼吸續集	劉觀偉	香港	26	動作喜劇
10.刀馬旦	徐克	香港	25	古裝喜劇

資料來源：台北市影劇同業公會

四十五部影片幾乎都是笑鬧喜劇，或是動作打鬥類型的作品，而且大半均爲香港出品。而美國好萊塢電影也於八〇年代初持續地受到廣大群衆的喜愛，而使得台灣以一個小島能夠四度（一九八四—一九八七）擠入美國十五大影片輸出國之列。㉚

結論

本研究試圖彌補過往忽略的分析角度，將一九八二至一九八六年之間的新電影風潮置放在戰後台灣社會急遽變遷的脈絡裡，來檢視它的社會文化意義。在研究的過程中，我們依照四個假設，獲得以下的發現：

第一，新電影與社會變遷

近四十年來台灣電影在權威體制下，一直呈現「泛政治化」與「非政治化」的兩極風貌，而始終未能與現實社會做緊密的貼合。八〇年代初面臨政治與經濟的變動，台灣電影非但未求改進，反而因循反覆過往的題材，導致市場的低迷。於是在「危機中求生機」的著眼點下，控制體系「嘗試性」的啓用新生代工作者。

第二，新電影與控制體系的辯證關係

在控制體系做「嘗試性」開放之初已設定了創作的「框架」——政治機構的健康光明寫實與工業領導的賣座賺錢寫實；而新生代創作者卻急切的試圖由台灣發展的過程中，找尋失落已久的「寫實影像」。由於其間對「寫實」的概念並不盡相同，而導致許多矛盾。結果，新電影的寫實意圖變得只是對過往的懷舊與童年記憶的追思，而其對現階段社會問題的接觸也變得軟調。

第三，新電影與評論體系

台灣評論界同樣的對長久台灣電影的兩極現象有著不滿，因而新電影風潮一出現便熱切的爲它找尋詮釋定位（如作者電影、主流電影、電影運動、電影革命等）。這種急切的論定，不僅解釋上未能涵蓋整個新電影現象，同時也窄化了分析角度，忽略了這個風潮與當時整個社會文化的對照，結果陷入少數作者的主觀爭論。

第四，新電影與大衆觀者

台灣的社會於八〇年代，一方面瀰漫著掙脫權威統治的民主抗爭，一方面經濟的成長帶動了商品化、世界化、通俗化的大衆消費文化。新電影的「反省」與「回顧」，既無法貼近社會掙脫權威桎梏的行動，同時也無法在商業市場贏得那些浸浴在消費成品的大衆支持。

由以上的發現，我們可以論定，新電影風潮不是一個有自覺意識與整體美學觀的運動。它的「以戰後台灣經驗爲內容，以自然寫實爲形式風格」，只能被解釋爲，是一群戰後新生的工作者，基於對過去電影的不滿，不約而同匯集起來的反動現象。這些工作者於工業領導嘗試性的開放下，陸陸續續進入製作系統，而當他們沒有達成工業領導的期望——賣座賺錢的寫實，他們只得紛紛轉往他途（廣告界、電視界、教育界），或是重新摸索再出發的方向。而在這進退之間，台灣電影工業體系（由製作、發行到映演）依舊如故，許多六、七〇年代便在工業體系內工作的人員，即所謂的「舊導演」或是「老導演」也沒有被淘汰。

新電影也從未曾是台灣電影的主流。在量的方面，它在五年之內，只佔當時台灣國語影片的百分之五，而票房上也未獲大衆的支持。在「質」的方面，它的內容與形式一直呈現爭議。如果有人堅持宣稱「新電影是主流電影」的話，我們只能說那是經由部分影評催化的「神話」。這一點我們可以由許多新電影工作者公開否定（或質疑）「新電影」這個名詞得到印證。㉛

在談到新電影風潮時，導演萬仁感嘆的說：「新電影是個具有七〇年代反省尋根理想的風潮，卻錯置在八〇年代大衆消費社會。有許多題材都應該在那個時候拍的，卻要在後來才得以觸碰。」㉜

新電影風潮於一九八六年後逐漸消逝。儘管這個風潮許多作品的內容與形式飽受各方質疑，但是它們將台灣電影貼近社會變遷的努力卻是值得肯定的。它們許多傑出的作品，如今已成爲印記台灣發展經驗的史料（document）。也就是由於許多新電影工作者在八〇年代前期的嘗試，在八〇年代的尾聲，才能出現像《童黨萬歲》、《悲情城市》、《香蕉天堂》等正面探觸四、五〇年代台灣社會禁忌的作品，也爲後來的台灣電影根植了一條創作路線。但是進入九〇年代，社會掙脫長期權威政治而起的波動日愈劇烈，持續的追求高經濟成長也將台灣進一步帶入以美、日文化爲主體的跨國消費時代；而電影界，以逸樂消費導向的好萊塢與香港影片，漸次在市場上取得絕對的優勢，相對的，國產電影工業卻急速萎縮。在此，我們要問，新電影早先根植的創作路線，在九〇年代這樣的情境中，其社會文化意義與其工業產銷的意義又如何呢？這是一個非常值得深究的新課題。

註釋

①邵懿德整理，〈台灣新電影的爭議性質座談會紀錄〉，《電影欣賞》，第三十一期，一九八八年一月，頁四二—四八。

②Robert C. Allen and Douglas Gomery, *Film History: Theory and Practice* (New York: Alfred A. Knopf, 1985), p.37.
③George A. Huaco, *The Sociology of Film Art* (New York: Basic Books, Inc., 1965), p. 18.
④David Bordwell and Kristin Thompson, *Film Art: An Introduction,* 2nd ed. (New York: McGraw-Hill Book Co., 1989), p.345.
⑤同④，頁七六。
⑥根據鄭炳森先生與筆者的訪談，一九八八年十一月九日。
⑦《中華民國電影年鑑》，台北：中華民國電影事業發展基金會，一九七九，頁七。
⑧見《希望大家都知道行政院的工作》，台北：行政院祕書處編印，一九八二年八月，頁三七（打字版）。
⑨《中華民國電影年鑑》，台北：中華民國電影事業發展基金會，一九八六，頁五。
⑩杜雲之，《中華民國電影史》下冊（台北：行政院文化建設委員會出版，一九八八），頁六九六。
⑪明驥，《銀河采薇》（台北：黎明出版公司，一九八七），頁二一〇。
⑫同③，頁十三。
⑬齊隆壬，〈侷限於體制下的「新電影」〉，《一九八七年金馬獎國際電影展特刊》（台北：中華民國電影事業發展基金會，一九八七），頁二二六。
⑭根據萬仁先生與筆者的訪談，一九八九年一月十六日。
⑮根據張毅先生對台北輔仁大學學生的演講紀錄，一九八六年五月十七日。
⑯焦雄屏編著，《台灣新電影》（台北：時報出版公司，一九八八），頁二八二。

⑰同⑯，頁三五七—五八。

⑱詹宏志，〈台灣新電影的來路與去路〉同⑯，頁二七—二九。

⑲蔡國榮，〈二次格調不高的文化論戰〉，《民衆日報》，一九八八年一月七日，版十一。

⑳李天鐸，〈電影分級與檢查建議改進方案〉，行政院新聞局電影處委託專案研究，一九八六年十月。（打字版）。

㉑資料來自《中華民國統計提要》，台北：行政院主計處編印，一九八六。

㉒陳世敏，《大衆傳播與社會變遷》（台北：三民書局，一九八三），頁一三六。

㉓《中華民國電影年鑑》，台北：中華民國電影事業發展基金會編印，一九八四，頁十八。

㉔資料來自〈台北市民使用錄影機的行爲與動機之研究〉，《中央日報》，一九八四年九月十五日，海外版。

㉕南方朔，〈「混亂」與「秩序」辯證——台灣民主反抗運動的將來〉，《中國論壇》，第三三五期，一九八七年九月十日，頁四六—四七。

㉖同㉑。

㉗杭之，〈大衆文化的流行透露了什麼？〉，《辨思與擇取》，李亦園編（台北：敦理出版社，一九八七），頁六九。

㉘張遜，〈暢銷的迷失與文藝的迷思〉，《台灣是誰的家》，柏楊編（台北：敦理出版社，一九八六），頁一三六。

㉙詹宏志，〈新電影的結構性危機〉，《電影、電影人、電影刊物》，李幼新編（台北：自立晚報社，一九八六），頁一一四。

㉚資料來自 *Variety,* June 19, 1987, p.36。

㉛李詠薇與彭小芬，〈台灣「新電影」十七位工作者訪問錄〉，《電影欣賞》，第二十六期，一九八七年三月，頁五一十六。

㉜根據萬仁先生對台北輔仁大學大衆傳播系學生的演講紀錄，一九八九年十二月十一日。

相關參考書目

英文部分

Allen, Robert C. and Douglas Gomery. *Flim History: Theory and Practice.* New York: Alfred A. Knopf, 1985.

Bordwell, David and Kristin Thompson. *Film Art: An Introduction.* 2nd ed. New York: McGraw-Hill Book Co., 1989.

Breitrose, Henry. "A Special View of the Movies". *Quarterly Review of Film Studies,* Winter 1983. pp.53-55.

Goodwies, James. "Film and History," *Quarterly Review of Film Studies,* Fall 1984. pp.318-22.

Huaco, George A. *The Sociology of Film Art.* New York: Basic Books, Inc., 1965.

Jarvie, Ian C. *Movies as Social Criticism.* Metuchen, N. J.: Scarecrow Press, 1978.

Jarvie, Ian C. *Movies and Society.* New York: Basic Books, Inc., 1970.

Lee, Tain-Dow. *Refroming Film Study at the Level of Highler Education in Taiwan, the Repub-*

*lic of China.*Unpublished Doctor's Dissertation, the Ohio State University, 1986.

Vincendeau, Ginette. "New Approaches to Film History". *Screen,* November-December 1985. pp. 70-73.

中文部分

《中華民國電影年鑑》共七册。台北：中華民國電影事業發展基金會，一九七九、一九八二、一九八四、一九八五、一九八六、一九八七、一九八八。

李天鐸，〈電影分級與檢查建議改進方案〉，行政院新聞局電影處委託專案研究，一九八六年十月（打字版）。

李天鐸，〈爭脫保守勢力——八〇年代台灣電影的回顧〉，《聯合報》，一九八九年十一月二十一日，版十七。

李尚仁，〈台灣新電影與第三電影〉，《電影欣賞》，第二十六期，一九八七年三月，頁二三—二六。

李詠薇、彭小芬，〈台灣「新電影」十七位工作者訪問錄〉，《電影欣賞》，第二十六期，一九八七年三月，頁五—十六。

杜雲之，《中華民國電影史》上、下册。台北：行政院文化建設委員會出版，一九八八。

吳正桓，〈關於台灣新電影的爭議本質〉，《一九八七年金馬獎國際電影展特刊》。台北：中華民國電影事業發展基金會，一九八七，頁二一二—一四。

吳正桓，〈台灣電影文化和兩種電影觀〉，《當代》雜誌，第十期，一九八七年二月，頁九七—一〇五。

杭之，〈大衆文化的流行透露了什麼？〉，《辨思與擇取》，李亦園編，台北：敦理出版社，一九八七，頁六一—七〇。

李幼新編，《電影、電影人、電影刊物》。台北：自立晚報社，一九八六。

明驥，《銀河采薇》，台北：黎明出版公司，一九八七。

南方朔，〈「混亂」與「秩序」辯證——台灣民主反抗運動的將來〉，《中國論壇》，第三三五期，一九八七年九月十日，頁四一—四七。

尉天驄編，《鄉土文學討論集》，三版，台北：遠景出版事業有限公司，一九八〇。

尉天驄，〈三十年來台灣社會的轉變與文學的發展〉，《台灣地區社會變遷與文化發展》，中國論壇編，台北：聯經出版公司，一九八五，頁四四三—九七。

邵懿德整理，〈台灣新電影的爭議性質座談會紀錄〉，《電影欣賞》，第三十一期，一九八八年一月，頁四二—四八。

陳世敏，《大衆傳播與社會變遷》，台北：三民書局，一九八三。

陳蓓芝，《八〇年代台灣新電影現象之社會歷史分析》，台北：輔仁大學大衆傳播研究所碩士論文，一九九一年七月。

許嘉猷，《台灣生活品質與社會階級》，第一次社會變遷基本調查資料的分析，台北：中央研究院民族研究所，一九八八。頁六一—八四。

詹宏志，〈新電影的結構性危機〉，《電影、電影人、電影刊物》，李幼新編，台北：自立晚報社，一九八六，頁一一三—二〇。

張遜，〈暢銷的迷失與文藝的迷思〉，《台灣是誰的家》，柏楊編，台北：敦理出版社，一九八六，頁一三〇—四〇。

焦雄屏編著，《台灣新電影》，台北：時報出版公司，一九八八。

彭懷恩，《台灣政治變遷四十年》，二版。台北：自立晚報社，一九八八。
葛永光等著，《現代化的困境與調適——中華民國轉型期的經驗》，台北：幼獅文化事業出版，一九八九。
齊隆壬，〈侷限於體制下的「新電影」〉，《一九八七年金馬獎國際電影展特刊》，台北：中華民國電影事業發展基金會，一九八七，頁二一五—一一七。
蔡國榮，〈一次格調不高的文化論戰〉，《民衆日報》，一九八八年一月七日，版十一。
鄭樹森，〈四十年來的中國小說〉，《聯合報》，一九八九年八月十一日，版二十七。
蔡源煌，〈台灣四十年來的文學與意識形態〉，海峽兩岸社會文化變遷研究會專刊，台北：中國論壇社，一九八九，頁三七—四五。
蕭新煌等，〈「國片的昨日、今日、明日」座談會紀錄〉，《中國論壇》，第二二六期。一九八四年九月十日，頁四—三二。
蕭新煌，〈大衆文化的新口味：從《電影秀》的賣座談起〉，《四百擊》，第三期，一九八五年五月，頁三〇—三一。

◆劉現成

放開歷史視野：檢視八〇到九〇年代偏執的台灣電影論述

回顧八〇年代整個台灣電影發展，我們總毫不費力想到「新電影」，這一個八〇年代最重要的電影現象。再重新翻閱八〇年代有關台灣電影發展的文字資料，更是以對「新電影」的討論最爲豐富。然而到了九〇年代，一九九四年夏天，新聞局推出「迎接國產新新電影」系列活動，接著電影公司（以中影爲首）與評論界也相繼呼應了「新新電影」的口號，來概括稱呼一些出現於九〇年代的新銳導演或作品。八〇年代出現的不同視界的電影作品，即稱呼它爲「新」，九〇年代新一代的導演出現，變成「新新電影」，那麼以後當新的電影形式與風格不斷出現湧現之際，也將其稱呼爲「新新新……電影」？若以歷史的角度來看，以新來指稱歷史變遷的現象，有其邏輯上的謬誤，誠如香港電影學者鄭景鴻認爲：以所謂「新時期電影」觀念來界定電影的發展分期，是主觀和不科學的，因爲在十年、二十年之後，這一段時期還可以成爲「新時期」嗎？①

今天八〇年代的「新電影」已舊，而環繞在有關「新電影」爭議與擾攘之聲，也已經遙遠。我們再重新審視八〇年代這一段台灣電影發展的歷程，發現「新電影」只是台灣電影文化現象的一小部分而已。以整個八〇年代台灣國語影片的生產數量來看（見附表），從一九八二年起到一九八九年爲止，「新電影」的數量僅是國產影片的十分之一而已，設若再與全部國語影片（包含港片）數量相形之下，更是微乎其微。

何以以如此微小的電影生產數量，卻成爲八〇年代獨一無二的電影文化現象，何以八〇年代少數的電影作品會成爲「台灣新電影」？這種電影何以爲「新」，這個所謂的「新」是如何被建構？被哪些力量建構？在汗牛充棟的「新」電影文字論述中，還有哪些其他電影存在？這即是本文所要探討的焦點。

一九八二—一九八九年國語影片、國產影片與新電影影片生產數量之比較

年代	國語影片	國產影片	新電影影片
一九八二	三一八	一四四	一
一九八三	三一一	七九	一〇
一九八四	二六六	五八	一三
一九八五	二四八	六五	一六
一九八六	二三五	七一	一二
一九八七	二五二	八六	一四
一九八八	三三九	一五八	五
一九八九	三〇三	一〇一	三
合計	二三七二	七六二	七四

資料來源

1. 國語影片與國產影片之數目引自新聞局〈台灣電影影片生產統計〉（台北：行政院新聞局中華民國電影年執行委員會，一九九四），A—六、A—七頁。
2. 新電影影片之數目引自陳蓓芝《八〇年代台灣新電影現象之社會歷史分析》（台北：輔仁大學大眾傳播研究所碩士論文，一九九一），五九—六二頁。

一、「新」電影何以爲新？

曾爲台灣「新」電影從事行銷的詹宏志，他認爲台灣「新」電影之所以成立的三個理由：一是新電影對形式有著前所未有的自覺：形式上有著清楚的動機和明白的表達；二是新電影改變生產工具：採用標準銀幕，採用非職業演員；三是新電影有著不同的戲劇概念：以疏離或淡化劇力衝突、或生活化的表演。②若以此三種理由將八〇年代的電影加以標新，然後認爲台灣電影史上所未有的創舉，似乎過於的牽強附會。因爲，形式的自覺並不始於「新」電影，以七〇年代白景瑞所執導的《家在台北》（一九七〇）以分割畫面開展多條故事的敘述手法，到目前爲止台灣尚無人能出

其右，而在《再見阿郎》（一九七二）一片中，卻以極爲寫實（這是八〇年代「新」電影所專擅的美學形式）的手法重現台灣南部一個地方小混混的故事，從形式、內容與表現方面，與「新」電影相較之下，毫不遜色。而從生產工具來看，採用標準銀幕是一種世界性的趨勢，主要是爲了配合與電視圖框相容所致，另外，以「新」電影草創時期的艱難，寬銀幕更增加其成本，當然這也使這些創作者沒有多餘的資金去採用職業演員（明星），非職業性的演員能有多大的表演空間？當鏡頭逼近他們要拍攝特寫的時候，表演還會自然？所以採取生活化的演出與長拍定鏡的方式來攝製，這是最省時省事省錢的方法。八〇年代這些「新」電影，在這位電影行銷專家爲了突出其特色，而將其包裝爲台灣電影史上絕無僅有的「新」，這樣的說法我們在電影的廣告中常可以聽到。

而影評人焦雄屏認爲：

> 新電影的導演與上一代導演最大的不同點，是他們徹底拋棄了商業企圖的逃避主義，不再強做浪漫地編織愛情幻境，也不依賴鋼索彈簧床製造飛天遁地英雄。他們都努力從日常生活細節中或既有的文學傳統中尋找素材，以過去難得一見的誠懇，爲這一代台灣人的生活、歷史及心境塑像。③

這種將一九八〇年代以前的導演劃歸爲商業企圖逃避主義的導演，似乎有欠公允，同時也是對台灣電影歷史發展的錯認與無知，試問李行的《貞節牌坊》（一九六五）、《秋決》（一九七一），上文提及的《再見阿郎》與宋存壽的《母親三十歲》（一九七二）這些電影都是完全爲了商業企圖、具有逃避主義的影片嗎？「新」電影就類型來看，其實是文藝愛情片的變體，此種變體乃是對七〇年代瓊瑤三廳式的文藝愛情片的反動，所以愛情已經不是其所強調的主題，而是「成長」，④而他們所處理的「成長」，也被浪漫化了，諸如《風櫃來的人》（一九八三）：成長的痕跡是他們無所事事、等待當兵與海浪共舞的意象（海灘是七〇年代三廳電影非常重要的場景，這樣的場景亦被運用於《海灘的一天》當中），《冬冬的假期》（一九八五）：一個城市小孩旁觀鄉下大人世界紛擾即可以成長，那麼成長不止浪漫而且容易！若再回溯一九八二年以前這些創作者的電影作品，如《俏如彩蝶飛飛飛》（一九七九）、《就是溜溜的她》（一九八二），這些電影難道不是在編織浪漫的愛情故事嗎？至於武俠電影對這些導演而言，是不能、不會也不願去探觸的類型。儘管到了九〇年代所謂的「新新」電影中，出現了擬似武俠片的《飛俠阿達》（一九九四），但是卻暴露了一個舞台劇導演處理電影形式與語言的稚嫩，最後只有冠上「後現代」的電影來掩飾其瑕。八〇年代的「新」電影，一部分的作品改編自文學作品中，其中尤以六、七〇年代現代文學與鄉土文學的作品爲主，這些文學作品源自當時的社會時空當中，而在八〇年代重拾這些時代的語彙，何新之有？

那麼「新」電影的新，到底在哪裡？如上文所提及這是一種市場策略，所以「新電影」是廣告或公關策略下的一個口號或文案，我們可以從小野所撰寫的《一個運動的開始》即可一窺堂奧。另外，《光陰的故事》一片，一直被視爲「新」電影的里程碑，在中央電影公司《光陰的故事》企畫書中則有更詳實的資料記載。企畫書中即載明這一部電影其行銷策略是：

商品概念爲「中華民國二十年來第一部公開上映之藝術電影。」⑤

其廣告目標及策略是：

這是一部由四位學有專精的導演，結合四位有優異演技的明星所拍成的一部新電影。強調本片爲藝術電影而非商業電影。⑥

而在影片上映之前，所進行的促銷活動中，中影盡量塑造這四位導演爲「新電影人」，而到各大專院校中做巡迴演講進行促銷時，演講內容必須強調這是以最新的電影技術拍攝出來的作品。⑦因此，「新」電影是電影行銷包裝與廣告策略下的「名詞」，這個名詞就如同我們在電影廣告中常聽到的陳腔濫調：「這是中國電影當中從未出現的影片。」這樣的運作模式也同樣出現於一九九四年出現的「新新」電影，此際中影結合一些民營公司所拍攝出來的片子喊出了「台灣新新電影」，作爲對海外與國內市場行銷宣傳的整體性口號與形象，而傳播媒體亦相當配合其公關策略，協助電影公司爲這樣的市場定位極力宣傳。

八〇年代由「新」電影引發的「藝術」與「商業」的論戰，我們從前文所引述的資料中即已不攻自破。在市場定位中它是「藝術電影」，既然它是那麼「藝術」的電影，何須商業運作機制的市場定位來區隔與當時影片市場的差異，也就不需要廣告目標與行銷策略了。電影如果像繪畫或其他藝術形式那樣較不受商業運作制約，創作者可以兀自攝製自己喜歡的電影，然後在家中一邊放映一邊顧影自憐。一九八七年一群「新」電影工作者或支持者，在《文星》雜誌上發表了「台灣電影宣言」，對政府的電影政策、大衆傳播媒體與評論體系痛加批判，好像「新」電影票房的失利都是受到這些體系的打壓。只是令人匪夷所思的是，爲何這個宣言卻未見對不願出資供其拍片的片商和投資者有任何的批評。中影在一九八二年推出《光陰的故事》之後，在市場上獲得肯定，立即成爲投資者的禁臠，一九八三年這種新式的文藝片即一窩蜂出現（參見附表），迨這種題材被剝削殆盡之際，已失去了商業價值。至於政府既可憐又無能，可憐的是每每遇到電影不景氣的時候，政府成了這種低迷景況的罪魁禍首或代罪羔羊，成爲批評的衆矢之的。無能的是每次的舉措只是及時雨，或用來治標以堵悠悠之口。可是當政府推出政策以紓困之後，批評之聲就減弱了，提出輔導金很少有人說廢止的；撥出上億元的預算籌辦「電影年」等活動，可是卻從未聽聞浪費納稅人民脂民膏的聲浪。從一九四九年至今，政府對電影工業與香港的港英政府相形之下，可謂「無微不至」，這種無微不至表現在它扶植台灣電影工業從無到有（除了台語片之外），表現在這四十多年來種種輔導與獎勵措施上，也表現在它對電影的檢查與控制上。「新」電影既是因市場而生，也因市場的因素而式微，可是我們從他們的宣言中，卻將市場失利的責任推諉給其他人，這種觀點正好與片商認爲電影市場是被「新」電影搞垮的觀點，相映成趣。

「新」電影以《光陰的故事》爲濫觴，這是一部由中影拍攝出來的電影，爾後到一九八九年爲止，中影所出品（包括合拍）的「新」電影影片共計二十五部。⑧這種從黨營之中影公司擴延至民營公司的模式，與一九六三年中影所揭櫫的「健康寫實」製片方針的模式，由中影提出，台製隨後跟進，接下來民營公司也加入這一股風潮中，如出一轍。所以「新」電影如果視爲一個電影運動或浪潮，在台灣電影發展史上並不是唯一或創新，至少還有一個「健康寫實」主義的浪潮，早在一九六〇年代就已出現。焦雄屏認爲：「台灣新電影開始衝破電檢及保守政策的窒礙，強調一個充滿自覺性的台灣經驗。」⑨而如同「健康寫實」的浪潮一樣，既出於黨營事業的中影，亦無法完全擺脫其保守的色彩，而其題材創新只是爲了試探市場以作爲投石問路的墊腳石而已，加上創作者大半不是從原來師徒制出身，是由國外留學歸國直接投入這個體制來進行編導工作，在題材的採用上較不會受到原有政策與體制的限制。另外，八〇年代台灣在蔣經國的主政下，政治氣候漸漸鬆解，使創作者有較自由的創作空間，如果將這些創作者轉換到六〇年代的時空去拍電影，他們的題材也不會有多大的突破空間。「新」電影能突破工業體制與政策的箝制，實非完全是創作者之功，部分也是由於他們身處於這一個時空之幸。

二、「新」電影與影展

一九八二年九月第二十七屆亞洲影展於吉隆坡舉行，台灣以中影總經理明驥爲首，率領五十八人的代表團，選派《小葫蘆》、《大湖英烈》、《我的爺爺》、《原鄉人》、《辛亥雙十》等五部劇情片，參加這一屆亞洲影展，結果全軍覆沒，對台灣電影業造成極大的震撼。事後電影界熱烈檢討與反省，並促成一九八三年一月份成立「常設選片委員會」與亞展得獎影片重賞一千萬元的措施。⑩而「新」電影的核心人物小野亦參加這一屆的影展，後來也因這一屆的影展的感觸，使他提出《兒子的大玩偶》這一部片子的企畫案。⑪中影本身極爲注重影片是否在影展得獎，因爲得獎與否是黨部評估中影營運業績的一個重要指標，在中影經營的主旨方針中即有「發揚中華文化」與「報導國家建設進步情況，增進國際了解」等項目。⑫

影展的失利促成「新」電影的勃興，這對中影而言也不是第一次，在一九六三年時，龔弘接任中影總經理，參加亞洲影展僅得到一個童星獎，促使其傾全力製作品質優良的影片，加上他極力爭取一九六四年在台北舉辦亞洲影展，也使他更肯定了「健康寫實」的製片路線。這種情形到了九〇年代更是變本加厲，中影製片的目的幾乎以參加世界各國的影展為目的。一九九五年一月五日國民黨黨營事業管理委員會召開年終檢討會，頒發六十萬獎金與獎牌給中影，嘉許該機構所攝製的《喜宴》、《飲食男女》、《愛情萬歲》等影片，在國際影展上為國爭光，揚威國際。⑬國民黨黨部以國際影展得獎來衡量其績效，亦正符合了公司成立的宗旨：「本公司為黨營文化事業，其經營之目的，重在國家民族之整體利益，以傳衍文化傳統，宣揚三民主義，營利不過為輔佐達成目的之方法而已，故所製影片之主題內容，與一般商業影片迥異。」⑭

八〇年代的「新」電影在國內票房上，接連敗北，其中尤以《青梅竹馬》（一九八五）以三天即告下片最為悲壯。然而參加國外的大大小小的影展時，獲得了國際評論界的青睞，平息了他們在賣座上的挫折。影片參加國際影展必須經由新聞局審查，並設有選片委員會參加各項的影展，必須符合不能影響國際形象的標準，所以仍存有官方的意識形態在其中運作著，以當年最受爭議的《超級市民》（一九八五）為例，本片的形式與內容是「新」電影支持者最為推崇之寫實主義的影片，此片以當時台北低下階層貧窮破落的生活為背景，在當局的眼中這種影片可以代表國家參加國際影展？所以在當年本片僅參加了英國倫敦影展。⑮另外一個特殊的例子即是《悲情城市》（一九八九），此片以二二八事件為時空背景，揭發當局掩蓋已久的歷史事實，若從當局評選參加競賽的標準，此片必定無法過關，於是當本片在日本進行後期製作之後，以來不及送審為由，直接送到威尼斯參加競賽，競賽中以二二八事件這個台灣歷史傷口，爲其行銷宣傳的主要策略，回國後卻低調處理。

影展熱到了一九九四年三月二十二日奧斯卡頒獎典禮達到沸點，《霸王別姬》、《喜宴》入圍奧斯卡最佳外語片，當時官方爭著要率團參加，成爲輿論界的笑柄。媒體大肆炒熱這兩部得獎希望濃厚的新聞，頒獎典禮當天台視現場實況轉播，由專人擔任翻譯與解說，使台灣彷彿回到了七○年代，台灣少棒代表隊遠征美國，大家徹夜守候在電視機旁，爲中華隊加油的景況，只是這一次中華隊並沒有贏，最佳外語片被其他的國家奪魁，如此完全推翻國內新聞媒體所預測的報導。八○年代外交上的困頓，而電影在國際影展上屢傳捷報，替代七○年代以來棒球紓解台灣壓抑民族情緒的角色。然而仔細思索八、九○年代國際各項影展偏愛台灣或中國的影片，其實與台灣自身的經濟實力有相當大的關係，這種經濟實力展現在包裝與行銷電影這項商品的能力，在得獎的背後所投注的公關、行銷的費用，到目前爲止仍是一個「黑盒子」。五○到七○年代公營製片機構所攝製的紀錄片，新聞局將這些紀錄片送往邦交國與文化專約國，藉以宣揚台灣經濟建設進步。如今這些紀錄片已經被這些「新」電影所取代，「新」電影在影展中得獎的影片成爲國家宣揚文化的重要工具，而這些得獎的導演成爲政府眼中的「文化大使」。演變到九○年代，政府斥資舉辦了「電影年」的相關活動，在這活動中成立「國際推廣小組」，其主要的工作是向國際影展、媒體大力推廣台灣電影，進而強化國際對台灣電影的印象。⑯

八○年代的「新」電影，雖在國內市場屢屢受挫，但是國際上的肯定支持著他們仍舊可以繼續拍片，致使國內製片界流行這樣的話語：「要拍片可以，是要得獎的，還是要賣錢？」結果許多新銳導演都選擇前者，尤其到九○年代之後，這種情形更加嚴重：

愈來愈多的新作者以國際影展爲拍片的首要前提，在選材或影像風格上時有迎合的痕跡，違背了創作最重要的眞誠，也誤解參展的眞諦。⑰

九○年代那些所謂的「新新」電影，幾乎每一部都爲參加影展而拍的，題材、視覺與敍述風格皆在投合影展的口味，影展評審成爲國內製片最主要的觀衆，亦即是這些影片是專門拍給影展評審看的，而且都是參加影展之後才回到國內上映，深信國內觀衆會因得獎而使票房提高，但是當其中的某些電影放映之際，戲院前門可羅雀，有些評論者即批評觀衆沒有品味，或直接認定這一些觀衆是青少年或低下階層。當評論界批評港片以感官刺激與動作奇觀藉以滿足觀衆口味、唯利是圖的同時，那些所謂的「新」電影者，亦憑藉著展現文化奇觀迎合影展評審品味，唯「名」是圖，所以港片與所謂的「新新」電影，究其實是一丘之貉，所爭者唯「名利」二字而已。

三、「新」電影與評論界

這裡所謂的評論界涵蓋了媒體記者與影評人。「新」電影是出現於市場策略的口號，而如何擴散至媒體甚至爲影評人所用。我們再回到一九八二年中影對《光陰的故事》行銷策略的討論，在這部電影的企畫案上，其公關的策略包括了以下三點：

一、重點招待影評人、記者、專家學者、金馬獎評審試片，創造觀後感；

二、宣傳手法類似藝術季活動宣傳，招待文藝界人士觀片，並造成本片爲商業電影圈之藝術電影印象；

三、舉辦座談會，擴大配合宣傳，即廣告作業。⑱

電影公司將這一部電影定位成「新電影」，透過對媒體與評論者進行公關和新聞發布等的活動，「新電影」出現在報紙、影評上，評論者成爲影片的促銷者，幫這些電影公司推銷這類的影片。這一套宣傳招式對中影而言其實已經不新鮮，六〇年代龔弘時期，運用其與新聞界深厚的淵源（曾任新聞局副局長），製造了「健康寫實」這個口號，廣泛地出現在當時的報章雜誌，成爲當時熱門的話題。而到了九〇年代，也如法炮製了「台灣新新電影」。

媒體與「新」電影關係極爲密切，曾有研究指出：記者與編輯多對電影圈的人際脈絡、製片界的實況以及影片掌故，瞭若指掌。可是對電影本身好壞的了解卻是較爲外緣的性質，所以較容易採信並推崇若干特定影評人的觀點，同時亦因個人偏好或人際關係，爲與自己私交甚篤的影評人在媒體上爲他們開闢影評園地。⑲因此，若從傳播者與訊息來源的互動模式來歸納媒體與影評或與創作者之間的關係，媒體記者依附於影評人與創作者，影評人掌握了充分絕對的知識權力，來斷定一部電影的優劣良窳，而媒體記者僅只是附和的角色而已。

而創作者與影評人之間有極大的同質性，首先是他們的年紀、成長背景相似，絕大部分都是戰後出生於台灣的一代，大部分的人受過大專以上的教育，並且有研究指出過半的評論者與創作者皆在相同時期出國留學，所讀的學校也有交集，均共同具有對西方當代重要人文思潮的基本訓練。⑳而這些影評人如何評論創作者，這可從焦雄屏評侯孝賢作品的「影評」中見出端倪：

> 侯孝賢電影最不同於一般電影，尤其是好萊塢影響下的電影，是其用特殊方式組成其敘事。這種方式是重視段落事件(episodic)的累積，而非採取簡單的直線敘事(linear narrative)。㉑

其實我們可以從另一角度，去看待侯孝賢何以有這樣的風格。所謂的重視段落，其實是對分鏡無能的美稱，導演在分鏡上不下功夫（即所謂的即興），只好以長拍定鏡的方式大段落地組合事件，也就是累積這些事件，這種組合與累積其實也就是一種線性敘事。這種評好不評壞的影評作風，與這一些影評人所反動的對象——老一代的影評，沒有多大的差異。另外，再檢視其對《戀戀風塵》批評，認爲本片承襲了中國多視點的美學觀。㉒殊不知電影是西方美學單點透視的代表性媒材，無論攝影機如何運動始終只有一個透視點，而攝影要做到中國多視點美學觀則必須如郎靜山的集錦攝影，經由各種畫面的組合（一個畫面一個視點）才能完成，方能在圖框當中產生具有多點透視的畫面，因此，以中國多點透視美學觀來評這一部片子，是班門弄斧，是對中國美學的無知與錯用。

誠如前文所言的，這一些八〇年代所竄起的影評人，大都受到西方電影美學思潮的影響甚深，或從西方習得電影的語彙，所以在他們影評當中，偏愛夾雜一些英文所轉譯的電影術語，這一群由西方知識的霸權所豢養的「文化」菁英，利用西方電影知識的框架，來建構「新」電影成爲台灣電影發展史獨一無二的「新」，也透過西方影評的觀點㉓來肯定其一手扶植的「新」電影，而這種情形正與「新」或「新新」電影創作者欲在世界影展中取得西方核心正統的心態㉔遙相呼應。這一群「文化」菁英（包括創作者、影評者與搖旗助陣的媒體記者）如黃建業所言的：是台灣中產階級的興起，新興的中產階級在自己語言的電影中，尋找到自己的身分認同。影評在「新」電影中推波助瀾，努力鼓吹，使得「新」電影如此快速被社會和知識份子所重視。㉕因此，「新」電影做爲一種言說形式是「文化」菁英、中產階級與知識份子自言自語的夢囈而已，與他們所指斥的青少年或低層教育水平的觀衆㉖形成斷裂。而這群「文化」菁英在這種言說形式中，所謂的重藝術層次、高度的人文關懷與塑造中產階級的台灣經驗，也僅止於高級藝術（文化）的肯定，也僅止於關懷與「冷靜的旁觀」，也僅止於對中產階級台灣經驗的再現，而這樣關懷、旁觀與再現到最後成爲這群「文化」菁英的鴉片。

這一群「文化」菁英到底是以何種形象呈現呢？在《悲情城市》影片中，有一場戲充分展露此種菁英的外觀，一群擁有高學歷、衣著光鮮的知識份子，在觥籌交錯之間，討論馬克思主義與批評時政。此外，小野在爲許不了的死所撰寫的〈小丑的祈禱文〉一文中，充分揭露此種「文化」菁英的面目：

主啊！我懇求你藉著我的死提醒這一個社會——我指的社會不止限於一般人以爲剝削、欺辱我的黑社會，反而是那些自以爲高貴的、冷漠的、吃人不吐骨頭的、道貌岸然的、痲木的知識份子，他們經常把一件原本是很複雜、悲慘的結果透過「冷靜」的分析之後，草率下了簡單而有力的評斷，然後又依然過著他們高級的生活，選擇著高級的電影欣賞。㉗

這些「文化」菁英如何討論受到票房與大衆肯定的電影，以一九八四年打破原由邵氏《梁山伯與祝英台》所保持的票房紀錄的《A計劃》爲例，焦雄屏認爲成龍的表演及其電影結構已經明顯地出現一個特性：以亡命或準確的體能表演，當做一個「奇觀」(spectacle)來吸引觀衆。㉘如果一個演員賣命演出，爲了討好付錢買票進入戲院看這一個奇觀的觀衆，而被這種菁英論調貶抑成卑微地討好觀衆，那麼「新」電影以及九〇年代的「新新」電影以台灣或中國的文化或社會奇觀，也是卑微地迎合國際影展評審的口味，本質上與成龍的動作影片毫無任何的差異，只是「文化」菁英比較會包裝自己，或尋求西方的電影理論來掩飾自己的無能罷了！誠如蕭新煌所批評的：影評人對於一些賣座、爲許多觀衆所接受的電影，不去談它甚至漠視它的存在，影評人不把觀衆放在眼裡，將自己高估成帶領社會變遷的人物，卻忘了自己也是變遷中的一部分。㉙

四、「新」電影之外

八〇年代除了「新」電影之外，還有哪些影片或創作者被這一群「文化」菁英所忽視或遺棄？首先，我們從台產的影片談起，如附表上所記錄的，「新」電影僅佔台產影片的十分之一，那其他十分之九影片的文字相關論述卻不見了。從一九八二年北市十大賣座紀錄來看，港片與台片五五分家，其中兩部「新」電影《光陰的故事》、《在那河畔青草青》，中影公司出品的政策片《苦戀》是榜首，另外兩部則是《人肉戰車》、《怒犯天條》。一九八四、一九八五年「新」電影皆僅有一部進入十大賣座之中，而從一九八六到一九八八年這三年之中，皆未進榜。一九八九年以《悲情城市》再度進榜。可是在這段時期當中，仍舊有許多台產的影片進榜，其中以朱延平的電影最爲頻繁，其影片在一九八五年以前以許不了爲核心，而受到觀衆的喜愛，且利用寒假新年與暑假的檔期來擴大影片票房的效益，而許不了所主演的喜劇結合其他甘草人物如陶大偉、孫越、張小燕等人，成爲春節闔家觀賞的電影。

許不了對台灣電影工業而言，具有非常重要的地位。他崛起於七〇年代末期，他的表演風格一直被「新」電影的影評者譏評爲「半吊子的卓別林」，㉚然而他是眞正土產的諧星，他的表演風格在國語影片的傳統中是找不到的，但是卻可以在一九六〇年代台語影片喜劇類型中找到影子。許不了最先是出現中國電視公司閩南語戲劇節目中，早期台語片的丑角諧星在台語片沒落之後，最後大部分都到中視，像戽斗、矮子財、玲玲等人皆是到了中視棲身。㉛因此，許不了的表演形式承襲了台語片喜劇的風格，加上卓別林喜劇的橋段，而建立其特有的表演方式。

八〇年代以後，許不了在電影圈中漸漸受到重視，演出的機會越來越多，以一九八二年爲例，他演出過：《傻丁有傻福》、《酒色財氣》、《開心一級棒》、《百分滿點》、《新濟公活佛》、《紅粉兵團》、《黑獄大逃亡》、《神劍動山河》、《脂粉奇兵》、《糊塗妙賊立大功》、《浪子、名花、金光黨》、《傻搭檔》、《行船人的愛》、《紅粉遊俠》共計十四部影片（幾乎比「新」電影一年的產量還多）。一年如此龐大的演出數量，一直維持到死爲止。一九八五年七月四日積勞成疾，罹患肝硬化病逝於馬偕醫院。他的死引起電影界爲文追思其所創造的電影文化，七月五日編劇吳念眞就他的死呼籲演藝圈不要惡性剝削藝人。

影評人蔡國榮認為無論就演技、笑聲與票房紀錄而言，許不了無疑是近十年來最優秀的國產「喜丑」，可惜其作品仿冒色彩過於濃厚，以至於他的演技一直未獲肯定。㉜而香港導演吳宇森則讚揚許不了是台灣的卓別林，卓別林在經濟不景氣時代，替美國人民出了許多胸中怨氣，而許不了則替台灣的小市民講出許多心中的話。且認為他是台灣的特產，其所曾經創造的「許不了時代」，日後定成為研究當代台灣電影史、社會、經濟以及文化現象非常重要的題材。㉝然而，在一片「新」電影的「文化」菁英壓倒所有其他的電影評論領域，以及這些人對許不了的作品嗤之以鼻態度，如今許不了身故已經將屆十年，沒人為這一個台灣獨有的喜丑從事史料整理的工作，恐將有一天我們會遺忘這一個曾經為小市民帶來歡笑、而付出生命的「小丑」。

此時期中影所推出的政策片如《苦戀》（一九八二），推出之後受到相當歡迎。《苦戀》在票房上的之所以成功，和以前反共片最大的不同點在於：「忠實敍述主角對共黨制度的憧憬與幻滅，並未刻意渲染醜化中共，甚至連中央軍拉伕事件影響主角對國民政府的觀感，亦都毫不避諱地呈現出來。」㉞這在政策片的處理上也是一個突破，加上由大陸的傷痕小說改編，文學性濃厚，因此，較能為普遍的大衆所接受。《電影秀》（一九八五）推出之後，受到大衆極為熱烈的喜愛，在北市賣座上已名列第七，而這一類的電影在台灣省地區的賣座更好。這種為一般知識份子所鄙夷的嘻笑怒罵式的鬧劇，正迎合升斗小民發財的夢想，當時六合彩、大家樂風靡整個台灣，普遍群衆抱著機會主義的心態，想賺更多錢，而這一部電影即是此種情緒的再現。

從一九七九年《拒絕聯考的小子》上映之後，開啓描寫學生生活為主的校園電影。八〇年代以後林清介繼續維持這樣的製作題材，九〇年代則由金鰲勳結合此時期的偶像歌手繼續製作校園電影。至於由《成功嶺上》（一九七九）所掀起的軍教片類型，八〇年代則有《大地勇士》（一九八二）、《大頭兵》（一九八七，爲當年度北市賣座第四名）、《報告班長》（一九八七）、《報告班長第二集》（一九八八）等影片，皆承繼了軍教片的風格。到了九〇年代，此類的影片依然活絡於電影市場，一九九四年《報告班長》拍了第三集，而且亦是票房上極爲賣座的電影。另外，崛起於六、七〇年代的資深導演，在八〇年代亦有作品出現，一九八二年白景瑞導演的《怒犯天條》在市場上亦獲得了肯定，一九八三年台灣製片廠出品的《大輪迴》，結合了李行、白景瑞與胡金銓三位導演，這部片無疑是對六、七〇年代家庭倫理劇、文藝愛情片與武俠功夫片的整合與致敬。胡金銓因這一部片子獲得了在羅馬所舉行的第三屆國際科幻及幻想影展最佳導演獎，這一個紀錄一直爲注重影展得獎與否的「新」電影評論者所忽略的。除此之外，李行也在一九八六年亦爲台製執導了《唐山過台灣》。

若將台灣電影的定義推至在台灣上映的香港影片，則台產攝製的影片更見渺小，長久以來一直是港片主導國片市場的局面。從一九四九年開始國片的院線以放映港片爲大宗，自一九五七至一九七三年，在這十七年當中的北市十大賣座國片中，港片共計一百一十九部，佔全部的百分之七十左右，僅有五十部是台產影片（包括港、台、日合拍的片子）。[35]這種情形到八、九〇年代更加的明顯，港片成爲國片片商爭相搶購的對象，在賣座紀錄上亦是港片的天下，因此，香港影片是台灣四十多年來國片市場的主流，台產影片偶爾躋身進入賣座十大當中，但是畢竟是少數，而八、九〇年代所謂的「新」電影則更是少數中的少數。

五、結語

本文無意也無能（因對「新」電影的文字論述已經多過這四十多年對台灣電影發展的論述）推翻八〇年代的「新」電影現象。只是試圖探究八〇到九〇年代台灣電影發展上所出現的偏執現象。在世界電影發展史上，電影分別出現在美國愛迪生發明的「西洋鏡」與盧米埃兄弟的放映式電影。前者被淘汰於歷史的進程中，而後者成爲世界電影發展的觀賞形式。兩者都決定了電影存在條件：「付費」與「觀衆」，即商業運作的機制，而盧米埃兄弟的電影是在咖啡廳中放映給一群人觀看，也決定了電影的社會群集特質。因此，當電影第一次展現在觀衆面前時，便是一種社會現象。而從一九六〇年代之後，電影已經被認定爲一種大衆藝術與文化形式，所以不管一部電影其語言處理的形式如何，當它在社會放映時，皆是一種社會與文化現象，也是一種藝術形式。電影不止是「文化」菁英的，電影不止是影展評審，電影也不止是導演的，它是屬於大衆的。

基於上文的前提，重新檢視八〇年代台灣電影的發展，「新」電影之所以爲新，乃起於黨營的製片機構爲突破市場窘困，所提出的行銷策略口號，這樣的包裝與當時新起的評論界利益集結，並與媒體構聯，所引發由「文化」菁英所主導的菁英文化現象。這些菁英在西方知識的浸淫下，不斷地利用他們由西方思潮、西方電影美學語彙與國際影展的肯定，來合法化其在台灣電影發展中創新的地位。這些菁英與大衆是有距離的，甚至是斷裂的，當大衆無法接納這些「新」電影之際，即認爲他們是低下階層，只懂得觀賞一些菁英認爲不入流的影片。

焦雄屏認爲「新」電影是台灣經驗的代表，並認爲老一代的導演是以台灣的背景，來拍大陸經驗，此種影片所處理的不是台灣經驗。㊱如果以這樣的邏輯，那鄭成功父子（外來政權執政的經驗）所經營下的台灣也不是台灣經驗。「新」電影中的台灣經驗只是龐雜台灣經驗的一部分而已，「健康寫實」是台灣經驗的一部分，《梁山伯與祝英台》在台灣所形成的風潮，是台灣經驗的一部分，七〇年代瓊瑤文藝愛情片、許不了獨特的演出方式、「新」電影文化菁英援引西方電影理論來詮釋台灣電影，這些不僅是台灣經驗的一部分，同時也是台灣電影經驗的一部分。

八〇年代「新」電影的文化現象，是一種世代交替的轉變。這種轉變涵蓋了許多層面，包括創作者，老一代的創作者無法迎合市場需求而由新起一代接手，然而新起一代亦無法獲得普羅大衆的肯定，於是轉向國際上的認同，而這也意味著市場的更替。市場的更替即表示觀衆的轉變，八〇年代電影市場的消費形態以一九六〇年代出生爲主力，這一代擁有較優渥的環境與接受完整教育，因此，不僅接納了大衆化的影片形式，同時少數人亦可認同如「文化」菁英所倡導的「新」電影，成爲「另類」㊲的電影觀衆。這與七〇年代有所不同，七〇年代消費電影的是戰後出生的一代，這一代也是台灣在全力尋求經濟建設與工業發展的路程中，最爲艱辛的一代。而評論界也是屬於新世代的出現，這一個世代與老一代的評論者，最不同的是他們吸收了來自西方電影美學的思想，儼然成爲西方知識權力論述的代言人。如果將媒體中的影評園地視爲言說論述以及權力鬥爭的場域，那麼這些「新」電影的「文化」菁英，構聯「新」電影的作品，運用他們權力鬥爭的工具——西方電影美學的知識，大肆在媒體上闡揚（促銷）他們所認同的電影美學觀，引發一連串的「文化」菁英加入此一論述當中，而在這衆聲喧嘩的論述中，「新」電影其影片本身已經不重要，重要的是這些新起一代的影評人已經取得了知識的霸權，支配了台灣電影論述的聲音。

註釋

①鄭景鴻，〈中國電影史應如何分期？〉（香港：《明報月刊》，一九九〇年十二月號），一一四頁。

②詹宏志，〈台灣新電影的來路與去路：一個報導與三個評論〉，收錄於焦雄屏編著《台灣新電影》（台北：時報文化出版公司，一九八八），二五—二七頁。

③焦雄屏，〈台灣電影的大陸情結：從家鄉到異鄉〉（台北：政治大學廣播電視學系《廣播與電視》期刊，創刊號，一九九二年七月），七二頁。

④同③。

⑤陳蓓芝，《八〇年代台灣新電影現象之社會歷史分析》（台北：輔仁大學大眾傳播研究所碩士論文，一九九一），附錄。

⑥同⑤。

⑦同⑤。

⑧同⑤，五九—六二頁。

⑨同③。

⑩梁良，〈電影大事記〉，收錄於《中華民國電影年鑑：一九八三》（台北：中華民國電影事業發展基金會，一九八三），八七頁。

⑪小野，《一個運動的開始》（台北：時報文化出版公司，一九八六），一一四頁。

⑫《中央三十年紀念特刊》（台北：眞善美電影雜誌出版社，一九八四），十二頁。
⑬〈國民黨黨營事業表率，中影獲六十萬元嘉獎〉（台北：《中國時報》，一九九五年一月六日，二十二版）。
⑭同⑫。
⑮《中華民國電影年鑑：一九八七》（台北：中華民國電影事業發展基金會，一九八七），一二八頁。
⑯〈台灣電影要在國際上消失了?!〉（台北：《中國時報》，一九九五年一月十日，二十二版）。
⑰陳寶旭，〈台灣電影與影展的互動關係〉（台北：《中時晚報》，一九九四年十一月二十六日，十四版）。
⑱同⑤。
⑲楊世凡，《人物言說與台灣新電影：一項知識社會學的研究》（台北：台灣大學社會學研究所碩士論文，一九九一），一〇九頁。
⑳同⑲，一〇九—一一〇頁。
㉑焦雄屏，〈開創新電影經驗：初探侯孝賢作品特性〉，收錄於《中華民國電影年鑑：一九八八》（台北：中華民國電影事業發展基金會，一九八八），三頁。
㉒焦雄屏編著，《台灣新電影》（台北：時報文化出版公司，一九八八），一四五頁。
㉓有關「新」電影的影評人引述西方電影學者對這些影片的評論，請參閱焦雄屏編著的《台灣新電影》一書，以及散見於八〇年代《中華民國電影年鑑》所收錄的文章中。
㉔李天鐸，〈重讀九〇年代台灣電影的文化意涵〉，收錄於《一九九四年台北金馬影展——「斷裂」與「複合」：展望九〇年代中國電影專題特刊》（台北：金馬獎執行委員會，一九九四），十六頁。
㉕轉引自⑲，一三三頁。

㉖焦雄屏，〈年度電影現象探討（十三之一）〉（台北：《中時晚報》，一九九四年十一月二十五日，十四版）。

㉗同⑪，二二三頁。

㉘焦雄屏，〈奇觀式動作片——成龍與高樓爲敵〉，收錄於《中華民國電影年鑑：一九八六》（台北：中華民國電影事業發展基金會，一九八六），五四頁。

㉙蕭新煌，〈電影秀——大衆文化的新口味〉，收錄於《中華民國電影年鑑：一九八六》（台北：中華民國電影事業發展基金會，一九八六），二四頁。

㉚相關的論述請參考㉙，《年鑑》二九頁，與㉒，七一頁。

㉛《電影歲月縱橫談》（台北：國家電影資料館，一九九四），二〇四頁。

㉜蔡國榮，〈論許不了〉（台北：《聯合報》，一九八五年七月五日，十二版）。

㉝〈創造了一個獨特的電影時代〉（台北：《聯合報》，一九八五年七月五日，十二版）。

㉞黃仁，《電影與政治宣傳》（台北：萬象圖書公司，一九九四），一三一—一三三頁。

㉟劉現成，〈台港兩地的電影互動：回溯與展望〉，收錄於《一九九四年台北金馬影展——「斷裂」與「複合」：展望九〇年代中國電影專題特刊》（台北：金馬獎執行委員會，一九九四），五〇頁。

㊱同③，七三頁。

㊲「另類」的概念起於一九八七年〈台灣電影宣言〉一文中的「另一種電影」，請參閱㉒，一一七頁。另外，關於「另類」的概念，請參考齊隆壬，〈再見「新電影」，期待「另一種」電影的到來〉，收錄於迷走、梁新華編《新電影之死》一書中（台北：唐山出版社，一九九一），五—八頁。

其他參考書目

《中華民國電影年鑑（一九八三—一九九二）》，台北：中華民國電影事業發展基金會。

杜雲之，《中華民國電影史》（下），台北：行政院文化建設委員會，一九八八。

梁良編，《中華民國電影影片上映總目》（下），台北：電影圖書館出版部，一九八四。

黃寤蘭主編，《當代港台電影：一九九三》，台北：時報文化出版公司，一九九三。

黃寤蘭主編，《當代港台電影：一九八八—一九九二》，台北：時報文化出版公司，一九九二。

李幼新編，《港台六大導演》，台北：自立晚報社，一九八六。

李天鐸、陳蓓芝，〈八〇年代台灣新電影的社會學再探〉，收錄於《第二屆電影電視錄影學術研討會論文集》，台北：視覺傳播藝術學會暨輔仁大學大衆傳播學系，一九九〇。

蔡國榮，〈兩次再出發的腳印〉，收錄於《第三十二屆亞太影展特刊》，台北：第三十二屆亞太影展籌備委員會祕書處，一九八七。

吳其諺，《低度開發的回憶》，台北：唐山出版社，一九九三。

蔡國榮，《中國近代文藝電影研究》，台北：電影圖書館出版部，一九八六。

重讀九〇年代台灣電影的文化意涵

◆李天鐸

「民國八十三年是國片在國際影壇收穫最豐碩的一年。雖全年僅出品了二十九部影片而已，不過，卻有五十五部次國片獲邀參加世界各地五十一個國家或地區的國際影展活動，並有五十四項入圍與十九項大獎的紀錄。」①

試問，這些統計說辭對我們萬千大衆有什麼意義？

台灣電影進入九〇年代，雖說只有短短的四載，其展現的文化意涵卻是異常複雜。首先與香港方面，自戰後形成的雙向依存的市場關係，八〇年代中期出現斷裂。而演變成如今港片單向強勢傾銷的局面。其次，與大陸方面，台灣又和香港伴隨著政經情勢的丕變，由對峙而轉爲接觸，由殖民而將回歸，到今天三地電影的發展，不論是垂直的製作分工或是水平式的發行映演，已逐漸形成一個初期複合形態的生產體制。這個複合體制有效的將台灣電影擠上國際電影舞台，也贏得不少的讚譽。但是這卻無法挽回在國內票房屢屢慘敗，作品產量年年銳減，整個市場幾乎全爲好萊塢與香港影片所吞食的頹勢。本文即援引一些政治經濟學的基本論點，來就這些錯綜複雜的現況做番檢視。本文的目的不在於詳述剖析這些現象的前因後果，而是要重讀（re-reading）這些現象底層的文化意義。

社會學家席爾斯（Edward Shils）曾指出：每一個社會，哪怕是再怎麼封閉或多元的社會，都存有一個中心體系（central zone）。這個體系有著統合結構複雜的社會族群，形成相互之間「支配與從屬」關係的力量；同時也是產製整體社會象徵秩序與主導價值信念的場域。②

電影做爲一個社會機構，在六、七〇年代黨國機器強力主控之下，曾是台灣社會中心體系極重要的一環。在那個物質匱乏的年代，電影是大衆最經濟、最喜好的娛樂形式。當時台灣國民年平均所得不足一千美金，但是國民年平均觀影次數卻持續在十到十四次之間，是世界名列前五名的地區。在當時這種高程度的電影觀賞儀式中，國民大衆分享了共通的視聽經驗、學習了社會參與、接受了思想教化，而對黨國欽定的價值信念（六〇年代的反共抗俄；七〇年代的莊敬自強處變不驚）產生認同。但是由八〇年代末發展至今，電影已經由這個中心體系滑落到一個邊緣(periphery)的位置，探索其原因當然與社會「上層結構」的改變，底層「經濟基礎」的轉型有關。

按照馬克思學派的觀點，電影具備一個獨特的雙重屬性：一個是經濟的，另一個是文化的。電影在生產基礎上是絕對經濟的，涉及龐大的資金運轉、複雜的生產分工與合作，更與其他機構有著密切的關聯（流行音樂工業、電視工業、新聞傳播工業，甚至廣告工業等）；然而這個經濟屬性一旦運行於社會就必然與政治律法、價值理念，或是優勢意識形態等，也就是與所謂的「上層結構」有關。這是文化的。

台灣電影由中心體系到邊緣位置的滑落，若由其雙重的屬性來看，最首要的因素當然是電子媒介的全面擴散。首先，由於無線電視「單點對多點」的共時傳播特性，三家電視台的設立很快的便取代了電影成爲最強勢的社會整合與文宣教化的機器（直到今天國內政治體制已由權威走向民主，但無論民意是怎麼批伐，黨政軍掌控三台的局面依然未見有絲毫的鬆動）。而政府也於解嚴後逐漸對電影放寬各種管制，取消它在社會集體意識模塑的沉重使命，任其在影音市場中做優勝劣敗的商業競爭。進入九〇年代，錄影、影碟、MTV視聽中心、有線第四台，還有衛星接踵而現。到今天，我們看到街頭巷尾林立的錄影帶租售店與影碟交換中心充斥著各式各樣的新舊影片，而在有線、無線、衛星結合的電視系統中，每週更至少有五十部以上的中外影片在反覆播映。電子媒介的擴散，不但平面橫向的將影片帶到台灣地區的各個角落，同時也垂直縱向的將影片嵌入大衆一天二十四小時的生活流程中。這對電影的營運，照理說應該是件好事，因爲它拓展了電影成品的生命週期與通銷管路，然而由於非法盜錄的猖獗，律法執行的不力，卻造成電影工業一場形同浩劫的災難。

電子媒介的擴散就文化意義的層面來看，則是動搖了「電影」(cinema)這個社會符號的傳統「意指」(signified)。有一個事實即是，九○年代以來台灣愈來愈多的大衆觀看以物理光學爲原理、以化學膠片爲材質攝製的「電影」，不是在傳統的戲院銀幕，而是經由電子掃瞄的螢幕。這個「電影電子化」的趨向將大衆的觀賞行爲由集體的社會參與延伸爲個人的家居生活；而大衆對電影的感知經驗，也由完整且一次性的全神「凝視」(gaze)，而延伸爲間歇性的散漫「收視」(discursive viewing)。一部電影作品已不純粹是屬於心靈意識虛幻參與的文化成品，而且也是與新聞報導、歌唱綜藝、益智猜謎、宣導短片等，混爲一氣的「節目」，是電子媒介塡充時段的消耗品，是大衆生活休閒的消費品。如此一來，電影這個社會機構與六○年代《梁山伯與祝英台》、《養鴨人家》時期，與七○年代《英烈千秋》、《梅花》時期，比較起來，其文化意涵已是大不相同了。因爲不同的觀賞情境、不同的心理涉入程度、不同的媒介材質，結果造成大衆在閱讀電影這個文化成品，其樂趣與意義的產製出現多元的分歧。試想，以深焦構圖、低調光影設計的《戲夢人生》，或是講究精確肢體律動的《武狀元黃飛鴻》，各自在戲院夢幻式的涉入觀賞與在客廳伴和著廣告間互相呈現的收視，其各自的美學感知會有何種差異呢？

因此，由電影本質的雙重性爲出發處在今天影音媒介多元化的時代，任何一個電影工作者在從事創作時，都不能不兼而顧慮到作品在戲院寬銀幕「投射」與在電子小螢幕「掃瞄」的顯影效果，更不能忽視萬般大衆在多元媒介閱讀作品生理與心理機制。而做爲一個電影評析的論者在爲作品進行優劣的價值論斷時，也有必要放寬心懷，接納因應電影電子化，多元表現形式的可能。基於以上的體認，幾十年來以戲院寬銀幕而建構的電影美學觀念，像早先《阿拉伯的勞倫斯》裡超大遠景的構圖法則，或如前些年台灣新電影風潮時冷凝疏離的長拍運鏡，都勢必得做重新的思考，以期能賦與創意的再運用。而由近期許多中外傑出的創作者的作品中，像香港的王家衛、徐克、吳宇森、關錦鵬，美國的奧利佛・史東(Oliver Stone)、柯恩兄弟(Joel and Ethan Coen)、昆丁・泰倫汀諾(Quentin Tarantino)、法國的路克・貝松(Luc Besson)等，觀察到他們在影像語法與敍事鋪陳的實驗與突創。我們也從近期全球多元的電影風貌中察覺到，爲了關照到電子螢幕的顯像，或許也因爲電子科技已大量的運用於影片的創作，敍事鋪陳的簡潔、剪接速率的明快、近中遠鏡位多變化的調度，似乎已漸是電影表現形式的另一股新趨向。

反觀九〇年代台灣電影的形式風貌，基本上，仍承襲著八〇年代新電影時期以沉靜的敍事步調、簡樸穩實的鏡位組合，來客觀自然的「呈現」(display)探觸的議題本質與人事物的相互關聯。而這也延續了八〇年代以來電影工業領導、創作者、評論者之間的矛盾。我們經常聽到許多製片人吼著類似的說辭：「花那麼多錢、那麼長的時間，弄這些遠山闊海的畫面幹麼？將來下檔後，誰還會在二十九吋的電視機上去注意什麼美感、意境、氣勢！」③文化評論人士南方朔也於一九九二年金馬獎評審結束後指出：「在台灣，電影仍使用著電視連續劇的泄沓手法拍攝：黑道報仇，一定要從踩上三輪車，騎上一大段，然後到達現場砍殺……，拍攝跟蹤，就一定要從發動摩托車……，除了這種講故事的方法之外，就不會換一種更精簡的方式。這種『有故事的紀錄手法』是在浪費觀衆的時間。它低估觀衆之時所掩飾的是自己語言的過分老舊。」④

然而，針對類似的這些說辭，我們也經常在報章雜誌上看到評論者附和著創作者的表白，強力的辯解台灣電影這種表現形式是「寫實的」、「誠懇的」，爲的是對人物主題做有距離的客觀紀錄，以免觀衆墮入傳統戲劇的衝突模式，而喪失了自主冷靜的審思能力。

不管爭議各方的論點爲何，有一個確實的事實那就是，在今天以市場競爭爲主導的生態中，一部電影不單是要和同期的港片、好萊塢影片做競爭，同時還要與街頭上的錄影影片、電視四十多個頻道播映的各類節目做競爭。在這種情況下，困頓萎縮的台灣電影需要的是「實驗」與「突創」；經由「實驗」與「突創」的過程，建立屬於（或說適合）這個媒介多元時代的視聽風貌。就這個層面而言，不論怎麼辯解，九〇年代台灣電影的確是顯得保守呆板。

藝術的眞諦在於不斷的實驗與突創，任何的停滯都是自溺自滿，是禁不起考驗的。

台灣電影的困頓萎縮，並非是這幾年的事，而應該更推溯到七、八〇年代之交。當時文藝愛情片、武俠動作、黑社會犯罪片反覆因襲拍攝，而造成票房嚴重的惡化。也就是在這個局面，電影工業界開始走向「小成本、低風險」的製片路線，嘗試啓用年輕的電影工作者而促成了新電影風潮的出現。但是這股風潮執著於爲台灣由傳統農業社會走向現代過程的記錄式回顧與反省，在票房上也連連失利，而於一九八六年前後沉寂了下來。自此以後，台灣經濟持續成長，影片製作成本節節高漲，台灣的電影工業便一直處於低迷困頓的狀態。在這段期間，許多電影工作者紛紛轉往電視界、廣告界、設計界、教育界、餐飲界，或移民海外。而製片商也逐步將資金轉投於昂貴的香港；相關的影片製作業（例如影機、燈光、音效等器材租售）也將營運重心轉移到香港，甚至大陸。

就在這種情況下，隨著政治解嚴的到來，中國大陸這個過往被黨國機器型塑爲「民不聊生的人間煉獄」，便立刻成爲台灣電影救亡圖存的「天堂樂土」。於是一時之間，台灣電影（還有電視）工作者結合香港，紛紛奔往大陸，造成九〇年代百分之七十台港出品的影片，不論是拍攝製作或是題材內容，都與大陸有著不可分割的血緣關係，當然也呈現出許多突創票房佳績的強片如《武狀元蘇乞兒》、《功夫皇帝方世玉》、《新龍門客棧》等；也有許多普獲讚譽的佳作，像《誘僧》、《東邪西毒》、《紅玫瑰白玫瑰》、《滾滾紅塵》等。回想起來，在短短的十多年裡，台灣電影的題材由八〇年代的「本土成長經驗的關懷」，到今天「借用大陸廉價的人力資源」與「中國文化題材的汲取」，其轉變不可謂不大，而早在七〇年代誰又會想到紅遍台港的銀幕小生秦漢，居然會在十多年後的《英雄會少林》裡扮演起剛正不阿的大陸公安隊長；同樣的，在那時誰又會預料到「共匪人士」李連杰可以在《中南海保鏢》裡公然穿上武警制服，在「反共抗俄的復興基地」的銀幕上扮演智勇雙全的救美英雄。

傳播學者李金銓曾說：「台灣媒介在不同的歷史脈絡裡，有時被迫或選擇爲政治利益服務，有時遷就市場競爭。」⑤的確，如前所述，台灣電影亦是在這種政治與經濟的矛盾中，苟延殘喘。五、六〇年代在恐共懼共的心結下，電影被黨國機器吸納爲整體文宣工作的一環；七〇年代是台灣電影輝煌璀璨的歲月，卻淪爲各方機構營利的事業；八〇年代，電影的文宣功能已逐漸爲廣播與電視所取代，它即被政府由社會中心體系釋入影音媒介多元競爭的生態裡，任其接受市場的考驗。九〇年代台灣電影與香港、大陸的匯流，與其說是一種戀母式的對中原文化母體的回歸與探觸，倒不如更是在市場經濟的壓力下，企求生路的結果。在這個結果下，過往權威政治主導的意識形態與文化史觀，不是早被棄置一旁，就是被轉化爲可供產製高市場價值影片商品的原料。經濟的因素已全面的凌駕政治律法之上。比較起來，香港電影在這方面，也許是九七大限的關係，除了經濟的因素之外，還多了些即將返鄉面見「嚴父」的惶恐（將會如何）與無奈（終究要見）。

台灣電影與香港、大陸的合流形成了一個經濟學所稱的「初期複合形態的工業體系」。這個複合體系的分工結構，在稍早是「台灣的資金、台灣香港的主創人員、大陸的場景與勞務」；然而發展至今已逐漸有轉爲「台灣的資金、香港大陸的主創人員、大陸的場景與勞務」的趨勢。這個趨勢固然成就了許多在國際上知名的作品，如《霸王別姬》、《活著》、《大紅燈籠高高掛》等。但是若由生產的角度來看，不外是台灣的資金讓香港居中賺足了名利，活絡了大陸片廠閒置的器材設備與過剩的人力，而卻造成自身國內影片製作環結的空洞化，年度影片的產量由一九八九年的一〇九部、一九九〇年的八十二部，一路下滑到一九九三年的二十九部，在國內整體市場佔有率已不到百分之十。相對於好萊塢影片的百分之五十二、港片的近百分之三十四，還有電子媒介的蓬勃景象，台灣電影已陷入一個主要以「買片發行與映演」的弱勢處境。更糟的是，這種處境更一路延伸到國內的錄影、影碟、無線電視、有線第四台、衛星等市場。台灣電影在這些蓬勃的市場都是絕對的小宗。但在這個情勢的另一面卻存在著一個叫人困惑的事實，就是自一九八九年的《悲情城市》以來，台灣電影連同大陸與香港，在世界首級國際影展連連獲獎，引起全球影壇與學術界的注目。而這個困惑的事實對台灣電影與整體社會文化的深層意義是什麼呢？讓我們由二個方面著手：一是台灣內部對影片參展的期望，另一是西方影壇關注台灣電影的心態。

台灣從一九四九年以來，在全球的政經文化生態中，對應於歐美高度開發的國家，即所謂的「國際權力核心」，一直是處於一個近似孤兒的邊陲位置。因此，納入國際政經文化體系，接近權力核心，則是台灣長期致力於現代化的終極目標。但是這個目標於一九七一年退出聯合國而遭到空前的挫折。雖然這些年來，台灣在經濟上獲得傲人的成就，而在政治上卻由於中共的封殺長久被排斥於國際政治核心之外，其國格之卑微有時候甚至連一個非洲動亂頻仍的小國都不如。由於政治管道的阻隔，那麼文化經貿活動便自然成爲台灣贏得國際核心認同的可能途徑。而將邊陲國家產製的影片擠上國際影壇當然是可以達成終極目標的一種途徑，其原始動機是相當政治的。例如，《愛情萬歲》於一九九四年威尼斯影展獲得金獅獎後，國內媒介便立刻出現以下的言論：「蔡明亮在威尼斯影展，三天內接受七十二個訪問，台灣有哪位大官擁有如此的外交實力？對外交上久處困境的台灣，電影成爲近幾年最重要的文化外交，以及國家形象的表徵。」⑥

另一方面，國際影壇與學術界，也即是國際電影論述的權力核心，對三地中國電影產生興趣約始於八〇年代初。其時序是先大陸，而後香港、台灣，其根本動機也是政治的。當時它們正急於尋求新的論述對象來豐富自身「全球關注」的意涵。在此之前，西方學術界與影壇所謂的「國際電影」，一直是以歐美作品爲主，其他的大概也僅止於與西方有殖民宗主關係的拉丁美洲，在亞洲方面則只有印度與日本。而也就在八〇年代初，中國大陸剛結束一場鎖國性的「文化大革命」風暴，整個社會開始對四人幫進行批判，並對外正式全面開放以達成「四個現代化」。這個政策的轉向在當時立刻引起全球的騷動，同時也正巧迎合了西方影壇與學術界尋求論述對象的企望。隨後不久這個企望便兼而投注香港與台灣。其原因，依照俄國的中國電影學家托洛普采夫(Serquei Toroptsev)於一九九四年六月訪台時的回顧：「當時歐洲，還有我們俄國，都對中國大陸電影懷著無限的好奇。你看，他們有十億人口，有四千多年的文化，又封閉了那麼久，因此怎麼會讓人不好奇呢？但是後來我們發現，只以中國大陸電影做鏡子，來觀察中華社會文化在影像中的呈現，而沒有兼顧香港和台灣，總是會讓人覺得缺了些什麼，是不周全的。」⑦

西方影壇與學術界對三地中國電影的關注，由八〇年代初的肇始經過十多年的發展，到今天眞可說是愈演愈烈。此時三地中國的影片已成爲全球各個大小影展必邀的貴客，而奪得重要獎項也是稀鬆平常的事（有時甚至同台一起分得大獎）。在學術界，許多知名的學府與研究機構，也一改以往「歐陸即爲國際」的心態，紛紛舉辦了一連串的專題研討會，並邀集了不少西方主流批評健將共同參與。當然也吸引了許多趕搭時髦列車、到中國等地閒居一年半載便以「中國電影通」自居的掮客。許多年下來，這些會議與這些人士爲西方的中國電影研究累積了爲數相當可觀的文獻資料。綜觀這些衆多的文獻資料，其中的確不乏言論精闢、頗能讓我們在審視自身電影發展時，有另一層透視的佳作，但是大部分卻都因爲對三地中國電影經濟體制與社會文化脈絡缺乏準確的掌握，而顯得膚淺無味，並且在行文論述之間都流露出一種威權式的優越氣息。這個氣息暴露一個現象，即是西方學界人士在面對中國電影時，他們只是把它當做一個處於世界邊緣弱勢位置的「他者」，一個可供西方核心強勢機構論述的場域。在這種狀況下，對三地電影與社會文化的眞切理解便不是那麼重要；重要的是能搶得發言的地位，對這些弱勢文化產品提出言之成理的高論。於是原本社會文化意涵豐富且多樣的電影作品，在他們這種以「銀幕／觀看」爲主軸關係的解讀下，便出現許多令人難以信服的論斷，像一九九〇年在美國加州大學洛杉磯分校（UCLA）舉辦的「八〇年代中國大陸、香港、台灣的電影與社會變遷」學術會議上，侯孝賢所受到的肯定普遍凌駕於楊德昌之上，因爲許多與會的學者認爲（包括詹明信），後者在創作的本質上並未完全擺脫西方的技法與風格，而在他作品中所描繪的都市環境中的人物和島嶼台灣內部文化結構之間的關係，並不是那麼「純正」，同時也與母體中國或太平洋地盆缺少明顯的共鳴；相反的，它們卻和西方現代主義下的社會情境十分近似。反觀侯孝賢，他們則認爲，其作品中所揭露的是一個與今日新國際核心（美國、日本、西歐）有著既融合又疏離的島嶼世界，鄉野景致、故事人物、都市空間相互交織，樸實的展現了台灣四十年來社會轉變的軌跡。這種論點，說穿了其實就是，楊德昌的影像世界威脅了西方所標定的「第一世界」與「第三世界」的景象（台灣怎麼可能這麼接近第一世界）；但是侯孝賢遲緩靜逸的運鏡（與好萊塢大大不同）所呈現的台灣，卻正符合核心體系對第三世界海島國家的預期想像(projection)。

其實這種預期想像下的評量倒還好，最讓人無法接受的，像在一九八八年夏威夷國際電影節的研討會上，就有與會人士將《我這樣過了一生》與《油麻菜籽》中，家庭成員地位關係的遞變，硬是活生生的套入佛洛依德心理分析的「伊底帕斯」情結的框框裡，大做文章；而對大陸女導演張暖忻的《青春祭》中，女主角與傣族少女之間的情誼發展，由陌生、敵視到親密，則認爲是，因「閹割恐懼症」而衍生的同性戀愛慾表現。還有一九九二年在東京舉辦的「亞洲文學與電影」論文發表會上，有幾位來自英法的學者，將張藝謀在《菊豆》與《大紅燈籠高高掛》兩片中，頗富西方繪畫透視風格的構圖運鏡與明暗色彩的象徵學運用，則在我們一群東方人面前，硬是與中國傳統繪畫做一番穿鑿附會的「演說」；而香港關錦鵬的《胭脂扣》與《阮玲玉》則被拿來與五〇年代好萊塢的通俗劇(melodrama)做並比，並以該類型的構成元素爲標竿，來對這兩部片子做優劣的評斷。

以上這些例子，似乎呈現了一個現象：三地中國弱勢位置裡的文藝作品，其價值的評量必須在西方強勢文化體系內進行，否則便不具任何實質意義；而西方文化體系對東方作品的評量，借用大陸電影學者倪震的說法：「中國電影在八○年代西方，其角色本質只是一個供時尚的批評方法與理論思潮演練的操場。」⑧就在這種演練下，西方電影學界配合著媒介系統、影展評選、特定的行銷網路，形成一套對三地中國電影價值評述的強固體系，不斷向我們邊陲地域的文化成品提出優劣論斷「說法」(借用《秋菊打官司》裡的辭彙)。這些年來，侯孝賢、楊德昌、張藝謀、陳凱歌、李安、關錦鵬、嚴浩等特定的幾位，便是在這個「說法」體系裡，經過反覆的報導又報導，他們的作品也經過廣泛的放映又放映，解讀又解讀，而被「認可」爲三地中國電影的「正統代表」，並在國際電影核心的邊陲地帶取得一席「合法的地位」(在此並無涉及他們本身美學成就的價值論斷)。

然而，更遺憾的是，這些年來這套西方「說法」卻往往被許多三地內部成員捧回來尊奉爲「當然且合理的說法」。我想這也是當年三地電影新風潮都無法獲得社會普遍認同、而在內部產生嚴重爭議的部分原因。回溯過往十多年，三地中國社會變遷的意涵比起以往任何年代都要來得複雜，此時三地戰後成長的新生代都面臨傳統與現代的調適抉擇。因此在電影體系裡，自然便有許多人急切的從西方引進「優越」的價值論斷，做爲決裂的籌碼，來衝擊內部舊有的保守意識與僵化的生產制度。這種做法固然在當時有其正面的意義，但發展下來卻逐漸引發出文化自主性喪失的危機。這些年來，我們看到許多電影創作者勤奮的伴同影片奔走於各個影展之間，參加放映座談、接受媒介專訪、與熱情觀衆合影留念，而其作品在國內放映的場面卻是冷冷清清。但愈是這樣，我們愈看到更多的新進電影創作者在台灣電影工業嚴重萎縮的實況下，心繫的念頭不是「如何在高度競爭的市場中掙扎立足，在與觀衆的互動中成長茁壯」；相反的，卻是執著於拍攝「可以參加影展的電影」(這是目前台灣電影界非常流行的一句話），而在題材選取、運鏡法則、敘事結構等方面，無不以符合西方對我們預期想像爲主要的構思依歸。這種做法說得冠冕堂皇一點是「打入國際市場宣揚中華文化」，解構其眞義，應該是「向西方核心討個正統說法」；其心，由更寬廣的社會層面來看，就是前面所述，台灣長期企望納入國際政經文化體系，取得權力核心認同的具體表徵。而這種做法的結果是，這些年來，討得正統說法的片子，又能在全球票房大有斬獲的並不多，也多僅限於幾位被「認可代表」的作品；而討得正統說法的，卻在國內外評價形成兩極落差，市場也未見起色的，也爲數不少。最慘的是，那些既沒討到說法又賣座差的，則可謂是兩頭落空。投資者血本無歸，創作者也從此斷送自己千辛萬苦掙來的影藝前途。

面對著國際影壇對台灣電影頻頻招手，我們的電影主管官署也一改八〇年代的消極態度，而於九〇年代轉爲積極的參與，像《喜宴》與《霸王別姬》雙雙獲得奧斯卡的提名，便與電影人士爭相組團出席「盛會」，並以電影家長的口吻宣稱：這是六十多年來中國人第一次獲得奧斯卡的肯定，是我們兩岸中國人莫大的榮耀。同時，主管官署也唱和著國際影展的價值評斷，訂定一連串管理輔導措施，像大陸相關影片（《霸王別姬》、《活著》）進口放映的辦法；還有「國產電影片暨電影從業人員參加國際影展獎勵要點」，將國際影展細歸四大類，再依其類級規定獎勵金額的多寡。這一連串的舉動可以稱爲「克盡輔導職責，並獎勵從業人員的藝術成就」，但解構深義，更可以說是「肯定從業人員在協助政府向世界核心進行國際宣傳的貢獻」。如此一來，電影又非單純的文化成品，而也是國家宣傳的工具。

電影評論與學界的情況也好不到哪去。在面臨國際電影核心「權威說法」，國內的評論與學界很少能提出堅實的自主論述以對，反而時常隨著權威說法擺動自身的價值認定。最典型的例子便是，八〇年代吳宇森的《英雄本色》系列在港台造成轟動，而評論界普遍賦與的評斷是「商業好萊塢片」、「暴力販子」、「煽弄庸俗的江湖情義」，而九〇年代吳宇森的作品在美英等電影界受到極度的推崇，此時國內便立刻出現將他尊奉爲「媲美山姆・畢京柏(Sam Peckinpah)、馬丁・史柯西斯(Martin Scorsese)的動感風格家」的立論。此外，我們也看到在三地有限的評論園地裡，愈來愈多的人緊跟著西方的步調，將焦點環繞在幾個「正統代表」的作品，反覆大作文章，而這些作品有許多都未能在國內放映(只有錄影帶與影碟)。像《悲情城市》推出至今已有五年，而有關它的長篇論著卻在雜誌期刊上間續未斷；像《菊豆》與《秋菊打官司》從獲得西方肯定迄今一直無緣在台灣做商業放映，但是出現的各式專文卻已不下三十餘篇。既然這些作品都未能在國內與廣泛大衆(也就是論著文章的讀者)接觸，那麼其論著的意義到底是什麼呢？而這種緊跟西方的做法也引發了另一個值得省思的問題，即是將許多眞正與萬千觀衆互動的影片遺漏在關注之外，也就是文字紀錄之外，更是未來的電影歷史之外。

我們若將「國際影壇」當做一個「正文」(text)來看，它可以說是一個多重符號意義交織的場域。它是我們電影展現創意思維的櫥窗，是我們電影從業人員辛苦血汗、獲得肯定與鼓勵的舞台，是我們爭取納入世界核心文化體系的途徑，同時也是一個向我們自身的價值認知、提出威權式論斷的父權機構。在這個場域裡，我們掙得應有的榮耀，卻也淪喪了文化的自主性。

而就未來台灣電影的創製，我們不能不呼籲：走出西方父權威嚴的陰影，將目光準確的放到大衆的現實生活。到底電影的基本屬性，如前所述，是經濟的。自由市場機制是驗證一切經濟成敗的準則；而經濟屬性的運行於社會大眾則是電影文化的生成。電影文化是大眾的。我們認同英國文化研究學家威廉斯（Raymond Williams）的看法，文化的眞諦在於「實踐」。⑨文化是大眾在文化工業產品與自身的生活感知交互纏結而創造出來的。電影工業體系運用美學創意與科技技術攝製的成品，雖說各自都有著豐富的主題寓意與形式結構，但就文化顯意層面來看，它們扮演的角色都只是「意符」（signified）而已，其「意指」（signifier）則有待觀眾帶著自身慾望，進入類似柏拉圖洞穴的戲院來夢幻產製。每部電影其實都是供觀眾涉入想像的場域，是「想像的意符」（imaginary signifier）。因此電影的文化意義在於萬千大眾心靈感知的參與。而不在國際影壇的認可，更不在於少數掌握媒體發言權的「影評知識份子」。在今天多元民主的時代，任何違反這個理念的做法都是一種霸權。

在參與一九九四年「第一屆中國珠海、海峽兩岸暨香港電影節」的評審過程，十三位評審委員於會前取得一個共識，即是在九〇年代從事三地中國電影作品的論斷，我們要看創作者，要看影片，同時也要看觀眾。邁向未來，台灣電影生產的主要考量，便是誠誠懇懇的多看觀眾、理解觀眾；而台灣電影文化的首要意涵即在於觀眾對影片作品（想像的意符）的涉入參與，從而產生樂趣、信念與回應。關照觀眾，贏得觀眾回應的做法，不在於媒介宣傳造勢，不在於舉辦一連串的迎接國產「新新電影」系列活動，也不在於國際影壇的認可，而應該是全然取決於「實驗」與「突創」，拍出既好看又有意思的作品。否則台灣電影在國際上再怎麼光耀，缺少了自身社會成員的涉入，其文化實質意涵終將空泛無根。

註釋

①新聞局副局長吳中立於一九九五年三月十日「迎接國產新新電影──我愛國片縣市巡迴展」的開幕致詞。刊載於《中國時報》，影視體育版，一九九五年三月十一日。

② Edward Shils, *The Constitution of Society* (Chicago: The University of Chicago Press, 1982), pp. 93-94.

③類似相關的言論請參閱《全國電影會議實錄》，台北：行政院新聞局編印，一九九三年七月。

④南方朔，〈這匹愛熱鬧的金馬玩笑開得太大了〉，《新新聞週刊》，三〇二期，一九九二年十二月，頁八六。

⑤李金銓，〈從權威控制下解放出來台灣報業的政經觀察〉，《傳播與社會發展》，朱立與陳韜文編著，香港中文大學，一九九二年，頁八一－九四。

⑥謝金蓉，〈荒枯的《愛情萬歲》在威尼斯開花結果〉，《新新聞週刊》，三九四期，一九九四年九月，頁八一。

⑦根據托洛普采夫訪台與筆者的晤談，一九九四年六月九日。錄音存檔。

⑧根據倪震先生出席台北輔仁大學與中華民國視覺傳播藝術學會主辦「海峽兩岸電影學術交流研討會」的討論發言，一九九二年十二月三十日。錄音存檔。

⑨ Raymond Williams, *Problems in Materialism and Culture* (London: Verso, 1980) p.42.

參考書目

① Fisk, John. *Reading the Popular*. Boson: Unwin Hyman, 1989.

② Garnham, Nicholas. *Capitalism and Communication*. London: Sage Publications, 1990.

③ Metz, Christian. *The Imaginary Signifier*. Bloomington: Indiana University Press, 1977.

④ Reeves, Geoffrey. *Communication and the Third World*. New York: Routledge, 1993.

⑤ Shils, Edward. *The Constitution of Society*. Chicago: The University of Chicago Press, 1982.

⑥ Williams, Raymond. *Marxism and Literature*. New York: Oxford University Press, 1977.

⑦ Williams, Raymond. *Problems in Materialism and Culture*. London: Verso, 1980.

⑧《全國電影會議實錄》，台北：行政院新聞局編印，一九九三年七月。

台灣電影的日本殖民記憶

◆齊隆壬

一九四二年、昭和十七年（民國三十一年），日據時代台灣台北的東京三省堂關係企業東都書籍支店發行一雜誌《民俗台灣》，擔任該雜誌編輯的有台北帝國大學醫學部解剖學教授金關丈夫、文政學部副教授政治學家中村哲、民俗學家池田敏雄等人。金關丈夫亦爲考古、人類學專家，爲《民俗台灣》創刊撰有序詞：「monument（紀念碑）一詞，係來自動詞 monère（記憶）。雕於銅、刻於石、流之於形，不外乎爲記憶之簡便而已。心傳心的記憶，使爲眞實之 monument。換言之，某一傳承團體，其本身即爲一龐大的紀念物。羅馬人毀滅迦太基時，因將凡可搬動的紀念物悉予毀滅，致編寫《沙蘭播》(*Salammbo*)的後世文人，受困擾匪淺，但羅馬人終究無法毀滅迦太基人心上無形的紀念碑。」①

此序詞在指陳心傳心的記憶，終究是無法被強權所摧毀，且留之於形的雕刻或書寫文字，皆可被視爲記憶的外現。惟令人吃驚的是金關的言下之意，將台灣人比喻爲非洲北岸今突尼斯附近的迦太基人，把日本帝國喻爲外力統治者羅馬人。而且不論統治者的破壞如何激烈，終無法毀滅被壓迫人民內心的記憶。記憶不但隨著留之於形的雕刻、文字或圖像流存，亦靠眞實、深切的心傳心、口傳口方式傳承。

記憶是源長流遠的，台灣文學前輩葉石濤在一篇〈一個台灣老朽作家的告白〉代序②裡，回述自己幼年到青春期在日本殖民統治下的經歷，他寫道：「我只知道，我好比是雙重人格的人，在學校，在社會的公開場合裡，必須講日本話，一舉一動都要像日本人一樣。回到家裡，我們又換了個人似的，把日本人的一切關在大門外，過著我們傳統的生活方式，說台語、拜公媽、去廟宇燒香，以及偶爾聽一些長輩所說的有關中國大陸的傳承和故事。」這種含混的雙重矛盾性，我們不僅可從金關和葉石濤兩者的序詞中得見，且此種含混矛盾也體現出一種複雜的主體性關係，並在殖民者與被殖民者之間顯露。

對殖民主義所產生的複雜主體性，來自北非突尼斯的小說家、政論家梅米(Albert Memmi)在《殖民者與被殖民者》③一書內，亦有著相似且深刻的描述，而大思想家沙特(Jean-Paul Satre)在該書引言裡，則進一步闡明此種複雜的主體相互關係，不僅在殖民者與被殖民者之間顯現，還關聯著政治體制、種族主義、資本經濟等因素。而本文目的即在藉著台灣後新電影時期的銀幕記憶，特別是以日據時代爲題材的電影，如王童導演的《無言的山丘》(一九九二)、侯孝賢導演的《戲夢人生》(一九九三)爲例，除再次顯明殖民者與被殖民者的含混雙重矛盾關係，還試圖從——如沙特所示——殖民法制、種族、階級等角度來闡明此種銀幕記憶。銀幕記憶不僅是在每一時代、每一當下被人再建構的事物，而且銀幕記憶又與歷史因時因勢、互動互變。

日本統治台灣五十年(一八九五—一九四五)，一般分爲初期武官總督時代(一八九五—一九一九)、文官總督時代(一九一九—一九三六)、後期武官總督時代(一九三六—一九四五)等三期。如以殖民時期法制的不同又可分爲軍政(一八九五—一八九六)、律令立法(一八九六—一九二一，「六三法」、「三一法」)、敕令立法(一九二二—一九四五，「法三號」)等三期。而台灣人抗日運動則可分爲前期武力抵抗，由一八九五至一九一五年(大正四年)西來庵事件止，大約二十年；後期政治運動則從一九一四年底台灣同化會成立到日本戰敗爲止，大約三十年。日本殖民統治在初期武官總督時代，以鎮壓台人武力抵抗、安撫百姓及推動在地基礎建設爲任務。文官總督時代則因應一次戰後民族主義潮流、日本內地大正民主期，以及台灣蜂起湧現的政治運動，而行「內地延長主義」，即另一種形式的同化政策。後期武官總督時代則應中日戰爭和太平洋戰爭的背景，行「皇民化」、工業化、南進基地化」三原則。④

一八九六年日本殖民當局宣布〈台灣礦業規則〉，隨即由「藤田合名會社」即「藤田組」取得九份礦一號之礦權。藤田組的創辦人藤田傳三郎，在日本明治維新後靠賣軍需品起家，與日本軍方、政界淵源頗深，並隨日本遠征侵台，據台後取得台灣第一號採礦權，而該九份礦產為生產金礦。一九一七年藤田去世及經營不善，結束在台事業，出售該礦權給台北炭礦株式會社(台陽礦業前身)。⑤

王童導演《無言的山丘》影片背景與題材，即坐落於藤田組在台經營礦產這段時間的故事。影片本事爲日據時代阿助、阿腳兩兄弟原是長工，不甘地主壓榨，逃亡九份礦區採金，企望存錢回鄉買一塊自己的田地耕作。兩人租住寡婦阿柔家中，阿助與阿柔漸生情愫，阿腳則對入山驚鴻一瞥的琉球雛妓富美子產生愛慕。妓院混血雜工紅目爲報復事宜，向藤田組新任日本礦長告密妓院私藏並私運黃金，多人遭牽連，富美子亦受波及，隨後並開始接客。最後阿助與礦工多人，打算趁夜炸礦偷金，不幸與入礦緝捕的警衛共炸身亡(按影片所呈現紀念碑場景爲「藤田組殉職員紀念碑」，下記「大正十年三月十三日」，大正十年爲一九二一年，藤田組似已結束在台事業)，只留下孤苦的阿柔與瘋癲的阿腳，而富美子亦去世。至於侯孝賢導演的《戲夢人生》影片，則以布袋戲大師李天祿的口述回憶自傳爲題材，時間從其出生(一九一〇)至日本戰敗，貫穿整個日據時代，內容從兒童記往、遊山歲月、家庭風波、入贅師府、成立「亦宛然」、婚外情、皇民化運動至日本戰敗等事件組合，並以自信、風趣又自侃的台語，表達中下階層在日據時代的莫可奈何經驗，其口述回憶又恰如此一殖民時期的另一類見證。

兩部影片不僅在造型藝術上獲得極大成就，而且對日據時代的描述與透視，也遠遠超過以往威權政治所生產愛國電影的刻板印模。以往在銀幕上，日本人淸一色殘暴、無人性且好色，留著小鬍、穿著軍服、掛著長劍，說著日腔漢語，不時罵著髒話，像個貪生怕死的軍閥，而更重要的是常常被我們抗日軍或諜報人員打敗。在《戲夢人生》裡，戰爭末期李天祿欲從台北州疏開至鄉下，文山郡役所警察課日人課長宴請李君吃飯，其對白爲：「很不巧。沒什麼好招待，只有粗茶淡飯。……請保重身體，台灣如同我的第二個故鄉，我覺得能夠認識像你這樣的人也是緣分。請不用客氣。」對殖民者能跳開歷史限制，而以較人性化方式處理，已然隱示原有殖民意義的鬆動與改變，由舊的窠臼走出並建構新的銀幕記憶，亦對應著當下一種新歷史觀的重塑。對殖民者與被殖民者、主體與他者（非我族類）關係的重新思索與認知，雖已爲後殖民論述的主要論題之一，但兩者關係因時因地卻顯不同。

如《無言的山丘》以另一種方式描寫殖民者。對新到任的日本礦長，影片以一段伴隨著西洋古典音樂的長拍鏡頭介紹；首先鏡頭由屋內搖到坐在椅上背對觀衆的新礦長，背後的留聲機正放著古典音樂，接著鏡頭穿過他搖到屋外的樹木綠葉和陽光；然後攝影機再掉轉回到新礦長的正面，此刻他手持西式茶杯，閉目沉思狀，鏡頭再通過他身後小木桌上的照片與一本翻開的書，而搖到放著唱片的留聲機而停，停頓一會新礦長而由畫外入鏡停掉音樂。同樣類似的情境，亦發生在阿助、阿腳兩人與日本女子富美子第一次相遇的場面。影片開場不久，阿助、阿腳來到九份，經過黃花坡，此時畫面布滿黃花花的油菜，與藍天海色相配，色彩異常鮮明，而富美子則穿和服，坐在石牆上，望著遠處海天，哼著日本懷念曲調；阿腳就在這一瞥裡，對富美子產生情意。

在《無言的山丘》影片中，殖民者同樣也已脫離舊有的單一模式，殖民者也有著人性共通的遙念遠方的思鄉情懷。在異地孤獨的思鄉情緒，不是靠著音樂就是靠著照片、書籍來慰藉。而影片更重要的是點出殖民者不全然都是來自統治、支配階級，也有如說日本語的富美子的下層階級，此階層如同被殖民者般的同樣受到殖民主義的迫害。《無言的山丘》在陳述上層殖民統治者在文化（古典音樂、書籍、照片）的裝置下，背後仍流露著冷酷、暴力、流血的統治手段，統治者擁有絕對的權力施以命令。日據時代台灣所行法制爲有別於日本內地的特別法制主義，規定在台最高統治者（台灣總督）「得在其管轄區域內，制訂具有法律效力之命令」（「六三法」）；以「法律效力之命令」即律令方式的殖民統治，不但是高壓的殖民策略，更揭露殖民與被殖民的法權關係。此種殖民法制的記憶，在電影裡就轉以另一形式呈現：影片裡新礦長可以違反法益，進而直接訂立規定，不許百姓在礦區買賣黃金及私運黃金，繼可因黃金而強行武力抄查妓院，且多人遭到牽連，而清白處女的富美子，亦以血相見。

於是在法律與武力的高壓統治下，殖民者與被殖民者之間的種族衝突，顯然就難以避免。在《戲夢人生》裡，文山郡美英擊滅推進隊隊長久保田，在宿舍喝醉向同事及李天祿家人斥罵：「講國語，講什麼番話，……我是隊長，難道你們不懂禮貌嗎？爲什麼他的月給比我日本人還多？會演布袋戲就了不起了，再怎麼樣也是島民吧？三等國民……」等。在《無言的山丘》中，種族衝突除了在殖民者與被殖民者之間展現，更藉著與富美子同在妓院打雜的角色混血紅目，導引出另一層次的種族衝突因子。

紅目因檢舉妓院私藏黃金，並未得到新礦長的承諾而與富美子成婚，紅目趁夜去質問他。紅目站在花園道：「……我本來就髒，沒有人認爲我乾淨過，可是你也不比我乾淨。」新礦長則反言：「雖然是琉球人，但你這樣的人，哪有資格得到她？……我不處罰你，算是給你的獎賞了。」紅目心存怨恨，起而擊殺新礦長；紅目最後在野地被槍決。

《無言的山丘》中，紅目恰像梅米筆下搖擺於殖民者與被殖民者之間的人物，儘管紅目是混血，能說流利的日、台語，亦自認父親是日本人，但終究還是被統治者定位於被殖民的位置，種族的不純淨血液，就如同來自琉球低下階層的富美子，在面對殖民主義的權力鬥爭下，代表著種族不純與階級的弱者，都成爲可以被犧牲的對象。因此種族主義已非單純人種外表的膚色所能界定，而是決定於皮膚深層內的血液純度上。《無言的山丘》藉著紅目角色，對殖民地的同化主義提出懷疑，不純的種族並不能眞正歸屬於殖民者或是被殖民者任何一方，而是漂泊流蕩於兩者之間，甚至進而該被滅絕。而殖民者所依靠的則是強大武力、警察及其他一切組織、機構做其後盾。

日據時代台灣殖民政策的主要建構者兒玉源太郎總督和後藤新平民政長官，體認在地環境並規畫一套彈性、融合的統治策略，其設計者後藤新平恢復明鄭、滿清的十戶一甲、十甲一保的保甲制度，保及甲的百姓有連坐責任，且保長里長向警察負責，而警察制度由中央散布至地方再至村落，配合保甲制度，構成一控制嚴密且有力的網路。⑥地方制度的改正，則要到文官總督時代（一九二〇）才有所調整，改設州、廳、郡、街、庄等。另外與此並行的統治策略，即在內地工業、殖民地農業的號召下，維持了台灣小農經濟的發展，調整原土地所有權人（大租戶）至小租戶，並盡可能維持與小農經濟相關的固有風俗和習慣，如〈台灣住民事訴訟〉規定「對台灣人應優先適用舊有的地方民事慣例，無習慣或不能依習慣時，才適用條理」，以維持台灣農村社會的安定。這表示日本據台執行剛柔並濟的殖民政策，殖民統治由警察制度及保甲制度的配合，深入到社會每一角落，不但在農村與小租戶形成妥協聯盟。⑦亦適度容許台灣原有的傳統民間文化如：民間信仰、婚喪祭慶、演戲等活動，⑧以及民間法律規範，以化解來自民間底層的抗爭。

布袋戲大師李天祿生於日治明治四十三(一九一〇)年，在《戲夢人生》影片中，其回憶保正到家裡送票看戲，目的在剪髮辮，當時保正被稱爲「大人」。又一段在敍述李天祿父親姓許，入贅李家，卻在生下他爲報姓氏戶口，而與祖父相持不下，乃請保正調解，方照世事習慣姓李。從此一回憶的片段來看，警察與保甲除了已緊密搭配實行外，還獲得有效的執行與控制。民事衝突如報戶口，則藉著民間舊有慣例和調停方式解決。此外《戲夢人生》還通過李天祿自述，陳述另一類被殖民者的民間活動；日本殖民者在皇民化運動之前，係採維持台灣傳統制度，於是一般民間舊慣與舊俗遂能活動於社會底層，而民間傳統戲劇也因此能被保存下來，更因經濟的推展而蓬勃、繁盛。影片中，李天祿對習藝出山，自立「亦宛然」，及其他民間戲劇活動，都有生動描述，所呈現的是另一種殖民世界，與一切抗日的歷史大人物和大敍述相異，原爲民間底層沉默的人物和聲音，現在卻能通過影片轉移成銀幕記憶，而此種新的銀幕記憶，無疑亦揭示著一種新歷史觀的開場。

在此情況下，《戲夢人生》有關日據皇民化運動的攝製，就愈顯其特殊。皇民化運動執行以來，台灣傳統戲劇如歌仔戲、布袋戲等，全遭禁演。一九四二年皇民奉公會成立「台灣演劇協會」，指導、管制新劇、歌仔戲、布袋戲、皮影戲等四十九團。⑨復因偏遠地區要求，乃依日本「移動演劇聯盟」方式，成立演劇挺身隊，宣揚日本軍團主義。⑩李天祿在《戲夢人生》裡所描述的皇民化演出即與此相關。李天祿應文山郡役所警察課課長邀請，參加「台北州文山郡米英擊滅推進隊」，搬演改良木偶皇民劇。《戲夢人生》以紀實風格並運用長拍鏡頭，拍攝該隊爲紀念英勇戰死的陸軍台灣原住民島崎而編寫的布袋戲，爲皇民化戲劇提出一在場式的佐見。

該劇是敍述大日本帝國陸軍通訊員台灣原住民島崎，徵調參加太平洋戰爭，有次任務奉命切斷新幾內亞山頂美軍通訊線路，而被犧牲的故事。影片有段日語敍白：「島崎，你會害怕嗎？這是光榮的任務，怎麼會怕？現在台灣是新的日本，我們是大日本帝國新的國民，爲了皇軍的安全與勝利，就是犧牲也是大和魂，喜歡都來不及，哪裡會怕！……我完成了任務……，爲天皇陛下盡忠……我也是……大和魂了……，天皇陛下！萬歲！萬歲！」喊口號時，島崎拿出一面日本國旗後再倒下。《戲夢人生》算是有史第一次在影像上，如此完整的把皇民化布袋劇整場拍攝下來，雖然皇民化運動中強制改姓、推行日語、禁用台語及習俗日本化的政策，可由搬演的布袋戲中見其強制性，但更重要的是藉此再揭露被殖民者與殖民者之間的新關係，而此種關係透過戲劇的演出，特別是原住民島崎的種族角色，而達到另一層被殖民者與殖民者的想像關係。

如果我們比較《無言的山丘》混血紅目不被納入同化的對象，且要遭到殖民者排除，而《戲夢人生》的原住民島崎反被納入同化，由此可見其間的差異不止是統治時期前後的差異，還透露著殖民主義統治手段的改變。這除了表示殖民主義的同化力量已可達到民間底層，更要者是被殖民者被要求同化、歸納的迫切願望，已隨著殖民者太平洋戰爭的軍事行動而彰顯。原住民島崎能夠出現與搬演，呼應著日本南進政策的延長，而殖民者與被殖民種族（非我族類）或階級關係的調整，亦是殖民者以軍事利益爲考量的手段與策略。據李天祿自傳回憶，此劇原名《南洋戰爭》，係警察課川上課長根據眞人眞事編寫而成，「每一次到原住民的部落演出時，那些原住民常常在台下哭成一團」。

⑪所有被殖民種族由原先的武力抵抗到若即若離，再到被同化的殖民過程，其境遇都是一樣的。因此種族（如同階級）可說是權力的建構，而非自然的建構。被殖民的同化，亦是殖民主義的嚴酷現實之一。

日據初期，最高統治者漸將台人社會菁英納入基層行政和治安組織，即日人所稱的「上流社會」領導階層，而「本島上流社會係指縣、廳及辨務署參事、官衙任職者、區街庄長、保甲局長、保正、壯丁團長、甲長、牌長、教師、具秀才以上功名者、得有紳章者及讀書人等」。⑫一九二〇年代以降社會新領導階層背景，則以習醫學、師範、法政和經濟學者爲多數，且多出身社會中、上層家庭。《無言的山丘》電影裡的角色如阿助、阿屘、阿柔、富美子、紅目等人，都來自社會下層；《戲夢人生》中布袋戲藝人李天祿，亦來自中下階層。而社會下層人物能走上銀幕，成爲可以敘說的對象，於是原有的階級概念顯然就得重新考量，如「下層民間能說話嗎？」此一嚴肅問式，即由史比維克(Gayatri C. Spivak)於後殖民論述中所提出。⑬她認爲被殖民的下層階級，在面對殖民統制階級或被殖民上層社會階級和菁英，結果是不能說話的。下層不能說話不是因爲我們不能確立下層的主體性或下層的文化及生活模式，而是如史比維克所主張：如果下層眞能說話，那麼下層已不再是下層了。⑭由此觀之，《無言的山丘》與《戲夢人生》的下層民間，能通過影像，並被允許敘述自身故事，而且又能在當下出現，那就非毫無緣由。這不但涉及身分的改變，還有關階級的變化。下層已非眞正的下層，而是以含混矛盾與交雜的方式來陳述。因此在此背景下，我們似乎該重新思辨下層來的記憶，即在電影論述中又被稱爲人民記憶(popular memory)的事物。七〇年代中期，法國歷史學家傅柯(Michel Foucault)最早在《電影筆記》引介人民記憶這個概念，目的在批判一切阻礙、壓抑人民記憶的權力機制，包括國家、資本、電影等機制，人民記憶又是人民抗爭與鬥爭的歷史，並與官方歷史有別；此外人民記憶還與當下歷史有關。⑮如果我們從這一角度思考，並比較《無言的山丘》、《戲夢人生》以下層民間爲記憶的方式，再與下層民間眞能出聲的問式參照，那麼我們可以看出人民記憶已非固定、統一的概念所能涵蓋。人民記憶除了是人民抗爭、鬥爭的歷史外，還具有流動、多音、複雜的含混容貌，並與當下權力相關。

《無言的山丘》與《戲夢人生》的銀幕記憶，超越了人們抗爭與鬥爭的意含，而指陳被殖民主體存在的複雜性問題，主體必須經由回憶過程，來預示主體建構的方式及其疆界。台灣在威權體制鬆解後，在重新定位、找尋自己的主體性與身分之時，這兩部影片的出現，即非全無意義。回憶是重新思考殖民者與被殖民者、主體與他者（非我族類）之間的新關係；回憶是如何在當下的歷史背景與條件下，表達對未來的視見。《無言的山丘》與《戲夢人生》兩部影片，可以說就是在此過程裡，包含所有權力互動的文化產品。

註釋

①程大學譯，〈「皇民化」政策與《民俗台灣》〉，《台灣文獻》，三十二卷二期，一九八〇，頁七五。

②葉石濤，《走向台灣文學》，台北：自立晚報社，一九九〇，頁一一二一。

③Memmi, Albert. *The Colonizer and Colonized.* Introduction by Jean-Paul Satre. Boston:Beacon Press, 1965.

④參見王育德，《台灣——苦悶的歷史》，台北：自立晚報社，一九九三，第六章。黃昭堂著，黃英哲譯，《台

灣總督府》，台北：前衛出版社，一九九四，第二—五章。

⑤司馬嘯青，《櫻花・武士刀》，台北：自立晚報社，一九八八，頁七九—八四。

⑥林端，〈中西不同法律觀的頡頏——繼受過程中的台灣法治〉（下），《法學叢刊》，三十八卷四期，第一五二期，一九九三年十月，頁八十—八二。

⑦柯志明，〈日據台灣農村之商品化與小農經濟之形成〉，《中央研究院民族學研究所集刊》，六十八期，一九八九，頁十三—二十。

⑧邱坤良，《舊劇與新劇：日治時期台灣戲劇之研究（一八九五—一九四五）》，台北：自立晚報社，一九九二，頁三六—四四。

⑨呂訴上，《台灣電影戲劇史》，台北：銀華出版，一九六一，頁三二四—三二五。

⑩同⑧，頁三三一。

⑪李天祿口述，曾郁雯撰錄，《戲夢人生：李天祿回憶錄》，台北：遠流出版公司，一九九一，頁一〇〇。

⑫吳文星，《日據時期台灣社會領導階層之研究》，台北：正中書局，一九九二，頁六七。

⑬Spivak,Gayatri Chakravorty. "Can the Subaltern Speak?" in Cary Nelson and Lawrence Grossberg, eds., *Marxism and the Interpretation of Culture*. Urbana: U of Illinois P, 1988. pp. 271-313.

⑭Spivak, Gayatri Chakravorty. *Post-Colonial Critic: Interviews, Strategies, Dialogues*. Edited by Sarah Harasym. London:Routledge,1990, p. 158. Rey Chow（周蕾）。*Writing Diaspora:Tactics of Intervention in Contemporary Cultural Studies*. Bloomington and Indianapolis:Indiana U.P, 1993, pp. 35-36.廖炳惠，〈走出殖民夢魘〉，《中國時報・開卷》，一九九三年十二月二日。

⑮ *Cahiers du Cinéma*, N.251-252,1974。又參見「電影／歷史／人民記憶」Part 1專題，《電影欣賞》Vol. 8 no. 2 第四十四期，一九九〇。

香港電影部分

八〇年代香港電影的成就感和危機感

◆石琪

獨樹一幟的電影小龍

香港和台灣、南韓、新加坡並列爲所謂「亞洲四小龍」，經濟與社會發展神速，在八〇年代達到相當現代化的成績，都形成頗爲自豪的成就感。並且因而增強了本地的歸屬和自信，以比較自主的精神來面對東方傳統和西方影響，不再限於被動的「東西方合璧」。

奇怪的是，只有香港電影工業能夠充分具體呈現這種成就感，跟這城市的奇蹟發展同步一致，息息相關，並非另外三小龍的影業所及。新加坡並無影業可言，被港片和西片佔據市場。台灣有個別影片創出特異的藝術表現，但其影業在八〇年代陷於空前的消沉，跟同時期台灣經濟與社會、政治的活躍發展剛好相反，亦被港片和西片壓倒。筆者不熟悉南韓電影的情況，不過影業的熱鬧程度及在亞洲所佔市場比例，顯然比不上香港。其實世界很少地方的電影，能像香港那樣跟當地整體那麼密切相應。

爲什麼香港影業能在四小龍中最突出呢？粗略分析如下：

㈠香港地少人多，是一個很緊密的城市（生活、心態和命運都緊密），電影始終是一種主要的大衆娛樂，不像世界多數地方受電視及錄影打擊那麼大，使本地影業保持立足條件，進而在東亞和東南亞取得一定的影片和錄影市場。

㈡香港在四小龍中一向擁有最大言論及表達的自由度，官方干預較少，影片可以自由發揮、自由競爭。到了八〇年代，電檢對影片中政治和色情的描寫更進一步放寬。雖然仍有檢查，但在亞洲來說是較少禁忌的。

㈢香港片兼具中華和國際的雙重吸引力。由於此地特有的自由度，港片遂成爲包括中國大陸在內的華人電影世界最豐富靈活的製作中心。在繼承、發揚和革新中華傳統特色及民間趣味上，以及華人吸收國際影響的現代化方面，港片都最有代表性。港產中式功夫片和西化槍戰片的成功，便是顯著的例子。

於是港片長時期穩佔了大陸以外的各地華人市場。某些影片在同屬東亞文化圈的日本和南韓亦受歡迎。港片對大陸商業電影路線亦有間接影響，而且在中、港、台三地電影合作方面居於關鍵的中樞地位。

除了成就感，還有憂患危機感，對香港影業的活躍也有很重要的刺激作用。

做爲英國殖民地的香港，其實一直在借來的時間、借來的土地上懷有危機感，必須不斷創出成就（即對英國和大陸都有利益），才能安身立命。而危機感在八〇年代達到熾烈點，一來是在日新月異、困難重重的時代，必須盡力加強現代化競爭力，而更大原因，是中英談判決定，香港將於一九九七年歸還中國。

危機感再非隱憂，而是逼切現實，導致八〇年代的港人比過往任何時代更認眞地思考香港人的身分問題，同時更增加同舟共濟的緊密性，並且也更需要某些集體情緒宣洩——電影就是最現成的宣洩途徑。

這或可補充解釋八〇年代各式消遣衆多，爲何香港人平均觀影次數仍高的原因。而港片亦紛紛致力針對集體情緒而拍攝，此乃觀看一般外國片無法代替的。

成就感與危機感的劇烈交激，使本來已經特別充滿「緊迫感」(tension)的香港片，在八〇年代更為加劇。無論大眾娛樂片和不太通俗的文藝片都不例外，而形成比過往更尖銳、直接、興奮和多變的發展，使這十年的香港片增添了吸引力。

香港本位的現代化

八〇年代香港片出現一種很顯著的變型，就是幾乎全面地隨著新時代發展而傾力走向現代化。在製作制度上，最後的工廠式流水作業大公司邵氏，亦於一九八六年停產，港片普遍轉為較靈活自由的衛星公司制。同時，在本土成長的少壯派影人湧現（相對於六、七〇年代的張徹、李翰祥、胡金銓等，是在國內成長的移居者），越來越多出身電視，或曾在外國留學。在片類方面，中國傳統鄉土背景被西化新都市背景壓倒性取代。

這趨勢在七〇年代已經出現，不過七〇年代港片的主要成就，仍然在於把中國傳統式樣進行革新的發揚。當時大盛的「中國功夫」片便是代表性例子。很流行的「楚原—古龍」武俠片則屬新派古裝武俠。就連七〇年代最受歡迎的諧星許冠文，也首先演出李翰祥的舊中國背景諷刺片《大軍閥》，然後才自拍純香港的時裝都市喜劇。至於粵語喜劇復甦的頭炮《七十二家房客》，亦是改編舊上海的滑稽劇。

八〇年代的情況開始大變。以中國舊式鄉土為背景的功夫笑片，在這十年的初期仍能成功，但不久紛紛改爲現代都市化。麥嘉、石天等人的新藝城公司首先由民初爛衫戲改爲摩登漂亮的《追女仔》和《最佳拍檔》片集，成爲八〇年代中期最成功的製片公司。

以製作和主演民初鄉土鬼趣動作喜劇《鬼打鬼》和《人嚇人》而成爲影壇「大哥大」的洪金寶，亦改拍都市時裝。他的「福星」系列是繼《最佳拍檔》後一度最受歡迎的片集。

以民初功夫雜技笑片《醉拳》大紅兼打入日本市場的成龍（他在該片演廣東鄉土英雄黃飛鴻的青春時代），逐漸也轉爲都市化，拍出《A計劃》、《警察故事》，還以西方實景拍出國際色彩的《快餐車》和《龍兄虎弟》等。

至於八〇年代紮起的重要導演徐克，先拍新派古裝武俠片《蝶變》，再拍民初武打片《地獄無門》，都叫好不叫座。直至拍出非常西化的都市偵探喜劇《鬼馬智多星》，才站穩市場地位。

傳統中國內地題材的電影在八〇年代變成冷門，多的是前往拍外景的時髦大製作。更重要是歸屬於香港本位的意識，在影壇完全一律，思想與感情上再無左派、右派、中間派之分（中資或台資公司仍有），影片全屬香港派。

就連歷史懷舊，也以香港爲本位。成龍的《A計劃》，以香港殖民地開埠初期爲背景，成龍扮演效忠港英的警察，打中國海盜。他在《A計劃》續集同情反清的中國革命志士，但表明忠於香港。

許鞍華的《瘋劫》渲染西環舊樓的懷舊風味，其《撞到正》還以離島首創香港「鄉土」的懷舊奇趣，在《傾城之戀》則回顧太平洋戰爭時香港淪陷於日軍的歷史。其他導演的類似香港懷舊風作品亦爲數不少，像《殺出西營盤》、《補鑊英雄》、《等待黎明》、《胭脂扣》和《七小福》等都有代表性。

可能將會失去，因而特別珍視香港的「歷史回憶」。當然，「今日」更加重要，香港已發展爲非常繁盛的現代都市，跟很多中國傳統模式逐漸疏離，生活和娛樂都形成了一種獨特的「香港傳統」，要以這種新本土傳統來縱橫四海和面對中國。

香港片長期來相當倚重的舊中國式樣，由武俠、歷史而至戲曲，在八〇年代已減至最少，只有鬼故事例外。與中國有關的題材，亦轉爲以新香港角度來處理了。

《最佳拍檔》的樂極生悲

《最佳拍檔》系列是八〇年代香港最受歡迎的片集，是新藝城公司的招牌製作，由諸星兼監製麥嘉和許氏兄弟的流行歌星許冠傑，及台灣的張艾嘉主演，成爲各門各派打破界限、自由組合的成功例子。第一集收二千六百萬元，第二集收二千九百萬元，都打破當時的全港票房紀錄。這些紀錄後來被其他影片打破，不過由於前後票價不同，據統計，《最佳拍檔》第一集至今仍保持最多觀衆人數的紀錄。

由一九八二年第一集到一九八九年第五集，這系列的劇情與調子的轉變，亦可反映出成就感和危機感的一斑。

第一集《最佳拍檔》完全擺脫了古裝武俠、鄉土功夫和大都市小人物喜劇（如七〇年代最成功的許氏喜劇）的原有式樣，改爲全新的國際都市化大型動作特技喜劇，倣效荷里活的《占士邦》和《烏龍幫辦》。

片中的三個最佳拍檔，是香港風流飛賊、紐約華裔光頭神探和香港女警司，合力對付西方的國際黑幫鑽石大盜「白手套」。

此片充滿香港及海外華人打入國際、與西方平起平坐的成就感。大搞科技槍械、飛車特技，不再限於打功夫，而且注重時髦美感，加重女角和愛情，拍得喜氣洋洋，信心爆棚，公映時轟動全港。

此片在一九八二年一月的農曆新年公映，當時香港人普遍情緒最樂觀、最自豪。該年稍後，卻正式出現九七前途大限的危機，可謂樂極生悲。許鞍華拍攝南越陷共後悲慘情況的《投奔怒海》出現在同一年的十一月，迎合到香港市民的「恐共症」爆發，引起另一次化喜爲悲的轟動。

不過在震驚一輪後，港人對中共前途談判及北京的開放改革政策仍有一定信心。一九八三年的最佳拍檔第二集《大顯神通》（收二千三百萬元）和一九八四年的第三集《女皇密令》繼續由主角們揚威國際舞台，仍然是賣座冠軍。

《女皇密令》的構思頗妙，描寫那些香港華人英雄受港督委託，尋回失竊的英國皇冠寶石，結果大功告成。此片一方面顯出當時港人的親英態度，同時認爲香港成就極大，連英國皇冠之寶也要靠港人奪回。

然而一九八六年的第四集《千里救差婆》，則沒有那麼樂觀自信了。此片遠赴紐西蘭拍攝，同樣大搞占士邦式冒險和科技道具，但主角們的處境很悽慘，光頭神探的妻兒被國際黑幫綁架，神探與神偷在拯救時都失手被擒，幾乎活活燒死，要進行垂死的掙扎。

這劇情的設計，顯然企圖迎合當時港人對前途的極大憂慮，以及被英國「出賣」的委屈感，弄出近乎家破人亡的絕境。

《最佳拍檔》片集到此已陷於低潮，停拍數年後，在一九八九年以第五集《新最佳拍檔》賀歲，調子更爲悲觀挫折。

在這最後一集，主角麥嘉和許冠傑完全失業、失意、失婚，互相不和絕交，不再是最佳拍檔，而另一對新拍擋張國榮和利智亦無法成功。最慘的是新舊兩對拍檔都被中國公安擒拿，押到北京遭受可怕的囚禁，幾乎被判死刑。最後他們與北京合作，奪回失竊的國寶——秦王劍和兵馬俑。

此片在商業計算上十分失敗，因爲在現實中滿懷危機感的港人，不希望銀幕英雄也一片悲慘絕望，而香港處境實際上也不是那麼可悲。於是，此片就成爲《最佳拍檔》系列八〇年代蓋棺之作。

不管怎樣，這五集電影由極具成就感轉爲充滿危機感，由港人大展神威地打入國際，變成替英國奪回國寶，再變爲要向北京低頭合作，爲奪回中國的國寶賣命，不啻是頗具諷刺性的循環。

來自中國的鬼和人

有趣的是，中國雖然是香港八〇年代最大的「危機」來源，但這十年其實是一九四九年中共開國以來大陸跟香港關係最好的期間，因爲鄧小平由七〇年代末開始推行開放改革政策。

這十年，香港影壇北上拍片、與大陸合作特別多，包括李翰祥到北京拍攝的清宮大片《火燒圓明園》及《垂簾聽政》。最出奇是許鞍華的「反共」片《投奔怒海》，竟然由中資公司在大陸的海南島拍攝，實在很自由化。後來她的武俠大作《書劍恩仇錄》上下集，亦以香港的中資在大陸攝製。

至於大陸功夫明星李連杰的成名作《少林寺》，亦由香港公司和幕後人員在大陸拍成，影響到大陸本身也隨而大拍武打片。

不過正如前述，古裝武俠和功夫武打片類在香港已告不振，被現代化動作片取代了主流地位。傳統中國動作趣味在香港仍能發展的，不再是正統技擊，而是超能的奇功異術。徐克的超現實劍仙片《新蜀山劍俠》和袁和平的茅山法術片《奇門遁甲》都屬代表，而眞正形成熱潮的，是鬼怪靈異鬥法片。

鬼片是八〇年代香港「新興」的熱門片類。雖然明顯受到荷里活盛行鬼片的影響，局部亦走西化作風（像《小生怕怕》），但普遍是重新發揮中式鬼魅和法術，而受到歡迎。許鞍華的《撞到正》先開風氣，洪家班的《鬼打鬼》、《人嚇人》和《殭屍先生》系列則眞正使中國式鬼怪翻身，使鬼片成爲八〇年代最富中國傳統色彩的片種。

鬼片盛行，正好適應了危機重重、陰風陣陣的港人心態，甚至對來自大陸泥土下的猛鬼充滿恐懼。那些身穿清代朝服的殭屍實在非常可怕，必須奮力頑抗。

不過香港華人始終對中國有著深厚感情，而愛恨交集。所以只反惡鬼，不反善鬼，像《開心鬼》中那隻同樣清裝的秀才鬼便帶來喜悅，受到歡迎。

狠打惡鬼的熱潮隨後減退，代之而起的是充滿自憐、冤苦和無奈的多情女鬼片。程小東的《倩女幽魂》和關錦鵬的《胭脂扣》，變爲以游魂野鬼來抒發飄零失落之感，這兩片堪稱一武一文的雙璧，同具奇詭幽異的中國情趣，都叫好叫座。此外，《再生人》、《夢中人》和《急凍奇俠》等片，都以半靈異、半科幻的方式，把古代中國的「前世」與今日香港的「今生」超時空地串合起來，亦具特色。

人鬼難分、陰陽交錯的矛盾困惑，象徵著「身分危機」，在非鬼怪的其他影片亦經常出現。像章國明的《邊緣人》和林嶺東的《龍虎風雲》，都描寫處於警匪夾縫中的臥底者困境。許鞍華的武俠片《書劍恩仇錄》則糾纏於漢族與滿族的「身世之謎」，矛盾得難以自拔。

港片對中國大陸人的態度，亦充滿這類矛盾。一九八三年兩部名片的對比最顯著，麥當雄的《省港旗兵》拍攝大陸來客在港犯案，展開火爆血腥的死戰，嚴浩的《似水流年》則寫香港女子重訪大陸家鄉，跟舊友化怨言和。但微妙的是，《似水流年》雖似親中，其實保持著香港人優越感，《省港旗兵》看似把大圈仔拍得可怕，其實也在某種程度上認同他們，間接反映出香港大量中國新移民認爲備受港人「歧視」的怨憤。

中國新移民人數在香港越來越多，他們對香港、對中國的愛恨矛盾比「正宗」港人更複雜，而他們的邊緣身分也更深，更多「半人半鬼」的心態。他們和本地基層比較接近，跟中上層與優皮族有著明顯的差距。

香港影視本來對這些「大圈仔」、「燦妹」和「表叔」常加嘲謔，不過態度逐漸轉變。像《公子多情》的周潤發扮演大陸偷渡客，經常自我嘲諷和醜化，但最終成爲壓倒香港少爺的花花公子，不懂英文而用國語和港督交談，更爲威風。而周潤發在另一部賣座的粗俗鬧劇《精裝追女仔》演本港下層車房仔，作風也是一樣充滿阿Q式。可見香港貧富不均，社會重英輕中，使不少普羅階級青年跟新移民一樣會「鬧情緒」，特別需要電影提供「青蛙變王子」的神話。

由於中上層紛紛移民，留下普羅族和新移民，令到港片中正在萌發的優皮趣味和較高質創作似乎停滯不前，至少沒有預期那麼順利，未能突破粗淺煽情、誇張「扮嘢」的港片慣例。

在八〇年代後期，港片的中國根性是有所反彈的。首席諧星許冠文在笑片《雞同鴨講》影射中國舊作風的現代化改革，樂觀地表示應可成功。他在《合家歡》飾演大陸來客，塑造爲類似《鱷魚先生》的可愛大鄉里，不是「衰鬼」。

到了一九九〇年，港人雖經八九年六四北京屠殺的極大震驚，恐共症更形惡化，不過銀幕上的可愛大陸人角色又反而更多。周星馳在最賣座片《賭聖》、鄭裕玲在叫座片《表姊你好嘢》都演妙趣的大陸來客。看來港人不再把大陸人看做異類，而視爲彼此命運相關的「自己人」了。

事實上，中國血緣是拋不開的。能打入較大國際市場的港片，始終要靠中國色彩與動作。移居西方的港人，更脫不了華裔的類別。另一方面，中國大陸人的風貌正在趨於西化、台灣化和香港化，在九〇年代顯然會更進一步互相拉近距離，找回共通的身分，出現令人興奮和充滿懸疑的「驟變」關鍵期，與戰後數十年港、台、大陸的「裂變」大異其趣。

「新浪潮」的長處和短處

香港片這十年普遍在電影技術、製作水平、包裝手法上大有進展，並且在藝術性、社會性和政治性方面有著某些比過往更大膽、突出的表現，然而無論藝術、社會和政治，往往是初試啼聲時一鳴驚人，但後勁不足，無法達到更深入具體的水平。八〇年代初期備受注目的香港電影新浪潮，便是曇花一現，而被高質的大陸和台灣新電影後來居上。

究其原因，首先在於香港是一個極商業化的投機城市，電影業始終以純大衆娛樂爲綱領。其次，香港做爲中西文化交流的首要自由港，擅長開風氣之先，卻缺乏深入探究、完整建構的條件。有創意的影人，每當把題材和形式推進至較深層面便往往顯得情理不足、根基薄弱，而陷於一片混亂。許鞍華、徐克、章國明、譚家明、方育平、嚴浩、吳宇森等創意導演，都出現這種情況。

追隨這批先驅主將而出現的師弟師妹，則較爲實際。像關錦鵬（《女人心》、《胭脂扣》、《地下情》）、張堅庭（《表錯七日情》）、張婉婷（《秋天的童話》）、羅啓銳（《七小福》）、陳嘉上（《三人世界》）、程小東（《倩女幽魂》）、劉國昌（《童黨》）、王家衛（《旺角卡門》）等，不唱高調，不搞難度太高的試驗，而做出比較「雅俗共賞」的成績，勝在把情景拍得更爲具體細緻。當然，說到奇特的視野和尖銳的創意，他們不能跟師兄師姊們相比。

可以說，「新浪潮」本身在八〇年代是後勁不繼，不過他們融入商業影壇，則對整體影業帶來新血和衝勁，有助於主流電影革新轉型，這種貢獻則非大陸與台灣那些偏於高調、針對國際獎項的新文藝電影所能相比。

危機下的英雄和美人

七〇年代以來的香港主流電影，一直以攪笑英雄和動作英雄爲支柱，八〇年代也不例外。而在風貌上的種種革新中，特別顯著的變化之一，是由純男性陽剛趣味變爲加重注重女性與感情。

說來很畸型，但七〇年代港片實在非常不重視女角，把談情說愛視爲票房毒藥，一味由男人打鬥和整蠱，只有風月片賣弄女色。

許鞍華始終是八〇年代香港影響最大的導演，以女性身分帶動群雄轉型。她在一九七九年的首部電影《瘋劫》便是罕見地成功的幾乎全女班電影（製、編、導、主演者都是女性）。直至一九八九年的《今夜星光燦爛》和一九九〇年的《客途秋恨》，她的作品都具現代女性的出色創作力。

許鞍華不是所謂女性主義者，絕非與男性對抗，她的電影其實追求著一種在古今中外都屬理想性的男女脗合，而常對不易妥善脗合表示嗟嘆。所以她多數電影的男角比純男性電影更理想，是重情重義和有勇氣的男人大丈夫。

她的八〇年喜劇《撞到正》，爲香港笑片帶來了鬼趣、女性與愛情，不但促成鬼片流行，亦間接導致新藝城在一九八一年拍出《追女仔》，使愛情喜劇正式復興流行。而許鞍華一九八一年的《胡越的故事》，不但開創了藉越南影射政治危機的先河，還使香港的動作英雄首先變爲新派槍手化和溫情化，對此後時裝英雄片的影響極大。但該片對男女愛情的動人描寫，卻是後來無數英雄片都拍不出的。

港片加強女性與感情，是很正常的發展。七〇年代此地把全副精力用於拚命賺錢、大展拳腳地搏殺，無暇談情結婚，只在生理必須時才發洩性慾。八〇年代已有成就，需要愛情和其他情感慰藉，追求美化、浪漫了。

還有兩個因素，其一是香港女性逐漸在現代化社會抬頭，經濟獨立，地位加強，並且越來越成爲不可忽視的電影觀衆（電視把婦女留在家中的時代已然過去），電影亦須顧及她們的口味。其二，城市轉型（傳統規律受現代化衝擊）及政治過渡（九七大限）帶來的危機困惑，亦使整個香港變得多愁善感，趨於感情化。

愛情片和女性片顯著增加了，以《皇家師姊》爲首的女性動作片亦流行了，在市場上保持著一定的吸引力。不過跟世界其他主要影壇一樣，男性始終是核心，女性通常是美麗的勝利品，而都市女性亦流行以天生美色爲本錢之一，做爲在男人世界爭勝的一大武器。

至於銀幕上的男性英雄，一直是「孫飛」的主力，並非女星所及。其中攪笑英雄仍然流行，不過八〇年代香港其實沒有出現成功的新諧星，像許冠文、吳耀漢和麥嘉，都是七〇年代起家的壯年笑彈。變化較大的是動作英雄，成功地把傳統武俠換上現代包裝。

最具代表性的並非外埠市場最成功的成龍，因爲他與洪金寶等師兄弟，基本上仍是把傳統武打雜技用在時裝背景上。進一步現代化的其實是《最佳拍檔》片集，活用西式科技。但眞正轉化成功的乃是以吳宇森《英雄本色》爲首的槍戰英雄片。

槍戰英雄片其實是七〇年代「楚原古龍派」古裝浪漫武俠片的時裝化，同樣重情義、重美感，在奇情動作中兼具悲情和感觸，在爾虞我詐、敵友難分的江湖風險中歷盡滄桑，並且利用幫會鬥爭暗喻政治權力鬥爭。

把刀劍武俠轉爲時裝槍手，必須把整個動作設計方式轉換，還要有足夠的特技效果來表現槍戰的逼眞感，這兩點對港片都是重大考驗，幸而順利解決了。

徐克在七九年的首部電影《蝶變》，首先全力試圖把古代武俠奇功用科學機械化來詮釋，使用鐵甲、彈簧、火彈，甚至出現古式機關槍。這是失敗的嘗試，但爲隨後的槍手片提供了技術上的進步條件。到了許鞍華的《胡越的故事》和唐基明的《殺出西營盤》，則確立了時裝槍手片的形式，不但火爆，兼有浪漫哀怨的愛情。

拍武俠片出身的吳宇森，曾受六〇年代法國槍手片的深刻影響，在一九八六年的《英雄本色》

把開槍動作跟中國傳統的敏捷身手，以及香港擅長的武打設計完全融合起來，拍出燦爛的動感效果，大爲賣座。這種用熟練影像配合的綜合動感，在一九八九年的《喋血雙雄》有著更富奇采的表現。《英雄本色》掀起了英雄片熱潮，除了槍戰刺激外，也因爲故事充滿激情、悲情和溫情，通過英雄被出賣而落難的大挫敗，然後憑著義氣朋友和至親兄弟的鼎力合作，而報仇雪恨成功，成爲新的最佳拍檔。此片把成就感和危機感扭結著爆發出來，非常投合當時港人的心情。

值得注意的是，英雄片熱潮除了過分偏重江湖英雄，甚至崇尙黑道，輕視官方執法能力（實際上港府在九七過渡期被稱爲「跛腳鴨」）之外，亦偏重男性之間的情義，出現排斥女性、不重視愛情的「倒流」傾向。

此種「倒流」現象的複雜因由，已被港、台不少評論者探討，本文不想詳述，只想提一提危機感的因素。其一是現代化帶來的危機，包括女性抬頭、傳統親情和道義觀念改變，男性中心的價值受威脅，需要戮力重振男性雄風。其二則涉及更傳統的中國特色，就是危機關頭不宜談情說愛，而英雄則以不近女色最好。

簡而言之，英雄片帶有很傳統的「女人禍水」觀念以及幫會的男性義氣守則，這些古老東西在危機時刻復活，形成某種「反動」。

但我們必須知道，港片雖然致力迎合觀衆，卻不是經常都能適應觀衆的需求，因而切勿過分認爲銀幕世界能全盤反映社會心態。拍攝者可能迎合錯誤，亦可能偏重個人的發洩。

事實證明，過分側重男性情義的英雄片，也是曇花一現。另一方面，八九年北京發生六四屠殺，亦使港人了解到，無論是拳腳、刀劍而至手槍的武力對抗，在面對坦克軍隊時都無法取勝，還需要扭計鬥智，在劣勢下進行機智的賭博。

一九八九年下半冒起了新的賭博英雄片，周潤發在《賭神》再演落難英雄，但不是槍手，而是賭徒，同樣經歷成就和危機感，慘變白癡，最後在動作小子合作下反敗爲勝。該片又打破了票房紀錄。

香港需要出盡八寶，不能偏重某些特點，因此既要動作，也要鬥智，有武鬥也有文鬥，要義氣也要愛情。到了九〇年，香港爆出新一代諧星周星馳，在再破票房紀錄的《賭聖》中，便是有打有笑有賭，有槍手、大陸來客和美麗的神奇女俠，還發動愛情魔力及中國特異功能，取得大勝。當然，這是八〇年代結束後的新情況了。

跨越邊界：香港電影中的大陸顯影

丘靜美◆著
唐維敏◆譯

當有人問及我的國家或種族身分時，我無法一言以蔽之，因爲現在我的「身分」就像一齣複雜的戲碼。……我是危機與文化揉合主義的產兒。①

有關後殖民的論述似乎在許多方面與香港格格不入。自二十世紀初，中國大陸居民紛紛遠離家鄉，前來這塊英國殖民地。儘管早期的居民曾向殖民當局提出挑戰，向政府爭取更理想政治意見反應管道的努力至今仍未間歇。然而從七〇年代開始，更多的居民選擇走上妥協這條路，成爲自甘沉默的順民。在亞洲各國家之中，香港展示出資本主義成功的最佳例子，香港的中產階級平均教育程度較高、甚具發言能力，並有效地爲政府服務。在香港，主流的文化模式是揉合式的：人們遵循中華文化的習俗和價值，然而在一代與一代的傳承過程中，又遺漏和忘掉某些環節，在追隨西方社會實踐形式時，又修正了某些部分。在香港，順民的意識形態十分彰顯，甚至在八〇年代後期，有些香港居民更提議延長英國的統治期限。香港居民這種拒絕重回母國的行爲，正反映出他們對殖民資本主義的普遍支持，以及對社會主義經驗的毫不依戀。簡單地說，香港居民或多或少安於現狀，對後殖民論述的興趣相當淡薄。

所幸，電影正好提供了一個適當場域，可以修正這種偏差觀念，可使我們深入香港複雜的文化身分問題(identity)，一探其中究竟。在西方評論家和香港菁英份子的眼中，香港電影等於「廉價暴力」。如果單從電影的相對製作成本，和一窩蜂地在電影類型中灌進武打動作，這個對香港電影的標籤並不爲過，反而十分貼切。然而若更細心觀察，便不難發現，香港影片技巧地取材好萊塢的意識形態符碼和功能，並且恰到好處地轉用於香港浩劫餘生、掙扎向上的社會脈絡。不少電影陳述勞工階級的辛酸挫折和綺麗幻想，做爲獲取市場利益的手段。這些影片在把社會中的生存模式合理化的同時，透過敍事的辭彙，表達了這些模式的崩裂和不斷的變異。廣義來說，香港電影不斷地生產出香港人民的存在意義。本文認爲，香港電影在參與一九九七論述中，透過建立複雜的人情世態和符號結構，刻鏤了香港人在爲自己重新設定文化位置時，那種夾帶著濃烈民族情感、但又對殖民政府欲拒還就的複雜心態。

一九九七論述

一九八二年夏天，英國首相柴契爾夫人訪問中國大陸。之後，英國便針對一九九七年將香港正式歸還中共的問題，著手與中華人民共和國進行官方的外交磋商事宜。②之後「中」英會談顯示，雙方將以彼此政治與經濟利益爲主要考量，以達成對香港問題的最終協定。自從六〇年代後期暴動之後，香港政府便強調本土政策與施政作爲，因此這項「中」英雙方的共識，不但裁定香港並不具自主權利的命運，更與之前的政治運作大相逕庭，同時也對香港居民薄弱的歸屬感形成一大考驗。③假使七〇年代後期，欣欣向榮的香港便已步入自滿的「後放逐」時期，這次歷史性訪問不僅喚起過去難民潮的痛苦記憶，更對香港未來模糊的政治命運塑造出集體的不安情緒。很顯然地，一九九七已經成爲許多人前途未卜的大限、患難意識的地平線。

在電影對觀衆一九九七意識的描述中，對香港「身分」的轉變加入許多公開的思考。④以一九八三年的《火燒圓明園》和一九八四年的《等待黎明》來說，便勾起許多中國在列強勢力壓迫下割地賠款的歷史事件，並且回顧早期被殖民時期生靈塗炭的苦難。電影重新追溯、建構過去的歷史，同時確認香港和中國之間不管是明顯或晦隱的宿命式歷史糾結。因而，這種歷史再現避開將一九九七問題放在現實情況，繼而替當代的矛盾情緒找到可以傳達、宣洩的寓言空間。在這些電影中，湧現了真摯的愛國情操、帶有距離感的諷刺嘲弄等不同的立場，對這段過去羅列出不同的觀看方法。而不同年齡、階級和政治立場的觀衆亦有多種不同的反應。⑤觀衆對這些重新搬上銀幕的歷史產生不同的情緒反應，恰好可以證明香港對本身與中國的關係有著獨特的立場（也就是，不受英國或中國任何一邊單方面的指揮）。此外，從個人層次來看，觀衆本身是否具有移民能力，也影響他／她的看法。當然，儘管有些電影影射一九九七問題，但它們仍然需要通過香港政府的檢查，因此不少過於直接再現這種情緒的主題早就遭到修改或篩飾。⑥

香港與大陸之間的情緒糾結雖然不十分明顯，但的確仍然存在。流亡者對母國的忠誠也不同於和對以往／目前統治者的忠貞。也就是說，儘管每個中國人對中國大陸政治領導的觀感不同，但其中卻有不少人支持國家／民族主義(nationalism)的原則。艾德遜(Benedict Anderson)在其《想像的社群》(*Imagined Communities,* 1983)一書中討論了國家／民族主義的魔力。如果我們以該書的概念，對「中國」(China)這個國家加以界定，至少可以指出五種過去或現在仍存在的中華政治實體：

(一)一九一一年之前由帝國統治的「中國」(Middle Kingdom)；

(二)國民黨領導共和時期的「中國」(Republican China)；

(三)一九四九年以後由共產黨領導的社會主義「中國」(Socialist China)；

㈣一九四九年以後國民黨執政的台灣；

㈤一八九二年以來受英國統治的香港。

然而，在大部分人民的心裡，所有這些「中華政治實體」(Chinas)都代表同一個國家——「中國」(Middle Kingdom)。換句話說，「中國」成爲一個抽象社群的符號，它是所有過去、現在與未來中國人的母國，而他們共享「中國」裡相同的文明、文字語言、共通文化和繼往開來的歷史。⑦當一個人認同這個國家（也就是說，受到「中國」召喚力量的回應，而將自己想像爲「中國」的一員），人民生活和歷史之間的（宗教、方言、階級、性別、世代等）差異都將遭到隱沒而成爲整體性的一部分。正是在這種抽象式一元性(symbolic oneness)基礎之上，任何隔離中國人民的政治邊界都顯得既武斷，而且和國家／民族認同毫無因果連繫。而也因爲如此，統治者便名正言順地向生存在不同政治分離地區的中國主體，提出統一的呼籲。

本文考量在一九九七臨近之際，香港電影在看待香港與大陸的關係時，所具備的內涵與複雜性，並且把焦點放在「界線」的重要性和「越界行爲」這兩個課題上。「自我」和「他者」是本文兩個重要的概念，我們可以藉以了解電影中不斷變化的認同、辨知、距離等混雜的模式。我們可以感受到，儘管電影中有將香港視爲「自我」、社會主義的大陸視爲「他者」的說法存在，但是這種嚴格界限畢竟並未單純化，原因正是來自一種國家主義邏輯產生的矛盾情緒。霍爾(Stuart Hall)曾將文化身分定義爲「某種『未來將變成』，也是某種『現在正就是』」⑧。筆者引用他的看法，指出部分香港電影定位在一種折中的、夾縫式政治立場，正呼應了香港殖民地回歸社會主義中國大陸的集體焦慮。在香港電影對歷史和變遷的探索中，由這種不可避免的「將變成」所誘發的集體焦慮成爲一種主導力量。就這個意義而言，八〇年代的香港電影表達、建構了香港社會在最後數年的殖民經驗中，嘗試重新界定與母國關係時，所產生的身分危機。

本文將藉阿圖舍學派(Althusserian)對「環結」(conjuncture)和「中介」(mediation)的概念，對電影中這種複雜的動力和符號結構進行了解。⑨本文將電影視爲一種因歷史環結而產生矛盾與斡旋的正文(text)場域。在每個歷史環結和每部電影之間，都存在著機構、形式和正文方面的中介層次。因而，雖然電影正文所建構的「現在」與透過分析歷史而確立的「現在」之間產生某些對應，這種對應是以流行類型符碼的敍事及電影辭彙爲中介。對影片正文中歷史的考慮，正好能定義、描述正文中爲觀衆—主體所生產的意義和立場（立場也許不止一個）。透過這種正文功能的說明，我們可以將戲劇人物解讀爲歷史與社會中介者(historical and social agency)的角色。筆者將提出，八〇年代香港電影在論及一九九七大限問題時的影響在於，它與觀衆分享歷史相關的問題，並且塑造出一批歷史及社會中介者的角色。在這個架構下，我們可以檢視電影對香港「現在正就是」與「未來將變成」等符號相關問題，以及電影在符號層次上解決矛盾的方式。

殖民——中國的文化揉合（「融合」有消失原有差異之意）

在我們探討「邊界」的意義之前，我們必須先將香港人對政治模稜兩可的情緒放在香港與大陸文化揉合的脈絡中加以檢視。英國帝國主義勢力在十九世紀進入東方，在大英帝國往外擴張時期，香港無疑是中國兵敗如山倒的最佳歷史證明。⑩然而在二十世紀後期，香港超越英國及中共的吸引力，以雄厚的競爭實力、欣欣向榮和誘人條件，吸收四方熱絡的投資資金。儘管前清、共和時期的知識份子和中共經濟學者都希望在大陸建立經濟強權與力量，但眞正有效又平穩地成功的典範卻是香港這塊殖民地。

國際合作塑造香港的經濟環境，英國的自由放任經濟政策是本地和國外資本的吸金誘因，中國大陸的物資每日源源不絕，更供給香港廣大的市場需求。四十年來，香港將這種貨物集散的轉口功能發揮得淋漓盡致，連帶使英國和中共都獲利不菲。基於這種現實考慮，「中」英雙方都不願將香港歸類資本主義民主領域或社會主義革命疆土，而喪失他們行之以年的實質利益。換句話說，香港的政治認同是「中」英共謀的實質產物，這種共謀造成政治的矛盾情緒。所謂香港人獨有的政治冷感，其實是數十年共謀務實政治下的產物。

儘管如此，人民對殖民政府的挑戰不時湧現。回顧一九五一、一九五六、一九六七年，部分示威者和香港皇家警察的正面衝突，將香港存在已久的階級等政治問題搬上枱面。七〇年代早期的工運及學運大都相信，中國在世界政治環境中將會扮演更重要的角色（剛好西方世界正關注中國大陸的文化大革命）。然而，滿懷民族情緒的大學生和白領階級工人也提出要求，將中文和英文並列香港正式的官方語言，邁開「反殖民」統治相當重要的一步。在香港本地利益和中共前車之鑑的啓示之下，抗議者採取某種折中式的政治訴求，除了要求政策的本土化之外，更要求流亡難民應與香港居民擁有相等的人權。八〇年代後期，香港的西方化階級便在此時崛起，而後逐漸成爲政治勢力鬥爭的要角。這段時期成爲政治和社會變遷的重要關卡，許鞍華的《今夜星光燦爛》（一九八八）曾間接提到。

在香港，因爲殖民政府的政策導向（例如學校課程），和過去的殖民力量多藉由中介方式進行，過分的壓迫並不易見，因此香港可能產生文化揉合的現象。即使香港人仍然受限於某些政府公僕的任用資格，選擇並不夠自由，但是每個人都可以在社會上、個人間找到中西混合的比照對象。撇開這種對照的詮釋效果不談，在同一社會空間中混合對照的共存，已經說明了香港人能夠依照這種標準之下適應整體環境。在方育平半自傳方式的《父子情》（一九八一）中，工作和家庭間的關係完全根據西方和傳統的標準所建構。父親在工作環境中低聲下氣，回到家裡則是一家之主。事實上，他的權威受到殖民標準的威脅，他的奮鬥歷程說明殖民環境中的複雜動力。在六○年代，他因爲缺乏英文能力，而在陞遷管道上受阻，這使得父親對兒子的英文作業特別嚴加督促，並且犧牲女兒婚姻的自由，強迫兒子放洋留學，接受外國教育。這種舉動的目的，就是要兒子心繫家庭榮辱，在西方教育體制中出人頭地。不過，兒子反叛了西方殖民教育，也背離傳統父權慾望；相反地，他受到視覺影像的吸引，在業餘電影拍攝中，改編中國章回故事，在美國南加州大學求得電影製作的文憑。換句話說，即使老一輩的人在殖民標準前只能低聲下氣，這一代的年輕人卻並未受之掣肘。在方育平的電影中，美國流行文化提供給被殖民居民有限想像外，另一個不同的選擇。在《父子情》中，電影教育成爲脫離傳統父權與殖民威權、邁向自我實現的另一個選擇。雖然這已經超出本文的範疇，不過在香港殖民地文化與中國文化的揉合中，「美國化」也是一塊值得探勘的面向。

消失中的邊界

一九五一年六月十六日，中國大陸與香港的邊界正式宣告封閉，同時也阻絕了任何自由出入的機會。在一九七八年之後，這道存在於雙方中國人之間的邊界，顯然十分不堪一擊。來自大陸南方的移民如潮水般湧入香港，使得香港的方言與居住習慣呈現多樣化的現象。同時，香港的資金與經貿成果回流大陸，促成經濟特區深圳的興起，並且加速中國大陸南方的現代化，提升其資本主義的外貌。在八〇年代後期之前，每天都有一萬一千輛卡車、汽車往返於邊界之間，每年則約有二千七百萬人出入大陸與香港之間。⑪

香港與中國大陸南方各省的交流日趨密切，雙方媒體也觸及兩地之間許多相似與相異的問題。香港的電視與電影經常透過交流合作與合資經營方式，擷取大陸優美的自然景色風光。這種「到此一遊」的旅客觀看方式，是由自戀式的外觀所完成，對來自大陸的新移民採取不屑一顧的態度。⑫大陸傳播公司也挑中深圳的商業區，以電影拍攝成果展示中國在現代化與西化。這種幻想的觀看，警告著觀衆香港物質主義瀰漫的犯罪本質。在香港電視節目中，如《網中人》（一九七九）、《太陽雨》（一九八六）、《逃港者》（一九八八），也不斷出現香港和大陸的影像，反映出雙方對彼此在對方領土出現的戒心重重。

矛盾情結和跨越邊界的大陸客：侵略者或觀光客

在人們對中國愛恨交織的心境中，他們也對香港愛恨相雜。香港是難民逃離壓迫的避風港，但它同時也是沙漠、天堂、一個永遠令人缺乏安全感之地。⑬

在兩部一九八四年出品的香港電影《省港旗兵》和《似水流年》中，跨越邊界和之後的發展是敍事的重心所在。因爲電影在香港檢查制度下，不可能描述香港歸還中共之後的情形，這些影片便以跨越邊界爲主題，將香港與中國大陸人民放在同一個想像的空間。影片再現出兩個具有現實背景的活動，刻畫出一個正在消失的邊界，讓大衆可以衡量不同經濟與政治現實下所產生的價值與社會行爲。影片中對大陸人和香港狀況表達出不同的看法，明顯或隱晦地帶出緊張的氣息。

兩部電影導演麥當雄、嚴浩都是由電視媒體開始發展。麥當雄在七○年代製作、導演過不少陽剛、山姆・畢京柏式(Peckinpah-type)的電視劇，對警方辦案、犯罪暴力和嫖妓等主題曾加以渲染呈現。嚴浩則在政府出資協助下，拍攝以學生運動、青少年問題等爲主題的影片。不過，在《省港旗兵》和《似水流年》這兩部影片中，兩人的風格十分迥異。《省港旗兵》完全是香港當地的商業結晶，取材自香港著名的新聞故事：「大圈仔」一幫人自大陸渡江而來，不僅擁軍火自重，而且火力猛烈，不斷打家劫舍，作案累累。另一方面，《似水流年》在編劇及演出網羅大陸和香港人馬，取材自個人體驗，並以詩意頗濃的方式，表現出對大陸的懷舊情緒。

《省港旗兵》中受擾的優越感

在《省港旗兵》中，跨越邊界而來的大陸客，個個是身懷槍炮、殺人不眨眼的強盜。《省港旗兵》片名中的「旗兵」暗指文化大革命時叱吒風雲的紅衛兵。「旗兵」的「旗」也可以指滿洲人（如旗人）。而在這兩種情況中，香港都屈於來自北方的軍事武力威脅之下，面臨一個實質的、非香港「他者」的侵略。「省港」是（廣東）「省」和（香）「港」的縮寫，也可以讀爲「拜訪香港」或「省視香港」。在電影中，香港這塊資本主義的閃耀明珠，吸引廣東這群「大圈仔」的興趣，繼而「跨越兩界之河」，前來香港撈錢。電影中，這群大陸客的武裝暴力和他們的紅衛兵經驗並無二致。大陸人民在社會主義制度環境下缺乏物質享受，香港居民在另一個體制中盡享其成果，在「大圈仔」覬覦已久、終於行動的過程中，清楚體現出這種差異，而這種對比也成爲武裝衝突的戲劇性基礎。警匪犯罪類型影片的成規，無形中也區分出香港人和大陸客的分際。

《省港旗兵》以一種溫和的化約方式，將香港居民與大陸客之間明顯的衝突對立，做出某種程度上的解構。在電影中，香港當地的幫派成了「大圈仔」的同類，卻又在某些方面不如「大圈仔」，因此這兩個族群的違法和暴力既有相同、亦有相異之處。在比較這兩個族群時，凸顯出香港皇家警察所代表的殖民法律根本和這兩個族群一樣地暴力。因此，電影的敘事並不操作於一個分辨自我與他者的自滿與優越感的邏輯上；相反地，它操作於逾越（界線）和嘲弄的邏輯之上。

電影對法律主題採取嘲弄和不恭的態度，在其敘事上尤其明顯。其敘事多半游移於法律立場和罪犯立場之間。在影片中，觀衆屢次經由「大圈仔」觀點，眺望、經驗香港的生活。大陸客一無所有，在他們對香港充滿欽羨的目光中，香港是豐腴的。於是，他們的佔有慾望油然而生。《省港旗兵》除了採取和同類警匪片相似的罪犯敘事角度外，並加入了「文化差異」的元素：大陸客不諳都市世故，卻又慾壑難填，拚命追求庸俗的官能快感。在這種對「大圈仔」性格的刻畫手法下，外來客成爲豐衣足食、優越感十足香港觀衆的窺視客體。影片中游移式的敘事角度，使觀衆可以由施暴者和受害人的經驗中看出大陸客對香港的「強暴」：在某個場景中，面對著一位瞧不起他的香港妓女，大圈仔只能夠舉槍對著她的頭部，在其中，瞧不起人／被人瞧不起和受害者／施暴者的身分重疊，正好體現香港優越感的受挫。

《省港旗兵》呼應了八〇年代流行電影類型傳統的遊戲態度，以精細的幽默手法處理歹徒如何虎視眈眈地垂涎著香港的財富。在某個場景中，大陸客持槍搶劫尖沙咀的一家珠寶店，但未料另一位道上兄弟捷足先登，已將珠寶店洗劫一空只算白忙一場。這場出人意料的情節說明，不管是大陸的強龍、或是香港的地頭蛇，都難以抗拒金銀財寶致命的吸引力。當大圈仔一幫人事跡敗露，作鳥獸散時，觀衆的視線緊跟著他們，分享了他們的失望、混亂、奮不顧身和彼此的忠誠。這種敘事策略在警匪片中十分常見，添加了大陸客的人情味，在某些程度上也降低他們「異類」的特性。儘管如此，影片將犯罪歸因到貪念，焦點放在罪犯之間的兄弟之情。影片抽離任何分析剝削和政治差異的機會，只是單純地渲染犯罪表面的動作效果。[14]

《省港旗兵》將大陸客之間的兄弟情加以浪漫化，事實上也引動了一種從「已發展區域」角度來注視「未發展區域」的情緒。在電影中，「大圈仔」的兄弟個個肝膽相照、義氣風發，而香港的幫派份子則多半是一副「人不爲己，天誅地滅」的自私心態。另外，香港的黑道和警察之間的爾虞我詐，充分顯露在雙方消息的走漏風聲和互揭瘡疤中。這種香港人「自我控訴」的呈現，相對地造就（本來較爲卑微）外來者的優越面。另外，這個處理方式呼應了「第一世界」經常把「第三世界」設定爲一個共享需求和感情密切的社群。也就是說，在第三世界經濟落後的環境中，肝膽相照和同仇敵愾才是掙扎求存的必備價值觀，而（第一世界的）經濟成就滋長個人主義和勾心鬥角，終將導致內部的毀亡。影片透露了某種香港人對已工業化香港的自我感受，香港全然喪失了固有的價值，而未工業化大陸的人民卻仍擁有這些寶貴的人情味。本質上，這種對比帶有強烈的自我批判意味，但是在影片中除了表面式的對照之外，並未能深入探索這項命題。

阿泰既是流氓，又是警察的線民。他扮演的角色恰好凸顯出功利社會中的道義淪喪。他既是陰謀者，也是受害者。阿泰在香港黑社會中人見人不愛，也很難被歸類爲好人或壞人。由於他受到「大圈仔」欺負，兄弟們又不願跨刀幫忙，他只好硬著頭皮，和警察打交道。爲了得到警察的協助，他還願意以自己爲餌，希望計誘「大圈仔」一幫人，使他們一網成擒。可是，當警察埋伏被發現，阿泰這招反間計當場遭到識破，還被「大圈仔」用槍頂著腦袋，拿他當做人質，和警察斡旋談判。結果沒想到，警察毫不客氣地立刻開火，一槍將他擊斃。這種戲劇化表現凸顯出警察早就胸有成竹，隨時準備切斷與這條線民的關係，湮滅人證。阿泰與警察的共同協定立刻煙消雲散，自我利益和忘信背義淹沒了他們之間的一切條件。阿泰遊走於罪犯和法律、香港和大陸之間，他不僅是一個類型人物，更位於敍事路線的夾縫(in-between)位置，無形中替一九九七大限之後的香港前途，灑下一團悲觀的迷霧。簡單地說，阿泰成爲敍事的中介者，代表受困於無情英國和中國勢力之間的香港。

《省港旗兵》隱涵了某些政治敏感性，在影片最後高潮結尾時，選擇以九龍城寨（Walled City）爲場景。一九九一年，在策略性運作之下，城寨開始被改建爲一座公園，而在此之前，「城寨」一直是香港的一塊「非法」地區。在十九世紀「中」英簽署的條約中，這塊土地與和清廷保持獨立，也沒有受到國民政府或中共的管轄，而殖民政府的統治權也未及於此。⑮因此，這塊地成爲警方治安管理中的「合法」死角，標準的「三不管」地帶，就連香港政府也沒有提供任何的水電供應。在這塊都市少數民族聚集區中，雖然無照的醫生執壺開業，各類毒品氾濫，不法活動蠢蠢欲動，然而它同時也是掙扎求存的外來移民暫時庇護之所。在電影的追逐場面中，警察和歹徒在迂迴曲折的窄巷中死命追逐，突然間前面就是死巷，歹徒面臨「前無退路，後有追兵」的窘境，這時「城寨」便成爲一種政治失序受到壓抑的隱喩——它擾亂了殖民政府的權威，揭開香港物質生活天堂中邊緣、隱蔽的黑瘡，徹底粉碎香港富裕繁榮的神話。

香港著名的電影評論家李焯桃表示，七〇年代的香港電影具有放肆挖苦和諷刺的傾向。⑯這種嘲諷手法是銘刻工人階級對現狀不滿的有力手段。《省港旗兵》以類似的極強烈刻畫方式，全盤否定香港政治的自主性和受到推崇尊敬的幻覺。《省港旗兵》同時以類型符碼化將這種否定手法「非政治化」（depoliticized），不斷將政治批判的潛在力量置換爲敍事行動的模式。即使如此，這個過程也並不簡單，《省港旗兵》在最後幾場戲中重申法律和秩序對這塊領土重要性的同時，更將整個過程再現爲一個殺氣騰騰、令人心寒的過程。

在最後幾幕中，警察小組進入城寨，很明顯是個越界的行爲。嚴格來講，警察的攻堅行動已經跨入「非殖民」的領土，踏上這塊具有政治失序的潛在場域。無辜百姓在槍林彈雨下中彈身亡，更凸顯出警方武裝在城寨出現的「不合法」本質。當然，大陸客濫用暴力，必然招致法律的正義干涉。然而，在整個幫派消滅一空之前，電影中出現了另一對來自大陸的無照醫生夫婦，他們扮演幫助者／背叛者／受害者的角色，和阿泰的情境十分相似。「大圈仔」一幫人在逃避警方追捕時，便向他們求援。準備考取醫生執照的丈夫正要伸出援手，妻子卻覺得沒有責任對大陸客這麼仁至義盡，她將他們一行人引進閣樓，用鎖鎖上。大陸的移民者千辛萬苦，爲獲得合法承認而戰戰兢兢地生活，這個事件將他們進退維谷的處境戲劇化。這對夫妻的下場和阿泰也十分相似，他們夾在香港警察和大陸客的激烈槍戰之中，先生被警方的流彈擊中，太太則遭到大陸客槍殺。

在最後的結局中，警方的火力猛烈，聲聲穿過閣樓的天花板，直到完全沒有聲響動靜，攻擊才告一段落。這種毫不留情的致命攻擊方式，把全片中誇張的暴力氣氛推到最高峰。在整個過程中，攝影機從閣樓上方的角度鳥瞰全部事件，它們陳述出一件暴力、震撼的經驗，使人對法律和秩序的重新建立，不免產生抗拒之感。就空間來說，這些場景讓人產生極度封閉的恐懼感，閣樓則不折不扣變成了死亡陷阱。經過鏡頭的特效處理，我們可以看到警察的子彈穿過地板、中彈負傷的大陸客（以慢動作）應聲倒地、血花四濺。警察們望著天花板滲下的血滴，確認掃蕩任務完滿達成，便心滿意足地離開。他們走後，攝影機和觀衆的視野仍然停留在閣樓上彈痕累累的屍體，直到微弱的曙光從窗外射進來。這個鏡頭與影片《蘇菲的抉擇》（一九八三）的最後一個鏡頭同出一轍，表現出在極端暴力下失去生命後的出奇安詳，這正是電影對於「自我」和「他者」做出概括性的表達。

《似水流年》中的神話式國家

一九八四年，電影《似水流年》上映，爲香港、大陸的電影業者和影評人帶來意外的喜悅。一部電影能在兩地的報紙和電影雜誌影評中獲得一致的好評，這種現象對香港電影生產而言並不常見。一九八六年十月，北京的中國電影出版社更將該片的劇本、香港和大陸所出現的影評和訪問稿蒐集出書，書名爲《似水流年：從劇本到影片》。⑰

大陸爲一部電影而特別編輯成書，通常只會出現於符合藝術水平和政治利益標準的作品上，⑱對港產片來說，這種方式是史無前例的（當然與電影由香港和大陸攜手合作完成有關）。毫無疑問地，《似水流年》擺脫了香港電影的商業限制，成爲罕見的藝術電影，不但在過去是少數中的少數，即使在未來，也是個中佼佼者。其次，當《省港旗兵》等電影利用港人對大陸堅持主權而產生的敵意拍出暴力動作片時，《似水流年》卻以大陸的田園生活爲本，揮灑出無限的詩意，顯得格外令人耳目一新，《似水流年》這種看似拂逆潮流的做法，更是衆人公認的成就。中共官方電影機構對《似水流年》的讚賞有加，反映出他們同意以電影的不尋常力量，將中國大陸統一的目標融合於藝術和人文方面。當然，對該書中某些論文的讚賞並不能等同導演嚴浩的原始創作動機。

該書中的不少論文爲了闡述《似水流年》的詩樣情思，選用許多源自中國詩畫學的辭語，因此像「意境」、「韻味」、「抒情」這些傳統美學和詩學論述特有的辭彙便不斷出現。某些論文認爲，《似水流年》中的美學元素具有「中國式」和「民族化」的性格，能令人領悟到其含蓄的底蘊和豐沛的弦外之音。除了一致對影片的形式表示讚賞之外，個別影評人更特別注意於影片中對人物之間濃郁而含蓄的刻畫。⑲影片中對香港訪客和大陸主人間的差異，做出細膩、深刻而低調的處理，令評論者對影片那種人文的、存在和類似「非政治」的層面玩味無窮。

《似水流年》以故事中的個人經歷來陳述歷史，而不依賴政治事件來推展。在影片中，珊珊和阿珍是兒時玩伴，由於珊珊早在六○年代就已搬到香港，因此她們已經二十多年未曾碰面。二十年後，當珊珊回到故鄉，她們才又相會。在她們分開的這些年當中，珊珊脫離原先的務農生活，活躍於九龍地區的出版業務，而阿珍則在鄉下的一所小學校執掌教鞭，最後成爲女校長。事實上，在她們不同的生活空間中發生了許多驚天動地的政治事件，包括香港的學生運動和中國文化大革命，卻都未在影片敍述中出現，只是用「兩人分開的這段期間」一筆輕鬆帶過。這些令許多中國人刻骨銘心、影響深遠的政治事件在電影中沒有絲毫的主題重要性，電影只是借珊珊口中說出她和家人如何在移民香港後一番掙扎，對照著阿珍如何在鄉下田野間度過平靜的歲月。

正如電影的敍事觀點由珊珊出發，回溯她的童年往事，再次體驗祖先的鄉村，電影中的歷史感慨也是由物體和環境所傳達，重新喚起一個女人的赤子之心，重溫已遺忘的懷舊記憶。從她的記憶中，八○年代和六○年代的鄉村景致相互重疊融合。因而，電影的敍事支持將中國歷史外顯爲個人的、存在的、感性的和超越時代的——在港產片普遍對九七問題發出焦慮之聲時，《似水流年》的意識形態脈絡卻使它能夠在八○年代中期把中國大陸建構爲「家」的身分和形態（電影的英文名字 *Homecoming* 也直譯爲「歸家」或「重返家園」）。然而，雖然影片的意識形態脈絡容易受到其大陸合夥人的政治謀算，大陸當然不希望香港人對重返中華人民共和國心存芥蒂，電影中「不易察覺的政治」卻不能被化約到這些計謀。

筆者指出，《似水流年》將中國建構爲一個超越時代的文化（取自人類學定義）實體，超越了政治和社會的差異，並將這些差異統一。《似水流年》影片中，中國南方農村春景詩意盎然，俗民學式的刻畫更把不少充滿生趣的動態和細節重新呈現，充分發揮它們的象徵意義。一個神話式的國家悠然而生。不同的景物、時間和特色交織成一幅田園繡錦，往往意在言外，寓意逸遠。有感於此，評論者將電影的詩意論述式連接於傳統的繪畫符碼，歸納出一個（超然物外的）中國特有的感情形態。電影中不乏這種令人回味無窮的細節：一群農村婦女在河邊洗衣；一位在窄巷裡織衣的婦人，起身讓一位路人通過；阿珍和她一家人坐在學校的長椅上，讓珊珊照相；爲了測量百年大榕樹的寬度，珊珊和漢公、唐公抱著樹幹，指尖相碰；漁帆隨田野邊際緩緩前行，村童天眞無邪地放著風箏；泥濘的小路上，珊珊和孝松小心翼翼地走在積水兩旁；老房舍的廣場上，三五村民在一天的辛勤工作後，閒聊小憩。有時候，雨滴唏唰唏唰的打在屋頂、田裡青蛙的集體合唱、小孩子的輕吟兒歌，更添加許多自給自足的農村韻味。[20]以巴特（Roland Barthes）的說法來看，其中許多影像具有「鈍式意義」（從作者「解讀『人生』和『眞實』本身的方式」中而產生）。[21]依照導演嚴浩自己的看法，農村生活的細節，譜成了一首組曲。它們的「第三層意義」塑造了中國鄉村的神話式質感；除此之外，影像所具有的情緒和詩意特性超越它們的表意角色和意識形態功能，絕不能輕易地化約到任何單獨的分析語言。[22]

《似水流年》中的「桃花源世界」具有相當的醫療效果，它和同一時期的中國大陸電影一樣，十分關注文化自我反思的問題。在從文化大革命的慘痛經驗逐漸復原的過程中，許多中國大陸電影從少數民族尋找神奇的力量，而《似水流年》則在分隔已久的故鄉中，找到形式和存在層面的靈感。特別是一九八六年由張暖忻執導的《青春祭》中，電影的女主角下放到雲南省的少數民族區內勞動，反令她對僵化的漢族教養做了一番省思，轉而決定融入傣族的生活方式。她進入了「少數他者」(minority others)的場域，使她內外煥然一新，帶給她一生最值得懷念的一段時光。㉓在《似水流年》中，珊珊事業失敗、滿懷沮喪，和家人關係交惡、感情生活枯槁，她離開香港度假，回老家探視、祭拜祖墳。她完全沉浸於這塊尚未工業化的田園，相對地對物質導向的社會失望有加，並且藉此看透了弔詭複雜的人生。在兩部影片中，許多對自我的定義危機和多處「跨文化」遭遇相互平行(兩者都以作者自傳式的過去爲本)，㉔嚴格來說，這種「跨文化」遭遇是一種內在的經驗，在作者的心中，發現一個超越種族及政治差異、擺脫所有武斷疆界的神話式「中國」。兩部影片同樣從「中國」的自然景觀中，攝取不少視覺上賞心悅目、令人神往的鏡頭。不過，影片在自然風貌的「他者」環境中只是短暫逗留：心靈獲得撫慰後，女主角終於準備離開，回到她所居住的地方，一個經濟進步、社會複雜，而感情冷漠的世界。就像片名《似水流年》一樣，年華像水一樣流逝，影片本身帶有一種感傷的失落感，和《青春祭》的感覺一樣。㉕

對影片正文和觀眾來說，《似水流年》對「差異」的再現，在整個「跨文化」歷程中具有相當的必要性。這部影片由香港和大陸兩地人員共同拍攝，雖然影片刻畫出存在和「非歷史」式的差異，但其中仍存在不少社會的相關性。因此，雖然虛構人物不是典型人物，卻能凸顯出一組社會和家庭座標，意圖反映資本主義香港城市和社會主義中國農村之間的某些基本差異。例如，珊珊和阿珍在她們各自的社會中，都是經濟獨立的職業婦女，我們可以由下面看出她們的差異：未婚／已婚；無子／有子；高消費能力／低消費能力；前衛／保守。這些她們之間的差異，使她們彼此在接觸時產生既要相互幫助、又有些不自然的心理矛盾和緊張。這一系列以城市和鄉村二分法邏輯所引申出來的差異，標誌出資本主義和社會主義在經濟與生活形態方式的不同。

雖然有這種二分法，影片也結合其他差異的軸線，顯示農村也不是一成不變，農村的人情面貌也在不斷的改變。阿珍和她的丈夫孝松是農家夫婦，但他們對這些社會情勢轉變的看法並不一致。她是執教鞭的女校長，他則是拿鋤頭的莊稼漢，這點職業上的差異便決定他們兩人一人主導和一人順從的性情差異，教育程度較高的妻子對珊珊這個外來者不以爲然，而目不識丁的丈夫孝松卻能默默坦護著珊珊。影片中以一種通俗劇式的面貌探尋出這種態度差異，更使珊珊的出現對阿珍產生威脅。此外，在村中生產隊長忠叔和他的兒子強仔之間，我們看到八〇年代農村社會的分裂趨勢，在傳統智慧和現代知識的二元對立中尤其明顯。在一個心理的內在妥協過程中，他們面臨許多問題，譬如農耕技術和經商手法／教育何者優先？權威和反叛、保守和慾望何者較好？在這種農村想像中的現代化趨勢中，王老師和強仔成爲保守農村長者和來自都市珊珊之間的中介者。整個國家邁向現代化的企圖，也使都市／鄉村的差異分崩離析；換句話說，工業化香港都市和前工業化大陸農村的差異也逐漸消失。這些變化無聲無息地進行著，於是，珊珊不是全然的「他者」，中國也不是一個閉塞的國家，不會聽不到現代化的呼聲。強仔在學校小學生訪問廣州時，表現出自作主張的行爲，這個場景更鄭重宣布：中國正以緩慢而穩健的步伐邁向一個現代化的全新時代。

珊珊和阿珍之間的緊張關係和她和妹妹的疏遠關係，剛好形成對應。諷刺的是，她的妹妹和她在家庭、社會、政治各方面都沒有任何界限，但卻和她在情感、精神上保持相當的距離，妹妹成爲珊珊心灰意懶的潛在原因。在影片中，姊妹之間只憑藉著電話、信件，做短暫的溝通。再者，她們的疏遠關係和香港其他疏離的關係十分一致，這些珊珊間接提到包括：缺乏愛情的肉體關係、相互利用的社會交換方式。簡單地說，珊珊和她妹妹之間的敵意，將香港定義爲異化的經驗。而殖民經驗和國家民族的感性之間，十分不協調，在狹窄的都市公寓和寬闊的農村景致的視覺對比中，更強化這種比較。

正因爲生活在殖民地上，是一種異化的經驗，跨越邊界的回鄉作客，倒有了回家的意味。跨越邊界的珊珊夾在她自己的兩個「版本」之中，在深植於渾厚文化氣息的「中國」鄉村和文化貧窮的香港（西方化）都市之間難以取捨。對一個生於農村的人來說，都市的經驗扭曲了兒時健康的生活。因而，即使鄉村／鄉村、鄉村／都市之間的衝突彷彿能自我消溶，但和都市／都市之間的衝突大不相同。在這個文化差異系統之中，忠叔的傳統智慧，漢公、唐公的樂天知命，成爲影片正文中神話式國家的重要成分，它們甚至比殖民地的法律機構扮演更稱職的角色。在影片中，珊珊的妹妹受過外國教育、作風洋派，整個香港又以嘈雜、擁擠的都市小公寓化身，顯然是貶抑香港，美化大陸的農村關係。有趣的是，影片也沒有以中國鄉村做爲永久的答案，珊珊未能完全認同任何一方，她始終還是處在一個進退兩難的位置。也就是說，從珊珊的觀點，她已經無法重返家鄉。即使在一開始，她的決定就已經十分明顯（珊珊只是度假），不管異化的感覺多麼令人痛苦難堪，她仍然要接受，視之爲生活的必然。這種無奈接受的涵意說明，影片呈現一個以旅客般、理想化角度看待中國社會現實的方式。在一九五〇年代中國社會主義寫實手法中的傳統刻板印象中，香港是間諜的舞台、奸商的天堂和娼妓的溫床。雖然《似水流年》並未追隨任何簡單的政治和道德邏輯，它也還是將香港看

做毫無生氣、空虛乏味之地。㉖

然而不管如何，電影中的香港居民已經展開自我批判，有意識地從中國大陸文化中，尋找重新開創生命的力量和靈感。

結語

香港電影用不同的方式表達出對後殖民地前途的矛盾情結。香港在一九九七年歸還的「中國」可以由形式的、類型的、社會接受的三方面情形看出。《省港旗兵》由黑社會／動作片衍生的暴力影像和圖象，創造出對來自鄉下「阿燦」的犯罪形態。《似水流年》由詩／畫傳統的重要影像，勾勒鄉村景致的美。換句話說，第一部電影中的槍林彈雨、血肉模糊深化了香港觀衆對大陸介入者滿懷貪婪和粗暴的恐懼和反感。而第二部電影中的花鳥蝴蝶、田野稻香卻激起香港居民對未工業化、寧靜安詳的大陸濃濃的緬懷之情。無獨有偶地，兩部電影在敍事觀點上也有很大的不同，《省港旗兵》充滿男性（甚至大男人）的語氣，而《似水流年》則多是女性（或女性化）的口吻。在第一部電影中，「本族中心論」（ethnocentrism）的外貌主導了整部影片；而在第二部電影中，深入了解文化的意圖處處可見。兩部電影並不只有僵化的感性氣氛，憐憫和距離的混淆感覺也在兩部影片中相互接合。因而，在兩部電影之內、之間，接觸大陸風光（或其轉喻式的代表人物）時，展現了令人感到恐怖又能得到慰藉的兩面力量。這兩部八〇年代的電影以這種方式，勾勒香港重回大陸問題對香港當地帶來的衝擊和感想。

透過影片，香港回歸大陸的問題由一種簡單的自我／他者的二元對立，演化爲一種更複雜的變異作用。也就是說，香港做爲「自我」，大陸做爲「他者」，在電影正文中並沒有成爲絕對的對立元素。這種正文內的二元對立，源自於香港人和大陸人享有相同的種族和民族遺產。因此，即使資本主義的香港殖民地可以視社會主義的中國爲「他者」，但是如果從與大陸共享中華文化遺產的基礎上來看，我們也可將香港蘊含的殖民成分視爲一種外界強加的「他者」元素。在一九八二年，現代中國正式進入香港文化環境之後，香港這種「自我」的混成認同變得更加明顯。這個混成認同包括殖民地／資本主義／西化等元素，使香港將大陸視爲「他者」（也使大陸將香港視爲「他者」）；它同時也包括民族／國家／種族等元素，使香港和大陸分享某些對殖民者的反對立場。香港電影表達出它對後殖民未來的矛盾情緒，這種情緒可以歸納到香港文化認同本身的混成本質上。因此，我們不難感受到，在《省港旗兵》這部對大陸客帶有敵意的影片中，也有許多詆毀殖民地警察權威的例子；而在《似水流年》這部對大陸鄉村懷舊不已的電影中，女主角仍然對城市生活的優越舒適難以割捨，並無意重新長期定居鄉村。換句話說，電影傳遞了對後殖民轉型時期的焦慮，並且表達出對目前狀況的不滿。同時，電影也複製了這個頗爲弔詭的混成認同趨勢，因此讀者不能草率地將這個混成認同化約到「反共」或「親共」等標籤。

在本文中，八〇年代做爲一個歷史環結(conjuncture)，顯然並不能化約到任何文化的問題架構。一九八二年，柴契爾夫人訪問中國之後，面對英國背叛，香港只有十分無奈，這種結論建構了一個對本世紀重要政治事件的集體詮釋。在流行電影中，不少弱勢和疲憊的折中角色被塑造，形成對上述集體詮釋的一種借喻，同時也在這個歷史環結中建構了一個敘事／電影的回應。從這方面來看，《省港旗兵》的憤世嫉俗除了電影之外，更具有流行和政治的基礎，表現出對「中」英對談的發展及本質的不信任和質疑。《似水流年》中感性地提出民族思想的訴求，卻被中共挪用爲統一、回歸的論述。再者，憤世嫉俗和多愁善感的共存，更證實八〇年代香港電影的矛盾情緒和融合。

香港居民支持一九八九年北京天安門廣場的學生運動，使整個情勢有了轉變。他們公開支持大陸抗議運動者的舉動，並且提出他們自己對政治的要求，雖然效果並不太大，但對香港目前和一九九七之後的情勢來說，這些要求改革的行動已經改變了香港人的心態。一九八九年北京的經驗和之後的變化，已經轉化成一個深刻的政治經驗，它對香港電影產生無比強烈的意涵，留待日後繼續探索。

註釋

①Guillermo Gomez-Pena, "Documented／Undocumented," *L. A. Weekly*, Summer 1989, pp.23,26, 29.

②有關八〇年代中英雙方的諮商過程文件，可參見 Joseph Y.S. Cheng 所編 *Hong Kong: In Search of a Future*, Hong Kong & Oxford: Oxford UP, 1984.

③關於八〇年代前香港居民的政治態度，可見 Lau Siu Kai, *Society and Politics in Hong Kong*, Hong Kong: the Chinese UP, 1983.

④每年香港國際電影節出版的《香港電影研究》，對香港電影的問題有嚴肅、認眞的思考成果。它們代表了對當地製作環境、影評、學者等持續、系統的努力。

⑤這是作者個人的觀察，而不是觀衆研究的結論。

⑥香港電影檢查製度的棘手問題，在香港《電影雙周刊》八〇年代後期有公開的討論。

⑦參見 Benedict Anderson, *Imagined Communities: Reflections on the Origin and Spread of Nationalism,* London, New York: Verso, 1983; Thomas Elsaesser, *New German Cinema: A History*, New Brunswick, New Jersey: Rutgers University Press, 1989; *New Formations* no. 12, Winter 1990.

⑧「文化認同並不是永遠固定於某些本質化的過去，它完全是歷史、文化、權力的『遊戲』。認同是我們以不同方式遭到定位的名稱，也把自己放進過去的敍事中。」引自 Stuart Hall, "Cultural Identity and Cinematic Representation," *Framework,* no. 26, 1989, p.70.

⑨Louis Althusser and Etienne Balibar, *Reading Capital*, Surrey: New Left Books, 1977.

⑩Immanuel C. Y. Hsu, *The Rise of Modern China*, New York: Oxford University Press, 1970.

⑪Daniela Deans, "The Vanishing Border: As 1997 Approaches, Is China Taking Over HK? Or Vice Versa?" *L. A. Times Magazine*, August 4, 1991.

⑫Cheng Yu, "Uninvited Guests" in The 14th Hong Kong Internationl Film Special Study, *The China Factor in Hong Kong Cinema*, London: British Film Institute, 1989, p.29.

⑬Ng Ho, "Exile, A History of Love and Hate," in *The China Factor in Hong Kong Cinema*, pp. 31-41.

⑭參見 Thomas Elsaessar, "Social Mobility and the Fantastic: German Silent Cinema," in James

Donald ed., *Fantasy and the Cinema*, London,: British Film Institute,: 1989, p.29.

⑮關於一九四九年來中共不斷宣示對香港的主權，請參見 Lin Tong "Forty Years' Relations Between China and Hong Kong,"《明報月刊》(Hong Kong), vol. 24, no. 12 December 1989, pp.12-22.

⑯李焯桃，第八屆香港國際電影節後記 *A Study of Hong Kong Cinema in the Seventies*, Hong Kong Urban Council, 1984, pp. 127-131.

⑰這些討論多引自《似水流年：從劇本到影片》(北京：中國電影出版社，一九八六)。

⑱譬如謝晉在文化大革命前所拍攝的《紅色娘子軍》(一九六一)，以及新時期中黃建新的《黑炮事件》(一九八五)。

⑲可參見周承人(頁一六〇—一六七)、余慕雲(頁二四〇—二四九)、倪震(頁三三三—三四一)。

⑳筆者未曾分析過電影的音樂層面，喜多郎的音樂使影像更具有現代口味的「性感」，而梅豔芳的主題曲則表達出無奈與滄桑。這點顯示，香港藝術電影對純中國鄉村風味的不信任，它們將其修飾，以迎合城市觀衆的口味。

㉑Roland Barthes, "The Third Meaning; Research Notes on Some Eisenstein Stills," in *Image, Music, Text,* New York: Hill and Wang, 1977, pp. 52-68.

㉒嚴浩〈生命的組曲〉收錄於《似水流年：從劇本到影片》頁一六九。

㉓Esther Yau, "Is China the End of Hermeneutics? Or, Political and Cultural Usage of Non-Han Women in Mainland Chinese Film," iane Carson, Linda Dittma and Janice Welsh eds, *Multiple Voices in Feminist Film Criticism.*

㉔嚴浩在〈生命的組曲〉一文中說：「除了我不是女人，沒有打過胎外，女主角珊珊所經歷的情緒危機和精神狀態，我承認有很大部分的『夫子自道』。」《似水流年：從劇本到影片》，頁一六九。

《似水流年》的編劇孔良被下放到鄉村工作，《青春祭》的作者張曼玲在文化革命時也有相同的遭遇。

㉕《似水流年》和《青春祭》兩部影片原來的名字都帶著濃厚的懷舊氣息，前者是《紙蝴蝶》，勾起孩童時代放紙風箏時的回憶；後者是《有一個美麗的地方》，讓人想起邊疆景色，一片綠草如茵、流水蜿蜒的景致。

㉖Leung Noong-kong, "The Long Goodbye to the China Factor," *The China Factor in Hong Kong Cinema*, pp. 66–70.

李歐梵◆著　唐維敏◆譯

香港電影的兩種風貌：嘲諷與寓言

「香港電影」和大衆娛樂幾乎完全被畫上等號。多年來，香港的電影工業一直二分天下，由邵逸夫和鄒文懷兩位電影鉅子聯合主宰。他們以「工廠式生產」的經營方式讓四方錢財滾滾而來，並且替香港電影烙下「正港」的註册商標。大致上，我們可以將香港電影分爲兩種次類型：「硬裡」(hard core)的功夫片（武打片）或警匪片（前者多半以虛假的歷史性場景爲背景，後者則大都訴諸暴力）；「軟裡」(soft core)的性／愛情喜劇（美麗女星／演員以演唱成名曲出盡風頭）。如果這兩種電影在美國華埠的中國戲院上映，則無形中成爲一種雙重的再現（筆者曾在舊金山的唐人街電影院中發現，一九八七年出品的《胭脂扣》竟以「軟裡」喜劇方式，包裝其藝術電影製作原來的面貌）。

筆者認爲，這兩種次類型並不是香港都市流行文化的典型產物，因此也無法施以任何傳統的社會學分析。近幾年來，香港電影正面臨巨大的轉型，像「流行娛樂」這種描述已過於簡化，而一般「低調」商業電影與「高調」藝術電影的分野，也不足以說明香港電影在形式與內容上的複雜情形。在電影的製作生產方面，這種轉型歸因於新藝人的崛起：第一，以成龍和周潤發爲代表的一種新型男演員崛起，他們的演出風格結合了健康的體能狀況和一種自我嘲諷的滑稽感（與邵逸夫出品的《獨臂刀》形成強烈對比）；更重要的是，對曾在學院內修過電影或擁有相當電視製作經驗的年輕一代製作人、導演來說，這種方式帶來了不小影響。其中最出類拔萃、爲人稱道的成功例子莫過於徐克。他在一九八六年的作品《刀馬旦》更是他的經典代表之作。更簡單地說，筆者認爲，徐克這代年輕導演同樣展現了相當程度的自我嘲諷。在他們的電影中，時常借用以往電影中的某些元素，並且賦與這個類型傳統新的意義、新的發展。雖然許多人認爲，在中國或世界電影的歷史或風格方面上，這種電影製作並不十分嚴謹，卻能夠吸引流行觀衆和電影研究者的興趣。

我們如何解釋這個新的現象呢？在筆者引述任何「後現代」文化的理論典範之前，筆者將先就《胭脂扣》與《刀馬旦》這兩部新「類型」電影進行分析，並對兩部電影進行個別風格的處理。但首先，筆者將給與成龍某些「共識」性的評價，香港電影製作中自我嘲諷的風格可以說是由他創始，並且蔚然成風。

顯而易見地，成龍橫掃千軍之勢得自李小龍不少靈感和輝映：由於李小龍成爲家喻戶曉的媒體偶像，順勢也替成龍鋪下平步青雲之路，使他大受歡迎。某方面來看，兩人的拳腳「功夫」路線，可以說如出一轍，頗爲類似。但是嚴格地說，李小龍除了一身精湛的武打功夫之外，恐怕稱不上「演技精湛」的優秀演員，在他所有的電影中，他的表情過於僵化一致，差不多都可以回溯至早先《獨臂刀》那類電影的演出表情。在李小龍最爲人稱道的兩部電影《精武門》和《猛龍過江》中，他總是背負不共戴天之仇，勤練武藝，繼而苦學有成，並且在劇情末了時昭雪前恥，完成復仇大任。

但是，觀衆在等待復仇大結局的同時，卻非得看到數不盡的打打殺殺和千篇一律的神奇故事，那就是男主角不愧人中之龍，就算遭到奸人暗算、惡棍毒打也能一夫當關、萬夫莫敵。相反地，成龍的電影對觀衆可能比較舒服一點，（在表面上）成龍總是欣喜地完成他的任務，在情節中總是有出人意表的發展。即使當他身處險境、命在旦夕之際，他的身體動作仍然十分耍寶、逗趣，維持整齣喜劇的跳躍節奏。不過，有時候相反的事情發生：在成龍搏命演出某些高難度動作時，需要精神與身體集中意志，可是他的面部表情還是一副漠不在乎的樣子（成龍在拍這些動作受過許多傷，有些NG畫面還特別在片尾播出）。換句話說，成龍的演出不斷保持兩種不同的層次，他既是一絲不苟，也可以戲耍逗笑，而他這種雙面演出正好與故事內容緊密配合。

除了演出之外，由於成龍本身也是導演，他模仿好萊塢動作片，大量運用嘲諷的技巧，格外具有虛張聲勢的效果。舉例來說，公海上的海盜情節讓我們聯想起《紅海盜》(*Crimson Pirate, 1952*)這部影片，同時也想起正是畢・蘭卡斯特(Burt Lancaster)搏命演出十八般武藝，使該部影片成爲衆所矚目的焦點。另外，《A計劃》中酒店的打鬥場面取材自四〇及五〇年代好萊塢（陸／海）軍教片的電影情節，但是《A計劃》更添加許多中國與西方傳統的交融、刺激，對場景、動作更爲謹慎、精緻的處理，因此更有看頭。在這方面，《A計劃》更將好萊塢典型繁複的動能與胡金銓貫有的內景空間調度，配合得天衣無縫。事實上，成龍對他雜技式的「場景調度」也深具信心，在《A計劃續集》的最後二十分鐘，我們就像乘坐雲霄飛車，飛快地穿越這些武打場景。這段情節似乎有點畫蛇添足，沒有十分緊湊的關係，好像成龍只想證實他的動作片在「形式」上比以往的電影都要好，因此他違背了所有傳統。

即使如此，成龍電影形式多半缺乏嚴肅的內容。我們可以他的成名代表作《A計劃》和續集爲例。表面上，這兩部電影的故事十分搞笑、笨拙，娛樂效果十足，但仔細檢視後發現，電影中的故事建構了一個關於殖民地香港的歷史傳記（續集也提到一九一一年的國民革命），而我們都知道，中國在一九九七年接管香港，已是迫在眉梢的事實。因而，在兩部電影情節中不時交雜著許多當代的時事訊息，給與香港觀衆一種時代的立即感與認知上的震驚。通常，這種感覺對歷史幻想的流行「類型」電影中有些錯置的味道。在某些時候，電影中英雄人物與朋友或對手相互爭執，到底殖民主義的意義是什麼？身爲殖民地執法者，他這位香港警察的命運又將如何？這時，身兼導演和演員的成龍非常嚴正地表達出他自己的觀點。他以一位有責任感的居民和保母（他在影片中飾演警察）的身分，爲保護香港的現有一切盡心盡力。在電影《刀馬旦》中，這種當代「山雨欲來風滿樓」的意識成爲整部影片的中心隱喩，不斷地在影片的故事和風格交互編織。

一九八七年，《刀馬旦》和《胭脂扣》雙雙在香港叫座又叫好。雖然它們並未透過美國商業電影發行網放映，但是它們同樣也在海外的華人社區造成轟動。我們不難看出，影片能夠大獲全勝與女主角的魅力有密切關係：《胭脂扣》以名歌星梅豔芳爲主角，《刀馬旦》中則有來自台灣的林青霞和香港的鍾楚紅。然而，對電影學者和電影片商來說，他們的興趣不僅於此。一九八八和一九八九年，在芝加哥藝術學院電影中心舉辦的香港電影節中，《刀馬旦》和幾部成龍電影一併受邀放映。根據大力推動、促成這次活動的中心主任席瑞絲(Barbara Scharres)表示，她是一位標準的香港電影迷，對她來說，香港電影就像五〇年代的好萊塢電影，發揚了電影製作本身的味道和成熟技術。①

筆者強調，「解讀」這兩部電影所得「正文的快感」，取自於兩種類型傳統中的相似反應。《胭脂扣》陰陽分離的人鬼故事架構衆所熟知，人物刻畫上更脫離不了才子佳人的格局，這兩種傳統都可以回溯到中國的傳統戲劇(該片係根據由李碧華的同名小說拍攝，這位來自大陸的香港作家以中國的歷史與文學素材，寫出不少動人心弦的流行小說)。電影中的傳統架構以一連串的倒敘方式，——娓娓鋪陳出一對戀人無法終成眷屬的淒美故事。他是風流倜儻的富家公子，她則是溫柔多情的煙花女子，在男方家長強烈反對之下，兩人終不得結爲連理、魚雁雙飛。幾番無奈之下，他們決定吞食鴉片，爲愛雙雙殉情。然而，在最後的緊要時刻，男主角幾番猶豫、舉棋不定，未能隨女主角自盡，而她卻已香消玉隕。《胭脂扣》的前半段充分呈現舊時香港的繁華歲月，當時的場景成爲才子佳人互訴情衷、爲情而死的最佳場景。然而，「眞正」的故事發生於今日的香港：孤苦無依、傷心絕望的女鬼從「陰間」回轉陽世，殷切地尋找昔日的舊愛。她爲了刊登尋人啓事，出現在報業廣告公司，因而一頭栽進一對正要分手現代情侶的愛情漩渦之中。

這對年輕戀人的故事架構爲大家耳熟能詳，完全是典型城市年輕中產階級上班族的寫照。然而，一個來自過去的古人介入，必然造成不協調和幾許陌生的效果。電影中的倒敍場面完全以另一種不同的電影風格呈現，彷彿是另一部電影的情節。其敍事(narrative diagesis)鏡頭畫面使用過多的色彩象徵，指陳了另一個遠離現實的世界。②在這方面，該片導演關錦鵬和攝影師展現了不錯的功力。另一方面，導演以單調、暗淡的寫實主義手法，描繪兩位現代香港年輕人的生活。在筆者看來，藉由兩種類型風格的混合，將寫實與幻想並列，正是本片獨特、有趣之處。

不管原來導演的設計意向如何，這種「二合一」手法達到將影片的敍事「形式」一分爲二的效果。事實上，衣衫光鮮的女鬼出現於「眞實世界」中，並不令人感到舒服，影片中寫實的敍事似乎不斷降低她熱情之火，同時也局限了倒敍場面的風格。但正也是她鬼魂的飄忽不定，提醒了我們還有另一個世界——另一種電影風格存在。在電影片尾，陰陽兩元相會，踏破鐵鞋無覓處，女鬼終於看到昔日的舊情人，然而他已經年華逝去、垂垂老矣，只落得在一間攝影棚打零工。這時，我們看到攝影棚裡正拍攝另一部影片（一部「片中片」），古裝打扮的演員吊著鋼絲四處飛上飛下。我們不禁又回到先前敍事場面所再現的幻想世界，同時也了解到電影製作本身的功能，就是製造出令人信以爲眞的幻想。《胭脂扣》將這兩個相似又不同的世界並列、交織，一個來自舊時傳統，一個則反映「眞實生活」，它成功地帶給觀衆娛樂和「挑戰」。

《胭脂扣》以何種方式挑戰觀衆的期望？我們不容易將《胭脂扣》歸類爲哪一種類型的影片，

因爲它取材並混合鬼怪／幻想、模仿／寫實等兩種不同傳統。站在菁英文化立場的影評家也許較欣賞幻想的表現，而不喜歡電影中寫實的部分，也許是因爲這種幻想喚起、傳達出一個對張愛玲和白先勇小說中的「文學」懷舊之風。③另一方面，寫實部分從另一個流行電影回到原點，激起一個流行想像：在許多好萊塢及中國電影中，鬼和人根本不分，並且同時出現於寫實的場景中。如果沒有這種「眞實」架構，就無法凸顯出這種喜劇和諷刺的效果：原本萬里尋夫的浪漫情人，在見到齒危髮禿、風燭殘年的心上人時，所有幻想頓時化爲泡影，所有浪漫氣息隨風飄逝。同時，電影道具等拍攝場景也成爲另一個倒敍場面的嘲諷：浪漫熱情只是一種經由電影製作揑造、透過自我發展出的幻想。

《刀馬旦》再現出一個軍閥割據的北京城，但是卻也呈現出相似的電影效果。雖然整個故事以一九一〇到二〇年代北方軍閥割據時期爲時間背景，所有中國觀衆都可以從歷史課本或記憶中找出這段故事，但整個影片卻「沒有」帶給我們任何特定時空位置，場景和舞台布置也沒有蘊含任何對北京的寫實意味（例如，由老舍小說改編拍攝的《駱駝祥子》和《茶館》便有這種氣氛）。我們也許可以將這個世界視爲一種商業逃避主義下的結果，缺乏歷史眞實性，不折不扣是一種粗製濫造的表現。但是，在筆者看來，這種缺乏「眞實」歷史架構的做法具有更重要的目的：它並不特別指向任何歷史「事實」，而指向另一個流行的次類型——軍閥／酒女的類型。這種類型電影由李翰祥導演興起，再回到三〇及四〇年代都市流行小說、戲劇的舊傳統（例如《小鳳仙》和《秋海棠》）。④因而，在類型方面來看，徐克的電影也饒富嘲諷的意味，他試圖在以往「軟裡」性別逃避主義的電影公式中，添加上更當代的外衣。

《刀馬旦》中想像式的香港環境和成龍《A計劃》的舊香港有異曲同工之妙：兩部電影在表現另一個「香港」時，帶著濃厚的浪漫色彩。《刀馬旦》和成龍電影的情節一樣，進行得十分快速、稍帶混亂，打鬥的動作場面也很多。其中，軍閥的小妾和劇團老闆女兒身分的交雜錯亂，更使影片顯得錯綜複雜。但是整部影片的獨特風格在於忠於《刀馬旦》（具有京劇特色的）片名，包括情節、演出、場景、鏡頭設計、鏡頭運動等都極富特色、匠心獨具。儘管事實上，幾個重要的情節轉折發生在舞台上下，但是我們的一般印象是，整部影片都在一個人造的舞台展現，或是一個電影攝影棚。筆者對片中高仰角的鏡位擺設印象尤其深刻，它們大部分不是特寫，便是中景，而背景場景不是全然被忽略，就是朦朧出現。這種做法和著名的「深焦、長拍鏡頭」的美學意味恰恰相反，而根據巴贊（André Bazin）的說法，後者能夠刻畫出電影寫實主義的本質。[5]但是，這種做法和柏格曼（Ingmar Bergman）偏好特寫鏡頭的意義又不同。相反地，《刀馬旦》的畫面構圖和鏡位角度，在在凸顯出其表面的華麗和無所不在的武打技術。

筆者對徐克的作品涉獵不多，不敢輕易妄言這便是他的註冊商標、典型特色。然而，單從這部電影來說，其經營的風格可謂完美無瑕，成功地營造出一個京劇的假想世界。京劇是一種流行藝術形式，它具有其獨特的風格特色，京劇的舞台從來不講究「深度」，因此也不需要有一個眞實的背景。但是筆者認爲，電影缺乏眞實背景還具有另一個意涵。因爲京劇傳統戲劇經常以歷史人物與事件爲故事藍本。但是在舞台上，需要以京劇舞台的「空間」變換來表現歷史時間的更替：將「眞正」的時間場面以「順時順序」的空間呈現，並與動作、場景銜接，過多的歲月間隔便一筆帶過（如十八年時間，可以僅在口白中提過），過去的歷史立刻可以帶到現場，帶到表演本身的進行過程。簡單地說，京劇是「反時間的」（atemporal），也是非寫實的。然而，對歷史電影的次類型來說，卻並非一定如此。許多手法可以營造時光飛逝的感覺（長時間的淡出鏡頭，或者打出「三年後」的字幕），但是徐克並不依循這種行之已久的傳統。相反地，《刀馬旦》確實模仿京劇中「反時間」的體材，大量、熟練地使用特寫和中鏡頭，給與觀衆一種人爲的現實感。它們不僅摧毀背景的模仿深度，並且將過去與現在崩解到同一個當代時間內。

這個手法的目的何在？所用的形式是否傳遞出超越電影表面內容其他新的訊息？在回答這個問題之前，我們不妨先了解這部影片和當代環境有關的一些問題。由著名女星林青霞所飾演的女主角是軍閥的千金，也是一位地下革命份子，她一副男人裝束，剪得一頭短髮。她並未刻意隱藏她的女子身分（歷史上代父從軍的花木蘭，可就得喬裝改扮一番），反而藉口短髮比較容易活動。如果我們不探求這個角色的相關歷史背景，這種造型在商業考慮下似乎沒有太大意義。當然，在京劇原有的梨園成規裡，男演員必須飾演所有的角色（傳奇名角梅蘭芳就曾細膩地詮釋出女性角色的韻味）。在《刀馬旦》中，經由對角色倒錯的精心設計，強烈嘲諷了這種成規：再也不是男扮女裝，而是女扮男裝。另一方面，當男演員飾演女角時，展現萬種柔情，而老闆郎心大動，指使手下前去探求他／她的青睞，他才表明眞正身分，而且倒吃一驚。在中國流行小說的成規模式中，同性情節普遍被容許存在，而在這點上，《刀馬旦》顯然和這種成規有所出入。

性別混淆預設另一個當代問題，因爲這位革命女同志對她的男同志絲毫沒有男女私情可言，反倒是和另外兩位女同志情誼頗深。電影中至少有兩個場景帶有「不尋常」的意義：一場，三個女人身著晚禮服在她房裡休息，相互取鬧；另一場，她在監獄中受到嚴刑拷打。我們很難判斷在前面的場景是否具有女同性戀的意向，但卻斬釘截鐵地認定後者蘊含濃烈的性虐待意味（在嚴刑拷打之後，便是一段求愛、誘惑、纏綿悱惻的場景）。

我們或許可以控訴導演濫用一些淫亂猥褻的鏡頭，但另一個解釋是，導演以性別角色的混淆手法，鋪陳出喜劇的潛在張力。就像艾德華（Blake Edwards）的《雌雄莫辨》（*Victor／Victoria*, 1982）一樣，《刀馬旦》對當代社會中性別混淆的問題，提出銳不可當的諷刺。更重要的，在這個性別認同遊戲的背後，隱藏著另一個更嚴重的歷史問題：林青霞的角色乃取自晚清著名革命份子秋瑾的靈感，而根據民間傳說，秋瑾也同樣喜歡做男性打扮。如果這個角色取自秋瑾，則該影片又再一次嘲諷了眞正的歷史人物。在影片中，林青霞平實地扮演這個角色，沒有過多的喜感，反而成爲兩位女性角色喜劇式演出的「對手」，在有意和無意間變成一個「老實的男人」。我們不禁懷疑，這種安排可能是出自對革命烈士的尊敬。但是，在影片虛幻造假的環境中，「眞正的」歷史參考關係便只是一種欺騙：我們可以認眞地將她視爲革命領導者嗎？或者她只是像其他電影人物一樣，僅僅扮演某個角色？由此可見，她的男性化短髮變成一個戲劇的面具。她擁有革命份子和軍閥千金的雙重身分，顯然彼此自相衝突，因爲國民革命尚未成功，而軍閥正是「正義之師除之而後快」的對象。我們究竟如何看待這位男／女革命份子的人物角色？而影片中又隱含了哪些有關革命的意義？

在影片的最開始，一位粉墨登場的京劇人物直接對著觀衆引吭大笑。他令我想起在雷昂卡發洛（Ruggiero Leoncavallo）的寫實主義（verismo）歌劇《小丑》（*Pagliacci*, 1892）中，一位身著小丑服裝的男中音以詠嘆調唱出他戲劇人生的無限悲哀。在《刀馬旦》中沒有任何詠嘆調（也許英文片名 *Peking Opera Blue* 的「Blue」帶有類似的味道）。這段笑聲帶著強烈的鄙夷之意：他的姿勢、態度像是狂笑世間所有蠢行，面具之下，必然是一副十足憤世嫉俗的面孔。這種戲劇手法並不算十分獨特，除非我們眞實地將它所表達的「認同」放在香港的脈絡之中。《刀馬旦》製作於一九八七年，也許並非純屬巧合，因爲再過十年，中共就要接收香港的一切。筆者認爲，在《刀馬旦》的歷史問題之下，隱藏了一個對當代中國歷史全然諷刺的外貌。影片中有關「革命」運動的故事，不禁使筆者想起魯迅在一九二七年的一段話，那也是一個充滿不確定性和混亂的年代。

> 革命、反革命、不要革命。
> 革命份子被反革命份子所殺。
> 反革命份子被革命份子所殺。
> 不要革命的人終究成了革命份子，
> 並且被反革命份子所殺，或者
> 成爲反革命份子，而被革命份子所殺。
> 或者，即使他什麼也不是，也仍然逃離不了
> 革命份子或反革命份子的殺害。⑥

這部影片成爲一個「革命」運動的旋轉木馬，沒有指陳出任何東西：相互撻伐的兩大軍閥（分別姓曹和段，暗指歷史上的曹錕和段祺瑞）分別不得善終而死。即使「革命份子」和部分劇團人員逃離了舞台，在影片的最後，他們仍然是命運未卜。由於首腦份子各自分散，群龍無首，銀幕上的

幾行字簡單地陳述了歷史，革命的努力終未成功，袁世凱贏得勝利；袁世凱死後，「民主革命又從頭開始」。看起來，似乎前途一片暗淡，永無寧日，更談不上快樂的結局。在筆者看來，這種當代、犬儒式的歷史解讀必定是由香港的優勢觀點出發。大部分香港居民不是共產黨，也不是國民黨，當他們看到歷史在銀幕上「重複」時，他們只會把它當做一場毫無意義的鬧劇。的確，影片的人爲嘲諷風格竟然引出這種訊息，可謂始料所未及。

我們可以從這兩部影片中，看到目前香港電影的共同處嗎？筆者已經強調，《胭脂扣》和《刀馬旦》在許多方面的風格十分鮮明，而筆者也將它們與筆者所見過的大陸電影與台灣電影做一比較。從「好」的方面來說，如果這兩部片子由台灣來拍，恐怕會顯得更庸俗、商業化，缺乏「高層陣營」的能量；如果由大陸來拍，又怕在整體外觀上過於嚴肅、步調流於遲緩（例如，一九八七年出品的《黑砲事件》），缺乏憤世嫉俗的感覺和誇張的嘲諷形式。

筆者多次使用「嘲諷」一詞，指出某種類型上的起源和模仿，由對早期前例的風格和形式部分，進行有意識的嘲弄。針對《胭脂扣》，筆者特別指出，嘲諷可以在電影類型的混合中充分發揮。借用詹明信的話，筆者將這種混合的風格稱之爲「諧仿」(pastiche)⑦。嘲諷和諧仿有什麼不同嗎？這種差異存在於高層陣營、流行，或低俗品味之間嗎？顯然地，這些辭彙來自目前對後現代主義的理論論述，這些問題也不可避免導向理論性的探索：某方面來說，我們可以將香港電影視爲中國的後現代文化產物嗎？要回答這個問題之前，我們必須先對香港本身的文化本質加以巨細靡遺的討論，同時也要論述電影藝術者在其中的角色。這項巨大工程確實令人望之卻步。

雖然本文並不打算做如此的文化分析，筆者卻十分肯定，上述這兩部電影的風格必然和香港都市文化的下層建築關係密切。只要到過香港的遊客都可以發現，這塊英國殖民地上，多種風格的當代文化結合了「高」與「低」、「東」與「西」兩者的特色。根據柯納(Steven Connor)，這種「抹煞高低文化間的文化界限，正是電影後現代主義的徵候之一」。⑧另一個關於香港電影製作的有趣現象是，徐克的成功典範（他常身兼電影的導演和製片）顯示電影「作者」(auteur)的概念已大不適用。徐克不是楚浮，也不是高達，他並無意於發展新的藝術形式，他顯然只對錢有興趣，就像其他商業藝術者一樣，他希望生產出對消費者有吸引力的產品，發個大財。班雅明(Walter Benjamin)認爲機械複製時代，藝術的「氛圍」勢必喪失殆盡，徐克的這種電影製作形式是否正好印證他的說法？或者，當現代主義者將獨立藝術家視爲原創者之際，徐克的製作形式正好加以顚覆？筆者認爲，恐怕不易蓋棺論定。香港似乎不曾有過現代主義傳統的發展軌跡，香港的電影製作者也不太關心原創性的問題，他們就像大陸「第五代」導演一樣，以尋找獨一無二、容易識別風格爲努力目標，藉以闡述個人的藝術立場。

其中最簡單的背景因素便是，在中國，政黨力量控制藝術和文學，確實源遠流長，而相較之下，香港的發展幾乎沒有任何包袱。就算我們硬是標示一個「官方意識形態」，這個意識形態也必定是由金錢和市場力量所建構的。因此，我們可以確定，香港的電影是一種商品，但那並不意味在商業互動之下，沒有個別風格和視野發展的空間。如果高級現代主義藝術具有「獨特自我和私有認同」概念的屬性，⑨香港「後現代」電影製作者的才能便在於：對普遍香港居民在電影觀衆的集體「政治潛意識」，（以商業產品的形式）鍥而不捨地努力探索和公開再現。

如果要給這種「政治潛意識」心理狀態一個初探性的輪廓觀察，筆者先引述一段對西方當代文化的相關評論：

在當代文化的其他領域中，現代主義對風格的意識形態崩解，誕生多重風格的文化，這些風格可能相互結合、彼此對立，再旋轉、再衍生出許多毫無脈絡性的猛烈泛音。如此一來，歷史的原始感失去光澤，這種諧仿藝術不僅接合風格的個體性，也接合錯置的歷史。⑩

柯納根據詹明信的理論認爲，許多懷舊或「回溯」電影便是這種抽離歷史、脈絡的具體行動結果，譬如《美國風情畫》（*American Graffiti*, 1973）、《星際大戰》（*Star Wars*, 1977）、《唐人街》（*Chinatown*, 1974）、《乾柴烈火》（*Body Heat*, 1981），便開始「重塑」一段特定時期的文化經驗，而不是特定的歷史場景」。⑪然而，在香港的電影中，這種「回溯」電影與其「錯置的歷史」結合，絕不僅止是西方後現代現象的表彰。《美國風情畫》代表五〇年代美國的文化經驗，而《A計劃》、《刀馬旦》和《胭脂扣》等三部香港電影共同激起三個歷史時刻的「敘事經驗」：十九世紀末期的殖民地香港、二十世紀初期軍閥割據的中國、當代香港（也倒敘到二〇年代）。香港歷史位於西方殖民中國的陰影之下，而這些電影似乎對這些錯置的歷史給與特定的寓言。在電影的形式限制下，這三段歷史時刻的「暗淡無光」，引來一種當代的苦悶、不安，絕不僅是「回溯」模式的純粹懷舊。事實上，由於它們具有寓言的作用，自然不擁有懷舊的氣氛；甚至在《胭脂扣》的片尾，結局將現在與「再創塑的」浪漫過去一刀切斷，女鬼望著年邁的老情人，不發一言地離去。相反地，當代香港的文化經驗並不特別鍾愛殖民時期的過去，因爲在那段歷史中，香港只是各種戰爭亂象勢力相互爭鬥的場域。在電影中，當過去（的人事景物）滑入現在（的距離空間），電影的寓言形式也成爲一種文化批判的形式，將這些歷史時刻轉變爲香港不確定未來的諷刺性寓言。由上述的討論可知，這種訊息在《刀馬旦》中十分明確。如果我們仍然可以從香港電影嗅出懷舊感，那必定是從「未來」的觀點回溯「現在」。在一部警匪片《英雄本色》（一九八六）中，一對兄弟站在香港碼頭，兩人仰望天上群星，突然間籠罩在一片懷舊氣氛之中：在一九九七之後，兩人還能站在這裡，看著這樣的星光滿天嗎？這個場景生動地捕捉了香港的「世紀末」情緒——當身處「後現代」的現實環境邁向世紀之末（一九九七），成爲歷史的「錯置」時，這種「世紀末」情緒將更爲鮮明。在徐克的另一部片子《英雄本色第三集》（一九八九）中，描寫了美國在撤離越南時西貢的種種情形，影片的情節深刻地成爲一種想像式的預測，以另一個單獨的寓言式故事，說出香港的命運。

不管筆者的解讀效度如何，筆者可以充分強調，做爲一位學術研究者和電影迷，筆者都從觀賞這些當代香港電影中，獲得極大的樂趣。

註釋

①資料來源係由席瑞斯製作的芝加哥藝術學院香港電影節宣傳手册（Jan.-Feb. 1988）。

②引自 Bill Nichols, *Ideology and Image* (Bloomington: Indiana UP, 1981), pp.82-85., diegesis 可以定義爲所有對敘事想像世界的外觀和感覺（八十四頁）。

③兩位小說家在他們的熱情和頹廢故事中，透過敘事重塑了一個過去背景。女主角是風情萬種的妓女，是白先勇小說裡常用的比喻手法。這兩位作家的作品在台灣和香港極受歡迎，在大陸則並不風行。

④小鳳仙和蔡鍔的傳奇愛情故事在五〇年代便拍成電影，由李麗華和嚴俊主演。電影《秋海棠》原作出自鴛鴦蝴蝶派作者的手筆，在四〇年代轟動於日本佔據下的上海。請參閱 Edward Gunn, *Unwelcome Muse: Chinese Literature in Peking and Shanghai 1937-45* (New York: Columbia UP, 1980), pp.141-145.

⑤ Stephen Heath. *Question of Cinema* (Bloomington: Indiana UP, 1981), pp.42-43.

⑥魯迅這段話請參閱李歐梵 *Voice from the Iron House: A Study of Lu Xun* (Bloomington: Indiana UP, 1987), p.139.

⑦參閱 Fredric Jameson, "Postmodernism and Consumer Society," in Hal Foster ed., *The Anti-Aesthetic Essays on Postmodern Culture* (Washington: Bay Press, 1984), p.114.

⑧ Seven Connor, *Postmodernist Culture: An Introduction to Theory of the Contemporary* (Oxford: Basil Blackwell, 1989), p.178.

⑨ Ibid, p.176.

⑩ Ibid, p.176.

⑪ Ibid, pp.176-77.

香港電影的歷史痴呆症

◆吳昊

香港電影中的中國歷史

「中國歷史已經死在香港電影。」

一九九三和一九九四年間香港拍攝了頗多以現代史爲時代背景的武打電影，可能主要原因與大陸開放給香港電影進內地拍片有關，尤其容許在名勝古蹟裡取景，但最荒謬怪誕之處，這些電影不但沒有增加歷史感覺，而相反的，更加胡言亂語，任意竄改，混淆眞相，不負責任。可以這樣說，中國歷史已經死在香港電影。

本文所討論到的電影包括：《黃飛鴻III：獅王爭霸》、《黃飛鴻IV：王者之風》、《黃飛鴻V：龍城殲霸》、《鐵猴子I：白蓮邪神》、《鐵猴子II：武狀元》、《鐵猴子III：壯士斷臂》、《一刀傾城》、《蘇乞兒》、《方世玉續集》、《醉拳II》、《火燒紅蓮寺》、《白髮魔女傳續集》等。

其實電影理論家，如華沙(Robert Warshaw)等早就指出過，類型電影「對其他類型及本文的指涉往往多於對歷史的指涉」，①一向對歷史事件不重視，只愛借題發揮，製造傳奇。正如美國西部片大師約翰・福特的經典作《雙虎屠龍》(*The Man Who Shot Liberty Valance*)，徘徊於史實與傳說之間，當參議員史托德向記者披露往事，揭出眞相，當他與惡霸決鬥之際，其實是他的槍手朋友在暗角施放冷槍把惡霸射殺，而他卻被群衆捧爲英雄，名垂青史。眞相揭露之後，記者回報館問編輯意見，而編輯大人（亦代表類型電影的態度）答得肯定：「當史實與傳說不符合的時候，把傳說發表出來。」

雖然如此，類型電影仍非離經背道，照樣依循歷史時序（何時何地何人發生）進行敍事方式，只是從中加入傳奇色彩而已。

總不像上述武打電影，對歷史胡說八道，例如《鐵猴子》片集，竟可以將現代史兩件轟天動地的事情，鴉片戰爭（一八四〇年）與維新運動（一八九八年）扯在一起，還安排林則徐與光緒皇帝會面，在電影裡所做成的荒謬性是很難忍受的，亦嚴重挑戰類型電影理論的容忍度，更肆意殺害中國歷史。

還有對黃飛鴻這歷史／傳奇人物的處理（因被香港影界視爲武打電影的最重要英雄形象，和票房的保證），更加極度盲目。做爲歷史，黃飛鴻的生命歷程，大約是由一八五五至一九二四年之間，②但做爲傳說，電影把他安排與林則徐一起禁煙（一八四〇年，《蘇乞兒》），也可延續到與少帥張學良有一面之緣（一九二八年前後，《醉拳II》），其經歷橫跨一世紀，絕對匪夷所思的了。

由割裂回歸到淪爲癡呆的中國歷史文化認同

香港人是患有嚴重的歷史癡呆症，有遠因，亦有近因。

過去，英國殖民地政府有意將香港從中國文化割裂開來，反映在教育制度上，不鼓勵學生們對中國歷史（特別是現代史）有所認識，使得中學生們普遍是「歷史盲」，甚至連鴉片戰爭都搞不清楚（大陸拍攝的《林則徐》在港曾經長期禁映）。

在過去，香港殖民地教育有意抹去很多歷史眞相，六〇年代中學的中國歷史課程只到辛亥革命民國成立爲止，以後的全部欠奉。而最微妙的鴉片戰爭（香港割讓），課本中寥寥數字，教師含糊其辭，學生則聳聳肩不明所以。

那個年代要進入大學，選修中國現代史，才有機會讀到共產黨的興起、國共內戰、日本侵華、四九年解放（亦至此爲止），香港學生已感雀躍萬分，總覺高人一等，知人所未知。殖民地的精英教育，主要是把知識變成權力，只要你知道得比人多，你就高高在上，那時期的大學，確實教懂大家這一點。

長久以來，香港人是患著「歷史癡呆症」，八○年代初做過一個統計，中學會考成績最差的其中一個學科就是中國歷史了。

直到草簽前後中英問題鬧烘烘的，掌管「知識就是權力」的社會精英份子（如政客、教師、商賈），各爲其主、各有目的，開始盡量在傳媒、書本上向大家（特別是年輕人）灌輸中國與香港關係的歷史知識，爲「香港回歸中國論」合理化，亦試圖將割裂的香港重新與中國做文化認同。

可惜，最重要、最慘烈的歷史一課，是八九年六四事件，大陸政權的野蠻、封建、落後、腐敗暴露無遺，歷史癡呆症的我們才醒覺到香港回歸就是送羊入虎口，那震撼性是史無前例的，這才明白到在歷史上我們從未學懂過些什麼，還是繼續的癡呆下去（心理倒退）好了。

大陸官方一直在混淆眞相，視民運爲暴亂，出版官方電視特輯與畫册《北京風波紀實》，指出：「這場風波並非一次偶發事件，而是極少數懷有政治野心的人，經過幾年的醞釀、預謀、策劃而煽動起來的一場政治動亂，旨在顚覆社會主義的人民共和國……海外、國外一些政治勢力和反動組織一開始就揷手這場動亂……造謠惑衆，推波助瀾，唯恐中國不亂。」③

睜大眼睛說謊話。

香港人對中國歷史文化的認同，由割裂，到回歸，到再淪爲癡呆，眞慘烈！

既然執政者都可以胡亂爲歷史事件撒謊，而做爲蟻民的香港電影工作者（大多數都是殖民地教育產品）又爲什麼要忠於歷史？他們越肆意的竄改中國歷史，越反映其反叛的心緒，象徵著中港文化的徹底割裂。在九七年回歸之前，這樣的精神割裂，簡直諷刺萬分。

且看看中國歷史如何被香港電影毫不留情地殺害：

《黃飛鴻III：獅王爭霸》，俄國人刺殺李鴻章（絕對荒謬。相反，俄國沙皇極「珍惜」李鴻章，利用他帶給俄國大量利益。李鴻章反而在日本遇刺，刺客當然是日本人）。④

《黃飛鴻IV：王者之風》，最爲無稽，八國聯軍出動鐵甲蜈蚣、怪鳥等，與黃飛鴻獅王爭霸。

《鐵猴子I：白蓮邪神》，把「反清復明」的白蓮教（一八〇一年瓦解）與「扶清滅洋」的義和團（一八九九年興起）混爲一談，雖然二者略有脈絡相承，但意識形態各異，不可混淆。

《醉拳II》，更加可笑，竟有洋人做了白蓮教領袖。

《鐵猴子II：武狀元》，林則徐在佛山「燒鴉片」（應該在虎門才對），用火把燒，更加不符史實，是用石灰混合鴉片，再放進海水，「銷鴉片」。而最荒謬，鴉片戰爭的林則徐（一八四〇年）竟上京面稟維新運動的光緒皇帝（一八九八年）。

《蘇乞兒》，黃飛鴻義助林則徐禁煙，但在一八四〇年黃飛鴻還未出世。

《黃飛鴻V：龍城殲霸》，黃飛鴻大戰香港海盜張保仔，亦是沒有可能的，因爲張保仔是在一八〇六至一八一〇年活躍於香港海面，跟著接受清廷招降，死於一八二二年。

《一刀傾城》，大刀王五是黑旗軍隊長，抗日失敗自殺不死，遇譚嗣同結交，參與維新，大戰武功高強的袁世凱（謬誤之多，不勝枚舉，黑旗將軍劉永福只在台灣抗日，大刀王五「少為盜，出沒燕豫秦隴間……得財濟貧困，稱義盜，因棄自首，有司嘉其義，薄責釋之，乃設鏢局於京師……」⑤從未參加過黑旗軍，更沒有遠赴台灣抗日。而袁世凱當然不是武林高手，更沒可能血戰大刀王五）。

《白髮魔女傳續集》，吳三桂引清兵入關，陳圓圓憤而投崖自殺，為白髮魔女所救，自此淪為禁臠，與白髮魔女有同性戀關係……

新歷史主義痕跡

剪不斷，理還亂。

把歷史扭曲得如此恐怖，除了以上一些藉口之外，還會想到些什麼？

首先，總想起後現代主義(Postmodernism)來了，這是資本主義後期的文化邏輯，充滿情緒波動：怨恨、憤怒、疏離、憂慮、窮困、種族主義、性別仇視、懷舊、保守地追尋過往，但又對過去和現在不設明確的分界線。⑥

後現代主義懷舊，但不注重歷史感，它把過去放在現在（例如把三〇年代的建築設計用於現今大廈），把舊文化包裝為新文化，用過去譏笑現在。在某種程度上，它剝削著歷史。

於是，從後現代主義引申出「新歷史主義」(Neo-Historicism)來了，由一群美國學者如古德曼(David Goodman)、艾墨斯(Elizabeth Deedos Ermarth)、福山(Francis Fukuyama)、詹明信、

湯瑪斯(Brook Thomas)、奧斯本(Peter Osborne)等，透過一些學院雜誌，將其晦澀難明的文字刊出，發表他們的新歷史宣言：

(一)傳統的歷史主義重視編年式時間觀念，對事件的前因後果看得很重要，但新歷史主義對這方面忽略，強調歷史的「質性」(qualitative)而非歷史的「編年性」(chronological)。

(二)傳統的歷史主義一向依循歷史時序（何時何地何人）和因果關係進行其敘事方式，但新歷史主義找尋新的結構方式講述歷史，替過去提供「新的聲音」。

(三)「新歷史主義試圖在過去裡找尋新貌，而後現代主義卻試圖在現在裡找尋舊貌。」⑦

相信，近日最出色的一部「新歷史主義」電影首推《阿甘正傳》(*Forrest Gump*)了，一部用悲喜劇結構講述美國歷史的獨特的影片，以一個只有智商七十五的思想遲鈍者（湯姆・漢克斯演來絲絲入扣）走過六〇年代、七〇年代、八〇年代……不重視「編年」，只重視「質性」，講出美國的歷史就是一件件的暴力事情，既荒謬、滑稽，而且可悲……更尋求新的結構方式講述歷史，用電腦特技改造過去的歷史紀錄片，使得現在的湯姆・漢克斯／阿甘能與過去的甘迺迪總統、詹森總統、尼克森總統、披頭四的約翰・藍儂談話，帶出「新的聲音」：「這些偉人都死了，但我們的小人物還活著，平凡有什麼不好呀！」

好了，審視一下我們那堆片子，似乎亦有一點的新歷史主義痕跡。

較明顯的要算《一刀傾城》(洪金寶執導)，它似乎在歷史事件裡提供了「新的聲音」，它在清末維新運動裡看到六四民運的心緒：

先是民運的視死如歸，譚嗣同那一句「做大事不是大成就是大敗」、大刀王五那一句「中國沒前途，我們沒後路」，絕對是緊守廣場者的心聲。

繼而對民運「通緝犯」救援，大刀王五劫獄，挑戰「京城四獄」武林高手之一于萬山（導演洪金寶客串），王五說：「中國自有監獄以來，監禁的多數是好人！」于萬山答：「我不是歷史學家……一切輸贏定對錯！」

沒錯，民運輸了，它就是錯，被扣上「暴亂」的帽子。

當然再一次強調「新的聲音」，讓王五對譚嗣同說：「中國始終會走你的路！」

順帶一提，應該是《火燒紅蓮寺》（林嶺東執導），它具備新歷史主義的嘲諷（mocking）精神，以悲喜劇的結構講述六四民運的失敗：

片頭字幕，「現代野史，胡言記載：清雍正時，少林謀反，清兵圍剿，火燒少林寺……，徐克亂語：少林弟子有不少逃去舊金山、香港。」

拘禁少林弟子的紅蓮寺其實就是拘禁民運人士的秦城監獄，變態獄吏（最高領導人）對政治犯進行思想改造：「紅蓮寺（秦城監獄）就好像江湖那麼險惡，有門戶（政治理想）就有鬥爭，只要放棄自己的門戶（政治理想），紅蓮寺（秦城監獄）就會自動消失，要承認一朝天子一朝臣，如果你們執迷不悟就會自取滅亡。」

六四民運也是年輕人想改變社會的一股運動，變態獄吏（最高領導人）警告大家：「別以爲年輕就不知天高地厚，你輸得起嗎？我要你們青春一刹那間消失！」

更尖酸刻薄的「聲音」，自《黃飛鴻V：龍城殲霸》（徐克執導）傳出，編導捧出人瑞海盜張保仔（歸降官府後，明做官暗做賊）影射當今中共最高領導層的老人政治，譏諷他們「自私自利，無法無天，吃得開心，睡得安寧」，所以長命百歲。還有，該片是一個預言九七年接收香港時出現混亂局面的戲謔話題：過渡期的衙門／香港，必然淪落於腐敗官僚手上。

恢復對歷史文化的記憶

這既是不能否認的事實，亦是存在的危機。事實是生活在後現代的人，不管中國、美國，還是香港，基本上對歷史的記憶愈來愈短，因爲跟生活沒有關係，因此五四和唐代對他們來說都差不多……倘若在課堂上教授文學眞能發揮作用的話，最大的作用就是幫助學生的文化記憶甦醒，因爲沒有記憶的人將會非常悲慘……

李歐梵教授在一九九四年九月四日香港《信報》接受訪問時，非常語重心長的講了以上一番話。患上歷史癡呆症的香港電影遠征台灣、遠征大陸、遠征東南亞、遠征全世界的華埠，影響最大最深，癡呆症就會像瘟疫一般傳染全球華人（特別是大陸觀衆，他們的文化水平很低落），海峽兩岸三地的歷史意識將會崩潰，華人的「文化身分」(cultural identity)將會死亡。

死亡是自我的消失。但自我是什麼？那是我們記憶中所有東西的總和，而忘記其實是生命中恆久存在的一種死亡形式。我們後現代人忘記得太快，所以「死亡」得更快。

舊歷史主義者也好，新歷史主義者也好，請不要容忍香港電影對歷史做過度的胡言亂語，救救大家的文化記憶，讓我們能夠生存得長久一點吧。

註釋

①楊明昱，《黃飛鴻II——男兒當自強》：武術再現的政治〉，《海峽兩岸電影學術交流研討會論文集》，九八頁，台北：輔仁大學大衆傳播系，一九九三。

②吳昊，《香港電影民俗學》，一四七頁，香港：次文化堂，一九九四。

③畫册編委會，《北京風波紀實》，第一頁，北京：北京出版社，一九九三。

④陳淑銖，《李鴻章——晚清政治靈魂人物》，一一〇頁，台北：幼獅文化事業公司，一九九〇。

⑤古今談編委，《古今談》月刊，一三七、一三八期，三九頁，台北：藝文誌文化事業公司，一九七六。

⑥Norman K. Denzin, *Images of Postmodern Society, Social Theory and Contemporary Cinema,* Preface Ⅶ, London: Sage Publications, 1991.

⑦Brook Thomas, *The New Historicism and Other Old-fashioned Topics,* p.25, Princeton: Princeton University Press, 1991.

參考書目

羅香林，《劉永福歷史草》，台北：正中書局，一九五七。

陳淑銖，《李鴻章——晚清政治靈魂人物》，台北：幼獅文化事業公司，一九九〇。

輔仁大學大衆傳播系，《海峽兩岸電影學術交流研討會論文集》，台北：輔仁大學，一九九三。

知識出版社，《中國近現代史大事紀一八四〇—一九八〇》，上海：知識出版社，一九八二。

古今談編委，《古今談》月刊，一三七、一三八期，台北：藝文誌文化事業公司，一九七六。

李時岳，《近代中國反洋教運動》，北京：人民出版社，一九五八。

夏家駿，《清代中葉的白蓮教起義》，北京：中華書局，一九七四。

吳昊，《香港電影民俗學》，香港：次文化堂，一九九四。

F. Barker, P. Hulme, *Postmodernity and the Re-readings of Modernity*, Manchester and New York: Manchester University Press, 1992.

Frederic Jameson, "The Cultural Logic of Late Capitalism", *New Left Review*, 146,1984.

Norman K. Denzin, *Images of Postmodern Society, Social Theory and Contemporary Cinema*, London: Sage Publications, 1991.

Brook Thomas, *The New Historicism and Other Old-fashioned Topics*, Princeton: Princeton University, 1991.

David Goodman, Postmodernism and History, *American Studies International*, October 1993.

Madan Sarup, *An Introductory Guide to Post-structurism and Postmodernism*, New York: Harvester Wheatsheaf, 1993.

Peter Bogdanovich, *John Ford*, London: Studio Vista, 1967.

大陸電影部分

中國大陸社會觀念與電影理論發展

◆胡　克

在一九七七—一九八八年間，隨著中國大陸社會及其觀念的發展，電影理論相應有所進展，開始從一元化走向多樣化，從幼稚走向比較成熟，在許多方面完成了啓蒙階段。本文將簡要回顧電影理論發展概況，並探求促使其發展的社會原因。

一、對電影自身的認識

一九七七、一九七八兩年，儘管全社會都在集中批判「四人幫」，社會生活有所改觀，但是中國大陸究竟向何處去，這個根本問題始終未定，究竟是使社會恢復到「文化大革命」前的狀況，還是促進社會有較大變革，完成現代化進程？一九七八年底，以鄧小平爲代表的政治路線佔據上風，提出要解放思想、實事求是，強調「實踐是檢驗眞理的唯一標準」，後來又發展成「一個中心，兩個基本點」的路線，即「以經濟建設爲中心，堅持四項基本原則，堅持改革開放」，這爲中國大陸各項事業發展確定了基本方向；同時也構成了影響社會觀念發展及電影理論研究的最基本的社會條件。

一九七九年初，電影理論除繼續對「四人幫」進行政治批判，以及重複「文化大革命」前的一些文藝理論論題外，開始謹慎地轉向對電影自身規律的摸索。

這出於兩方面的需求：

一方面是創作的需要。「文化大革命」對社會生活造成的巨大影響，爲電影創作提供了豐富的素材，但是，現有的電影表現技巧極其陳舊貧乏，創作者們苦於找不到新穎而又恰當的藝術形式表現豐富的社會生活。自五〇年代初以來，大陸佔主導地位的電影觀念始終強調內容決定形式，形式完全爲內容服務，因而極少研究單純形式方面的問題。而單一僵化的內容，只需要單調僵化的形式表現足矣，這必然窒息電影形式的發展。大陸長期閉關鎖國，電影界很少接觸世界電影新鮮生動的表現形式，不能借鑑他人經驗，電影技巧自然單調乏味。因此，加強對電影形式的研究，解決創作的燃眉之急，成爲電影理論義不容辭的任務。

另一方面，這也是電影理論自身發展的需要。長期以來，電影理論沒有取得獨立的學術地位，經常成爲政治的附庸，或做爲政治鬥爭的工具，或服從暫時的政治需要，宣傳解釋具體的方針政策。有時又把電影理論混同於一般的文藝理論或文學理論，很少有人把它看做是專門研究電影的獨立學科。在許多人看來，用一般的文藝理論或文學理論完全可以應付電影方面的理論要求，從而取消了電影理論存在的根據。即使承認電影理論有理由存在，也往往用電影評論代替電影理論研究，認爲對影片進行簡單的社會學分析就是電影理論的主要任務。在新的歷史條件下，當電影理論工作者有了較多的發表意見的機會時，首先想到應該給與電影理論以獨立的學科地位，應該明確電影理論與社會理論及文藝理論的區別，把主要精力放到研究電影的自身規律上來。應該對電影理論進行科學的界定，結束電影理論與批評合一、基礎理論與應用理論混雜的狀況，使之逐步完善，成爲嚴謹的社會科學。

一九七九年開始的電影語言現代化的討論，就是對這些歷史要求的最初的回應。

一些論者針對中國大陸電影表現手法陳舊落後的狀況，提出要實現電影語言現代化；在電影系統引起廣泛討論，①此時大陸電影理論還未引進符號學概念，這時所謂的「電影語言」只是代指電影創作技巧。當時電影理論界選擇這個論題，儘管避開了直接的政治內容，但是仍然要冒一定的政治風險，因爲根據傳統電影觀念，內容形式不可分割，脫離政治思想內容，單純強調藝術技巧，是一種錯誤的文藝觀點。因此能夠把藝術形式做爲獨立因素提出來進行學術研究，無疑是一種進步。儘管還有一些論者堅持傳統觀點，但是大部分論者都意識到，爲了適應時代要求，應該借鑑世界成功經驗，豐富電影表現形式。這次討論尚欠深入，有的停留在概念辨析，有的局限於個人感覺，缺乏理論概括，但是畢竟已經開始探索電影自身的規律，儘管還沒有直接涉及「電影是什麼」這個本體論問題，但是完全有理由把它做爲電影本體論的先聲。

在傳統電影觀念中，電影與戲劇、文學密不可分，一些電影理論工作者試圖在觀念上使它們區別開來，從一九七九年起，引發了一場論戰。

一些論者提出：電影要「丟掉戲劇的柺杖」②、「電影與戲劇離婚」③，他們用這些看似過激的口號，向傳統的戲劇電影觀念挑戰。④從而進一步接近電影本體論。討論持續到一九八五年。

一些論者認爲，中國電影要發展，必須擺脫戲劇電影觀念，中國電影從誕生起就受到戲曲及文明戲的影響，以戲爲本而不是以影像爲本，所謂電影就是放映在銀幕上的戲劇。三〇—四〇年代，中國製片業受到美國好萊塢的影響，全面學習了戲劇化敍事技巧，基本形成了戲劇電影觀念。一九四九年後，大陸電影一直受蘇聯影響，看不到好萊塢衰落之後，世界電影潮流變化。又加上「左」傾政治路線佔有舉足輕重的地位，要求電影直接爲政治服務，起宣傳教化作用。一些創作者感到用戲劇化手法拍攝電影，易於圖解觀念，滿足政治需要。這些都強化了中國大陸特有的戲劇電影觀念。在七〇年代末八〇年代初，中國大陸社會逐步對外開放時，電影界才發現自己的電影太落後，於是一些論者認定戲劇電影觀念是最大的絆腳石，非一腳把它踢開不可。

對上述觀點持異議的論者以爲，中國電影重視文學性和戲劇化是特點，而不是缺陷，戲劇化的電影幾十年長盛不衰，絕非偶然，說明它能夠適應中國觀衆的欣賞習慣和審美要求，顯然繼承了優秀的民族文化遺產。中國電影應該在保持優良傳統的基礎上創新。「文化大革命」後電影創作水平普遍比較低，當務之急是提高創作質量，爲此應該多從文學、戲劇等方面借鑑成功經驗，不必武斷地一刀切斷電影與文學、戲劇的聯繫。

這場爭論，雙方立論的出發點不是同一理論層次，前者屬本體論，後者屬創作論，孰是孰非，殊難定論。如果從歷史的必然要求方面考察，批評戲劇電影觀念的論者試圖從電影自身的美學特徵，和電影的特殊表現手段等方面界定電影本質，應該看做是逼近電影本體論的重要里程碑。其實這些論者也並非輕視電影劇作的作用，而是另有用意。當他們主張切斷電影與戲劇、文學的聯繫時，是希望以此切斷電影與「左」傾政治路線的聯繫。在他們看來，如果從事的電影事業取得相對獨立的地位，可以不必直接爲政治服務，少受政治干預，那麼，他們個人也就可以減少對政治的依附，淡化與政治的聯繫，因此，這或許也可以看做是謹慎小心地爭取自身權益強調個人價值的呼聲，儘管他們自己並沒有清晰地表述過這一點。

總之，在這個時期，社會進步的要求與電影觀念理論的發展方向一致，但是二者的聯繫並不是非常明晰，需要認眞辨析，才能找到互相促進、互相印證的線索。

二、紀實美學

一九七九年後，社會倡導思想解放、實事求是，知識份子階層思想空前活躍，許多以前連想都不敢想的問題被提出來，一些理論禁區開始被觸及。但是，由於長期執行「以階級鬥爭爲綱」的「左」傾政治路線，人們對於大規模政治運動心有餘悸，許多知識份子對於社會科學研究的態度非常謹慎，這種社會心理反映到電影理論研究方面，顯示了下述特點：

其一，注重理論問題提出和討論的時機。中國電影理論長期進展緩慢，存在大量空白，無論提出什麼問題，都具有開創作用。但是並非每一種理論的提出都會引起整個電影界的興趣，成爲共同的話題，因此，需要把握時機。在當時既不能提純學術問題，又不能過分觸及現實政治，而是要求二者兼備，適可而止，既有學術價值，又有廣泛的社會性，以引起人們的普遍關注。

其二，電影理論要求少而精，以一當十。由於有太多的實際問題等待解答，太多的基礎理論研究領域需要開拓，電影界沒有耐心等待學者們長期潛心研究，逐一回答理論問題，往往要求一個問題提出來，引起各方面興趣，答案可以使各個層面的問題迎刃而解。論述方式不是經院式的演繹推導，而是引發論戰，取勝一方的觀點會被看做是包治百病的靈丹妙藥。

其三，需要引進外國理論。因爲中國社會長期封閉，思維方式單一，不會憑空產生新的學術觀點。國門初開，各種社會觀念電影理論一擁而入，大陸電影界更耐不住性子等候理論家從頭探索，引進外國理論是必然的選擇。由於國情不同，在介紹和評述外國（主要是西方）電影理論時，往往各取所需，爲己所用，重新建構，以滿足大陸的現實需求，因此難免存在大量曲解、誤讀、斷章取義、改頭換面等情況。

在八〇年代初，適應這三個條件的電影理論是紀實美學，於是被率先引進，風行一時。

一些電影理論研究者已經朦朧地意識到，傳統電影理論是三位一體的，即：革命現實主義與革命浪漫主義、戲劇性、蒙太奇手法。電影作品的內容是革命現實主義與革命浪漫主義的，不重視現象眞實，而注重社會本質眞實。這在創作實際中，有時會產生比較大的主觀隨意性，經常把某種政治觀念做爲社會本質加以圖解。在設置人物及其衝突時，強調戲劇性，強化二元對立，把人物之間的衝突直接做爲對立階級之間的鬥爭，勢不兩立，針鋒相對，推向高潮，把取勝一方的觀念做爲社會發展方向予以倡導。在電影攝影手法上，基本綜合蘇聯與美國好萊塢的蒙太奇手法，形成一套簡單明確的電影表現手段，使影片中做爲兩個階級的代表人物的矛盾鬥爭清晰，前因後果明確，主題單一，便於觀衆接受。

當國外學者在美學上把長鏡頭與蒙太奇相對立相比較時，啓發了中國大陸學者，他們借鑑了巴贊、克拉考爾等人的電影理論，提出來紀實美學，其目的是要使之成爲一種涵蓋許多層面的理論，與傳統理論（特別是蒙太奇理論）相對立，以便取而代之。由於實用目的強，時間緊迫，來不及對外國紀實美學全面了解，消化吸收，難免出現一些理論偏差。另外，大陸學者也有意對其有所取捨，特別是對其哲學基礎（如存在主義、現象學等）棄之不顧，對西方紀實美學重新闡釋，成爲中國式的紀實美學。

首先，它被當做電影本體論，試圖從哲學角度回答「電影是什麼」這個根本性的問題。當大陸學者引述西方學者的觀點，認爲電影的本性是通過影像和聲音記錄現實，使物質現實復原時，談論的並不僅僅是電影的哲學問題，它具有論戰性，實際上隱含著要否定這樣的傳統理論，即：電影中的影像未必反映社會本質眞實，人們親眼所見的社會現實未必反映社會本質眞實。

其次，它在實踐中經常被當做一種極端寫實的創作方法，由於「左」傾政治路線文藝路線長期影響，使一些電影作品存在大量虛假的情節和人物形象、空洞無物的說教，粉飾現實，掩蓋社會問題，其理論根據如前所述，是「社會現象未必反映社會本質」。在創作實踐中，紀實美學針鋒相對地倡導用影像直接記錄社會現實，揭示社會問題，讓觀衆產生身歷其境之感，並由此感悟社會現實的問題所在。它啓發觀衆在觀察社會時，提高自信心，相信親眼所見是眞實的，因而紀實美學的提出起了視覺啓蒙的社會作用。

第三，在電影藝術表現層面，形成一套比較完整的表現手段和技巧，它要求在電影構思和創作中重視用視聽手段記錄現實，強調劇作、導演、表演、攝影、美工、錄音、服裝、化妝等方面，都注重接近生活原貌。

紀實美學在理論上有明顯的缺陷，即：把電影影像等同於社會現象，把社會現象等同於社會本質，這是不夠嚴謹的。任何影像都是人爲加工的產物，嚴格依照紀實美學攝製的影片，只是一種更接近現實原貌的非現實影像。況且，紀實美學做爲一種電影理論，其容量有限，不可能涵蓋過多的理論層面，負載過多的社會意義。把「紀實美學」與「蒙太奇理論」完全對立，不足以概括新舊兩種電影觀念的差異，在創作實踐中，過分強調這兩種技巧的水火不相容，實無必要。

從社會觀念發展考察，紀實美學的理論和實踐標誌著電影工作者已經不是僅僅要求擺脫政治束縛，躲進世外桃源，但求自身平安無事，而是更關心社會，關心人民大衆，熱中於啓蒙運動，體現出一種人道主義精神。他們提倡紀實美學的本意是要對社會現狀發表自己的看法，要利用電影影像揭露社會的不合理現象，以取得廣大民衆的理解，以便改良社會。這反映出知識份子階層要求在社會生活中擁有更多的發言權。由此可見，紀實美學在本質上成爲一種權力話語，那麼，它在理論上的一切不嚴謹都是必然的，也是可以理解的。

三、第五代電影對理論的衝擊

一九七九年以來，電影創作與電影觀念同步發展，推陳出新的創作不斷爲電影理論提出新的研究課題，無形中對電影理論的發展起了督促和鞭策作用；每一種電影理論也都參與倡導創作，對創作加以規範。這種和諧局面被第五代電影打破了。⑤《一個和八個》、《黃土地》、《獵場扎撒》以及稍後出現的《黑炮事件》、《晚鐘》、《紅高粱》等相繼問世，其中大部分在國外電影節（或電影展）中獲獎，舉世震驚，創作是在「文化大革命」後由電影院校培養的年輕專業人員，一般稱爲「第五代」。

第五代及其代表作品的出現有歷史必然性，標誌現代電影在中國大陸的初潮，但是電影理論界事先卻對此毫無察覺，也沒有做好充分的理論準備去應對這種衝擊。當時的理論水平也不足以對他們的作品進行全面細微的分析總結，驚喜之餘，理論界倉促上陣，嘗試歸納它們的特點，主要觀點概括如下：

㈠影片主題多義，意義由觀衆自己闡釋，衆說紛紜，有別於傳統電影的主題鮮明單一，直接向觀衆灌輸。

(二)藝術形式新穎，甚至有些反常規，創作者似乎有意爲之，特別是不同於好萊塢式的傳統表現技巧和敍事方式。他們以形式的創新帶動內容的突破，有別於「重內容輕形式」、「內容決定形式，形式服務於內容」的傳統觀念。

(三)創作者有強烈的自我意識，藉電影抒情言志，表達自己的切身感受，使作品帶有鮮明獨特的個人風格，他們似乎並不在意一般觀衆是否會理解接受，其結果是，大部分影片專家讚不絕口，觀衆反應冷淡。

第五代的出現，在社會上引起一些震動，折射出一定的社會觀念。

首先是促使中國大陸近現代歷史觀念多樣化。在此之前，人們習慣於從政治權更迭的角度認識歷史，只把政治家尊爲偉人。把二十世紀歷史人物完整地分代自電影始，後來傳到其他領域，其中包括政治領域，影響很大。實際上把人物分代的過程也就是認識歷史發展階段的過程。受電影分代的啓發，人們認識到，社會歷史會給每一時代留下烙印，使同一時代的人具有大體相近的特點，使作品也顯示出許多特性。由此認識到在歷史長河中，每一時代的人承擔的使命和局限，進而把握中國近現代歷史及其發展趨勢。因此，認清時代與人的關係，是中國大陸知識份子階層對於自身認識的一種深化。

第五代影片在創作和製作中，並沒有受到海外政治經濟文化的廣泛影響，不料卻引起海外關注，這使中國電影界有機會認眞反省本土與海外、傳統與現代的關係。

有些人意識到，既然大陸電影可以被海外理解，那麼大陸的一切都有可能被世界理解，大陸不必擔心被世界孤立。大陸電影界隨海外一片讚譽之後不斷提高對第五代的評價，表明人們開始消除長期閉關自守造成的害怕與外界交往的膽怯心理，逐漸產生自信，急於與外界溝通，希望被世界接納。其中的激進份子急於要引進外來文化，衝擊中國文化的守舊意識，更反映出擔心中國大陸重新閉關鎖國與世隔絕的深層心態。

另一部分人並沒有被海外此起彼伏的讚譽之聲所陶醉，他們本能地揣摩海外人士的動機何在。這反映了他們對外來文化侵襲的潛在憂慮和恐懼。這一方面是由於近代以來中華民族長期飽受西方列強欺侮，使他們記憶猶新，擔心外來勢力捲土重來。另一方面由於長期在封閉狀態中自尊自大，難免在社會開放時怯懦自卑，若有所失。因此他們主張固守傳統文化。

像海外許多國家和地區的電影新潮一樣，造成強烈衝擊僅數年，大陸第五代電影便逐漸沉寂。這只能從產生它的時代和社會中尋找原因。

第五代產生於面臨深刻變革的舊電影經濟體制，這種體制對所有審查通過的影片一律統包盈虧。第五代影片顯示的意識形態比較複雜，一方面它們具有強烈的反傳統傾向，另一方面一般不對現實政治直接發表意見，因而准予發行。但是，當這種高度集中的經濟體制開始改革時，這種影片因經濟效益不佳而得不到資助。

第五代電影離開了直接爲政治服務的舊軌道，又拒絕進入商業電影軌道，它採取反好萊塢式的電影手法，有意製作陌生化和疏離感，造成普通觀衆的讀解困難，被認爲是反商業電影反大衆文化的典型。但是，這時正是商品經濟復甦的重要時期，廣大觀衆以新奇的感覺品嘗著文化快餐式的商業電影，一些專家也把好萊塢電影推崇爲藝術的最高境界，他們沒有心思藉電影去反思傳統文化，第五代電影受冷落是不可避免的。

當時改革開放方興未艾，社會環境比較寬鬆，社會思想比較自由，各種社會思潮湧入大陸，改變著傳統的社會觀念，這必然會影響到電影理論，因爲電影理論界正在尋求突破傳統理論的機會和方式，由於大陸電影理論發展對電影創作的依賴性很大，人們習慣從電影創作中尋找課題和立論的依據，第五代電影正好滿足了電影理論從一元化走向多元化的需要，它在內容與形式方面的反傳統，爲理論工作者的讀解和闡釋提供了最佳正文。各種理論背景的學者通過闡釋這些影片，既宣揚了自己的理論觀點，又顯示了才能和智慧，使他們產生一種「讀解的快感」。這對於嘗試引進和發展現代電影理論的學者來說，更是千載難逢的機會，因爲他們不僅可以向大陸介紹西方現代電影理論，而且可以運用它們具體分析大陸電影問題，使之在大陸電影理論中站住腳，與傳統理論、紀實美學鼎足而立。

至於現代電影理論在大陸的發展流變是一篇大文章，因篇幅有限，不能詳述。

四、關於娛樂片的理論

大陸所謂的「娛樂片」即指商業電影，是一種約定俗成的稱呼。八〇年代以來，大陸大量拍攝娛樂片，但是電影理論界對此並不關心，一直沒有把娛樂片做爲重要的話題。一九八七年初，一些電影理論工作者敏銳地察覺到娛樂片成爲重要的社會文化現象，提出了一些新的觀點，主要論點有：

從社會發展的宏觀角度考察，認爲娛樂片是社會政治經濟結構變化的曲折反映，娛樂文化、消費文化是對封建文化的反駁，是對傳統文化的衝擊和背叛。承認人有享受的要求，是對人的尊重，這會使社會更人道、更民主。

從人的心理結構角度考察，認爲重視娛樂片，也就是對於人的感性層次中，違背理性邏輯、道德準則的非理性的承認，這有助於構成更完整的人性結構。因此娛樂片是以其自身形式表達人的主題，是對人性的最基本要求進行溝通、對話。進而小心翼翼地呼籲，正視人的非理性的基本慾念，如窺視癖等。

從社會管理角度考察，認爲社會控制過嚴會對個體造成社會壓抑，娛樂片的主要社會功能是爲個體提供宣洩通道，緩解社會壓抑。⑥

大陸的娛樂片從任何角度考察都非常稚嫩，但是，一些電影理論家卻如此迫不及待地讚美以至誇大娛樂片的價值和作用，其原因只能從社會觀念發展中探尋。

由於執行改革開放的方針，商品經濟迅猛發展，引起社會發生一些變化：首先是人民大衆獲得實際的經濟利益，生活有所改善；其次是舊體制受到衝擊，社會生活逐漸民主和開放。這導致人們把社會變革的希望寄託於商品經濟的壯大，在社會觀念中必然會誇大商品經濟的長處，乃至不由自主地將其神話化。儘管人們也意識到了商品經濟發展帶來的一些消極因素，如：通貨膨脹、拜金主義、道德水準下降、特權與金錢的結合、腐敗現象普遍等等。但是人們擔心否定商品經濟，會助長「左」傾政治路線的勢力，打擊改革開放路線，使社會發生大倒退。這種社會心理必然會影響到電影生產和理論發展。

娛樂片是商品經濟的產物，它以市場爲導向，而不是以指令性計畫爲導向。它的實質是觀衆獲得一定的選擇自由，可以通過購票的方式，滿足自己的欣賞要求。儘管大陸娛樂片如同海外商業片一樣，本身並不能提供多少社會新思想、新觀念，但是商品經濟的經營方式多少會使觀衆感覺自己有一定的自主性，而且從娛樂片中他們也確實能夠感受到許多更接近他們思想水平的觀念。

電影理論界開始重視娛樂片有兩重目的，一方面從電影發展角度出發，要總結娛樂片的創作規律，認識電影的商業性，爲電影進一步走向市場做好理論準備。另一方面，當時許多西方科學理論、電影理論被介紹到大陸，一些理論工作者希望抓住娛樂片發展的機會，引進並且擴展一些理論。但是當他們試圖引用不同的理論從不同角度論證發展娛樂片的必要性，反而使娛樂片理論成爲無所不包的大雜燴。這些西方理論產生於不同的理論體系或流派，能否適用於中國大陸，只能聽憑大陸社會對它們的汰選。中國大陸的國情是：社會發展正處在工業化時期，完備的商品經濟體系尚未建立，人們的許多觀念正處在啓蒙階段，因此，許多資本主義上升時期的觀念受到社會的普遍歡迎，而產生於後工業時期，對資本主義進行批判的理論儘管與馬克思主義有聯繫，比較新穎，卻反而不被大陸社會接受。在一九八八年筆者曾指出：「一方面要看到電影的那種滿足人們觀賞慾望的作用，另一方面也應該意識到這種慾望有可能被人利用灌輸某種意識形態。」⑦而實際情況是，社會對前者更感興趣，對後者則置若罔聞。

對於一些娛樂片的理論，也有一些不同看法，有些青年學者指出：「實現電影商品化，就意味著向傳統文化、倫理道德觀念投降，反過來，這又直接地干擾、阻撓、破壞了工業文明的過程。」（李奕明）「後現代主義的一些社會問題在傳統中國封建文化的背景下取得了它新的生存的土壤。」（鍾大豐）「中國電影很可能全面地變成時尚的附庸。」（戴錦華）「這是一個從政治神話到消費神話的位移。」（李奕明）⑧這些觀點雖然新穎，但是沒有充分展開，畢竟社會觀念的熱點不在這些方面。

由於長期忽視，大陸娛樂片的實用理論極其貧乏，爲了幫助娛樂片提高水平，一些理論工作者不得不採用一個特殊的辦法：改寫西方現代電影理論中一些有關商業電影的論述，隱去其對資本主義意識形態的批判，用來正面論證娛樂片的價值和社會作用，總結創作技巧，幫助大陸電影界了解西方商業電影成功的訣竅。顯然這種電影理論在本質上與原版南轅北轍。這種改寫實在是迫不得已而爲之，它是前工業化社會向工業化商品社會轉變時，對待後工業社會激進理論的一種本能反應。

結語

一九七七—一九八八年，與中國大陸社會觀念大體同步，電影理論基本完成了啓蒙階段。其間，大陸社會對每一種電影理論的選擇、接受和普及都不是任意的、偶然的，只有那些與社會觀念發展相適應的電影理論，才能獲得生長和深化的條件。儘管電影理論界試圖廣泛借鑑和引進外國（主要是西方）電影理論，但是由於既要與大陸社會相適應，又要說明大陸電影現象，一些外國電影理論在引進過程中被選擇、改寫、誤用，是不可避免的，否則它們將會被拒絕。不可否認，中國大陸電影理論在這段歷史時期有了長足進展，基本塡補了主要的理論空白。但是，就電影理論自身建設而言，任何一個理論層面都沒有得到充分發展，更談不到全面深刻，有所創新、獨樹一幟，因爲社會沒有具備相應的條件。將來電影理論界仍然要尋找機會彌補這些缺陷。這是大陸電影理論發展的一些基本特點。

一九九二年十一月於北京

註釋

①有關討論的文章收入《電影觀念討論文選》（北京：中國電影出版社，一九八七年十二月第一版）。

②白景晟的觀點，見《電影藝術參考資料》，中國電影家協會主辦的內部刊物，第一期，一九七九。

③鍾惦棐的觀點，見《電影通訊》，第十期，一九八〇。

④有關討論的文章收入《電影的文學性討論文選》，第一版（北京：中國電影出版社，一九八七年十月）。

⑤關於第五代電影導演的劃分，難以確定最早的文字材料，可參見黃式憲〈中國電影「星座」及其藝術譜系〉，《當代電影》，第六期，一九九二。

⑥這些觀點可見：李陀、陳犀禾、郝大錚、孔都、姚曉濛，〈對話：娛樂片〉，《當代電影》，第一期，一九八七。

⑦姚曉濛、胡克，〈電影：潛藏著意識形態的神話〉，《電影藝術》，第八期，一九八八。

⑧戴錦華、李奕明、鍾大豐，〈電影：雅努斯時代〉，《電影藝術》，第九期，一九八八。

城市電影的文化矛盾

◆倪震

引言

城市的歷史變遷和文化矛盾在電影中的反映，是探討電影和社會之關係的一個重要視角。因爲，任何一個民族的現代化進程，實際上也正是城市歷史的進程。斯賓格勒（Oswald Spengler）說過：「人類所有的偉大文化都是由城市產生的。第二代優秀人類，是擅長建造城市的動物。這就是世界史的實際標準。這個標準不同於人類史的標準：世界史就是人類的城市時代史。國家、政府、政治、宗教等等，無不是從人類生存的這一基本形式——城市——中發展起來並附著其上的。」①中國的現代化進程，也毫無例外。幾十年來，中國城市經濟和文化發展的進退成敗，正是反映了工業現代化思想和農業文化觀念之間深刻的矛盾衝突的歷程。這種文化衝突，也必然地反映在中國城市電影的演變之中。

我著重探討城市電影和社會發展之關係的另一個緣由，是中國的城市電影一向比較地不被重視。近年來，國際上對於中國電影的興趣，正在開始增強，但是關注的焦點，始終以中國的農村和鄉土電影爲主。第五代電影所展示的瑰麗的黃土高原、古風濃郁的儀式和純樸的民俗人情，成爲東方文化的一種標誌和象徵，受到了一再的評述和分析。但是，過分的迷戀和捨此無他，令人想起中國成語裡的「刻舟求劍」。誠然，第五代電影宏觀的歷史視角和耳目一新的形式探索，確實是中國電影的一次劃時代的創新。借助於第五代電影回顧與反思的歷史視角，從影像中探究一種農業文化精神的歷史足跡和求變的慾望，無疑是一個引人入勝的角度。但是，這就是：「鄉土」和「自然」正是西方人眼中習慣了東方，是東西方文化格局裡被規定了的東方。然而，事實上，八〇年代中國城市電影的演進和嬗變，正是多面地描寫了中國社會轉型期的陣痛和沿革，和變革中的社會心態和人的命運，從而也必然地引發了電影形態自身的轉型。所以，本文的重點在於探討八〇年代中國大陸城市電影的演變及其文化矛盾。

探討中國城市電影的文化矛盾，實質上就是分析城市文化和農村文化的矛盾。因爲，中國的城市雖然歷史悠久，②在人口的數量、城市的規模、工業化程度……等方面，也達到相當的水平。但是，在工業文明和城市意識方面，卻處於相當初級的階段。這是因爲，一方面，儒家文化做爲一種傳統悠久的農業本位倫理文化，它的價值觀念、道德規範和感情模式，始終對人們的行爲模式起著持續而深廣的影響，成爲一種超越時代的傳統意識形態；另一方面，中國社會主義革命的成功，經歷了幾十年農村武裝革命和農村包圍城市的漫長道路，形成了具有農村文化特質的主流意識形態。它也必然地反映在電影和一切文化作品的審美理想之中。本文在針對城市電影文化矛盾的研討中，將採用社會學及文化學的分析方法，亦將涉及意識形態分析的方法綜合進行。阿爾都塞(Louis Althusser)關於每一種社會形態都一定會在進行生產的同時進行生產關係的再生產，和意識形態把個體調換爲主體的論述，③常常是研究某一社會文化矛盾時的參照方法。但是，像中國近半世紀以來如此複雜、遽變、多種意識形態重疊交織的歷史狀況，又很難用單一的視點分析概括，而應該盡量注重於辯證地、全面地觀照。

本文的重點是討論八〇年代中國大陸的城市電影文化問題。但是爲了使討論的展開獲得一個歷史性的前提，不能不對此前的中國城市電影作一個簡單的回顧。

一、城市電影的簡略回顧

城市文化和農村文化的對立，可以追溯到早期中國電影。

在三〇年代的上海，城鄉對比、貧富對立，城市中小人物的坎坷命運，成爲電影贏得觀衆歡迎的題材和故事。《春蠶》（一九三三）、《姊妹花》（一九三四）、《上海二十四小時》（一九三三）、《船家女》（一九三四）、《漁光曲》（一九三四），以其善惡對比、撻伐豪富劣紳的道德批判力量，建立了左翼電影最初的聲譽和影響。在這些影片裡，來自農村流落城市、受盡坎坷的主人公做爲善的化身；城市官僚、資本家或工廠主，以及流氓黑社會做爲惡的象徵，構成了中國電影道德神話的規定性符碼和二元對立的固定模式。城市和鄉村的形象及其意義，似乎捨此再無他種解釋。紙醉金迷、貧富不均、道德淪喪、無商不奸……，成爲銀幕上城市形象的主要展示方面。《馬路天使》（一九三七）運用從上到下搖移的鏡頭運動，表現白色的摩天大樓，做爲富豪階級的上層社會；低矮的貧民窟做爲地下的貧民社會，隱喻了貧富之間的善惡對立。在這裡，以高樓象喻城市形象，把城市這個實體本身也給與了否定性的判斷。而代表城市地下階層的貧民區，卻充滿了人情倫理和仁義之心。三〇年代電影史中兩部上座率最高的影片《姊妹花》和《漁光曲》，在故事層面上，都描寫了同胞姊妹或兒時好友的人生曲折和久別重逢。在意義層面上，都把城市做爲道德匱乏的負面性形象加以批判。《漁光曲》透過對漁村風光的渲染和讚美，對主人公少年時代純樸眞情的眷戀，寄託著一種道德理想和審美理想。這種故事模式和藝術情趣之所以引起反響，恰恰反映了城市觀衆的鄉土意識和儒家文化的倫理取向。

《一江春水向東流》（一九四八）是抗日戰爭勝利以後，在上海影響最大、放映時間最長的一部影片。這部以一個家庭的悲歡離合，來反映大後方和淪陷區人歷盡千難萬險、堅貞不屈抗日的影片，是四〇年代城市電影的代表性作品。在這部影片裡，主人公張忠一家人，被劃分爲城市和農村兩個營壘。而且，夫妻、母子、兄弟因戰亂而歷盡劫難的命運，亦被深深的打上了兩種文化的烙印——在城市中的哥哥張忠良，走上了從重慶到上海消極抗戰、腐化墮落的歧途；在鄉村中的弟弟張忠賢，站到堅決抗日，置身民衆的行列之中，成爲一心爲民的抗日英雄和人民教師。八年抗戰和天亮前後被隱喻爲城市中的腐敗厭戰和農村中的堅貞廉潔。張忠良在接收敵僞財產的洋房中恣意享受，而八十歲老母和久別的妻兒卻在棚戶區的貧困中煎熬。這種對比，把十里洋場是富人的天堂、窮人的地獄的結論，展現到淋漓盡致。城鄉階級對立的圖景變成了整個民族社會危機的縮影。在這裡，抗日民族戰爭的歷史評價被濃縮、置換爲城鄉文化對比的道德評價。

在三〇—四〇年代的中國電影中，左翼電影處在非主流的地位，和統治階級的官方電影構成相互對峙的局面。面對著國民黨統治階級的官方電影和好萊塢電影的城市神話，左翼電影從三〇年代到四〇年代後期的一貫主題，是城市對農村的壓迫，和來自農村的主人公們不屈的反抗。城市的腐化、城市的罪惡和反道德形象，在左翼電影中成爲了一種基本的符碼表徵和敍事定勢。值得特別指出的是，當時好萊塢電影以絕對的商業優勢出現在上海等中國大城市，以美國文化和城市英雄佔領電影市場的時候，左翼電影何以能用中國式的道德神話吸引衆多的城市觀衆？除了這些電影中的題材內容，確實反映了當時的社會問題和貧民階層的政治呼聲之外，它的善惡對比和道德褒貶總是和城鄉對立這個意識形態架構相關。而鄉村和鄉土，通常被視爲一種純樸的道德精神和傳統意識的本源歸宿。

一九四九年以後，由於政權的更迭引致了主流意識形態的巨變。中國大陸上的電影題材和主題都被新的文化語境所規定。講述農村武裝革命的農民戰爭的勝利成爲一種主要的歷史話語，佔據了五○年代初期的銀幕。就城市題材電影而言，不但產量逐漸趨少，城市意識和城市文化的表徵退居邊緣，而且經過一九五七年以後，對《情長誼深》、《上海姑娘》、《新局長到來之前》、《不夜城》等影片的政治批評之後，城市電影在一個時期之內幾近絕跡。④

由於農村和城市的歷史性對立，是貫串在中國革命幾十年歷程之中的一種戰略關係。農村文化做爲一種價值取向，在奪取政權之後，處在主流、中心的意識形態地位，就是合乎邏輯的歷史現象。城市電影的一個重要主題，是描寫來自農村和進入城市的士兵和幹部，如何保持純樸的本色，不受資產階級物質引誘，而實施對城市的文化改造。在不止一部影片裡，反覆展示了一種道德主義和懺悔的主題。《我們夫婦之間》（一九五○）、《霓虹燈下的哨兵》（一九六四）、《年輕的一代》（一九六三）、《千萬不要忘記》（一九六五）等等影片，或者描寫了剛剛進城的軍隊幹部、士兵，如何面臨物質享受和感情風波，險入歧途，終於幡然悔悟；或者批判了留戀城市拒絕到山區或農村去參加建設的自私自利、享樂主義的傾向。在這些揭示兩種文化衝突的影片中，最具代表性的例子，是《霓虹燈下的哨兵》。

《霓虹燈下的哨兵》是從一齣話劇改編而成的電影。描寫了一九四九年解放軍初入上海時，一個普通連隊的故事。它講述了來自農村的士兵和軍官，面對上海南京路這個十里洋場，經歷了一場兩種階級的精神、文化較量的歷程。男主人公陳喜──解放軍連隊中的一個班長──禁不住物質誘惑，誤入歧途，而在他的妻子，來自農村的一位純樸少婦，和連隊領導的道德啓示和感召之下，終於靈魂淨化，奮而自新。在這裡，階級鬥爭被濃縮爲農村文化和城市文化對立的圖景。而農村文化的優勢，是以一種代表著勝利的階級的道德力量得到的確立。因此，城市形象始終被做爲資產階級的負面化的標誌得到展示。

《霓虹燈下的哨兵》的故事，是描寫一九四九年上海。而這部影片的製作完成是一九六四年。如果「重要的不是被講述的故事年代，而是講述故事的年代」，那麼，在六〇年代中期，電影話語中再次強調農村文化的優勢對城市的改造作用，就是一個特別值得指出的意識形態現象。因爲，在六〇年代的中國大陸，它的歷史機遇和歷史選擇，是如何實施現代工業建設和城市文化建設，形成社會主義的工業文明的問題。而不是五〇年代之初農村文化做爲一種政治優勢在城市中得到弘揚的問題。因此，電影話語的重複與延伸，正好表明了生產關係再生產這一意識形態的功能的實施。城市電影中的文化矛盾，僅僅是一個側影。而其後出現的從一九六六─一九七六年爲期十年的「文化革命」以及「知識青年上山下鄉」、「接受貧下中農再教育」和「五七幹校」等等政策中所反映出來的農本主義思想，則是從更廣闊的社會範疇內，說明著中國文人深層結構和現實政策的關係。

一定的歷史語境決定著一定時期的電影話語。城市文化意識和現代化觀念的確立，只有在八〇年代改革開放、社會歷史變革的前提下，才能在文藝作品中得到切實的深刻的反映。

二、都市裡的村莊：人情化和道德化的精神島嶼

城市社會和農村社會相比較，各自的特徵大致可以分列如下：⑤

城市	農村
1.城市人口高度密集，數量衆多，居住集中；	1.鄉村居民點人口較爲稀少，居住點分散、疏離；
2.工業機械化生產；科技發達；商業服務業繁榮；政治和經濟管理集中嚴密；分工精細，依存性和職業流動性大；	2.農業經營，自然經濟爲主，農業手工業勞動爲多，行業較爲單一，固定性強；
3.城市社會階級、階層劃分細密；但社會流動性大；	3.農村的階層劃分簡單，而村、社、宗族的共同利益和是非觀念突出；
4.城市科技、交通、通信設施發達，人的思想開放，交流迅速；	4.農村交通和信息傳遞相對緩慢比較閉塞和保守；
5.城市居民的社交和人際關係面廣；但流動性大，個人獨立性強，情感方式趨於疏離和淡漠；	5.農村村民居住固定，人們在生產中聯繫密切，人際交往中的家族、鄰里親情十分重視；
6.城市商品經濟發達，人際關係準則以契約法、法律化爲規範；	6.農村自然經濟傳統深遠，人際關係原則以道德化、倫理化爲指導；
7.城市家庭結構趨於簡單，職能日趨減少，以消費爲主。	7.農村家庭結構複雜，兼有生產和消費多種職能，家庭和宗教法權強大。

兩種不同的社會結構和生存方式，形成不同的文化模式，雖然在現代工業文化衝擊和影響之下，現代農村的生產和生活方式也正發生著迅速變化，但是文化的演變總是比生產關係要緩慢和滯後許多年或許多世紀，尤其像中國這樣的農村特別廣大、農村文明特別悠久的國度而言，情況更是如此。

八〇年代初期，中國大陸的城市經濟獲得了全面的發展。對外開放和體制改革造成的經濟活力和生產速度，市場經濟的試驗和先進技術的引進，對城市文化的促進，都和前三十年有了完全不同的局面。城市生活方式的全面改觀也必然反映在電影的文化意識之中。

但是，在八〇年代初期的大陸城市電影裡，這種變化，往往表現爲兩個歷史時期的重疊和交織，表現爲歷史意識和情感眷戀的錯位。在一些描寫新歷史時期來到、主人公們擺脫以往的沉重歲月、開始踏進新生活的電影裡，先進的城市和落後的農村，被置於另一種矛盾對立的位置上。由於「文化革命」的政治衝擊和不幸命運，主人公被拋向農村，度過了長期艱苦歲月，回到城市面臨新生活的矛盾和人際關係的陌生，在《牧馬人》（一九八二）、《我們的田野》（一九八二）等影片裡，得到了非常典型的描寫。

謝晉導演《牧馬人》，是以一個在反右派運動中蒙受錯案的主人公，如何在農村的艱苦歲月中，獲得心靈上、情感上的重生的故事。而當他在十年動亂結束，政治上得到完全平反，回到現代化都市中和他久別了數十年的父親——一個從美國歸來的富有華僑——團圓重逢之時，他卻感覺到完全不能適應和承認城市生活的現狀和未來。影片的敘事策略，是將主人公許靈均蒙冤被貶的流放生活和西北草原上的鄉親們的人道主義關懷，以及患難之中的一段奇異婚姻編織起來，變成了他刻骨銘心的人生記憶。而這種記憶，成爲主人公，也成爲觀衆充分肯定的道德取向。在這裡，主人公的政治蒙難和不平遭遇，由於當地鄉親們的保護和溫暖，化解爲某種程度上的牧歌式的人生之旅，甚至是一種領悟人生眞諦的不平凡經歷。而從海外歸來的父親，由於當初和主人公的生母婚變而出國，成爲拋棄家庭的道德上的主要負罪者。這位雖然在海外擁有百萬產業的企業家，卻念念於在故土頭一塊墳地，以期老有所向，葉落歸根。蒙難的兒子，成爲道德和情感上的富足者，富有的父親，卻是「精神上的乞丐」。⑥這種鮮明的對比，成爲《牧馬人》意識形態評價上，對於農業文化進行全面肯定的指稱。

類似的主題，亦體現在《我們的田野》這部描寫青年學生在十年動亂裡，到北大荒農村插隊落戶的影片裡。當這群知識青年因爲「文化革命」結束，先後回到北京，回到這個兒時熟悉的城市裡的時候，他們卻感到陌生、困惑、人際之間不能溝通。而當其中的一位主人公帶著珍貴的記憶重新回到他們那片留下過苦難、辛酸也是難忘的青春的土地上時，他才感到一種莫名的充實和滿足。

毫無疑問，上述影片的作者們，都是以一種慶幸新時期的到來終於結束了沉重往事的歷史目光，來構築他們的影片的。但是在他們對歷史做出理性的肯定和前瞻時，卻情不自禁地以深深眷戀的回顧，對城鄉文化做出了情感化的褒貶。

把城市電影的主題，放置於都市中的社區文化對比，透過社區之間的習俗、生活方式和歷史關係，而展現人生，也是八〇年代初期城市電影一個重點。《都市裡的村莊》（一九八五）、《逆光》（一九八一）、《絕響》（一九八五）都有非常動人的表現。在丁蔭楠導演的《逆光》裡，上海的市區被劃分爲相互差異的人群和區域。稱之爲「都市」的淮海路（舊稱霞飛路），是富裕的、文化較高的居民區，影片中被表現爲人際疏離、冷漠虛僞、崇尚權勢等甚至道德墮落的象徵。而聚集貧民百姓，稱之爲「村莊」的棚戶區，卻成爲溫馨、親情、勤勞、眞誠的象徵，成爲充滿人情味的道德美的精神之島。在《逆光》裡，主人公廖星明和廖小琴兄妹，都是在棚戶區長大的樸素勤奮的青年工人。但是由於妹妹小琴傾慕虛榮，夢想成爲淮海路上的富家之婦，終於淪爲「都市」裡的婚姻商品；而哥哥廖星明矢志奮鬥，不以「村莊」中的一員爲恥，不但贏得淮海路上的佳麗，而且自學成才，成爲一個事業和愛情雙雙成功的強者。當作者以平行蒙太奇的手法，展示兄妹倆在命運的軌道上逆向而行，一個被虛榮心驅使，朝著都市豪富的中心錦江飯店身不由主地走去；另一個以他堅定、誠實之愛引導著自己的戀人一步步穿過狹窄的陋巷，經受棚戶區文化的洗禮，而加入這村民的行列時，這篇電影寓言對兩種文化的抑揚褒貶，已經再鮮明不過了。《逆光》一類八〇年代初期的城市影片，本意是熱情洋溢地迎接全面改革開放的歷史新時期，充滿著現代化進程的期望。然而在對城市不同社區的道德評價和價值取向上，它卻描繪出一幅農業文化和城市文化截然對立，農業文化的溫馨、純樸令人無限傾慕的精神圖畫，顯示了作者對城市文化的負面性評價和隱含的憂慮。《逆光》電影正文中的結構性裂隙，正是現代化進程中令人回味的精神矛盾現象。

三、商品大潮的洗禮：失重和焦慮的族群

如果說八〇年代前期的電影注重從社區文化對比去展現城市變遷的話，那麼，一九八五—一九八八年的創作演變，則是出現了一批描寫城市新族群的影片。社區和族群，都是城市社會中有代表性的單位，也是社會學研究的重點。族群的形成常常和移民、種族、歷史傳統密切相關，新的族群

的萌生和形成，也和社會的轉型、體制的遽變有關。六〇年代，在歐洲和美國就出現過代表某些激進思潮的青年族群。中國八〇年代前期出現的「個體戶」，就是市場經濟在大陸萌生期的社會現象。它不僅是一種社會經濟現象，也代表著一種文化模式的產生。

從一九八四年十月起，全面的城市經濟改革在大陸從南到北展開。一九八四─一九八九年是城市經濟改革的第一個浪潮。企業、經貿和市場展開了一系列計畫經濟和市場經濟雙軌並行的改革試驗，中小城市和鄉鎮裡的集體所有制企業如雨後春筍，試探性的私人企業開始舉步，個體生產者在各行各業中紛紛湧現而來。稱做「個體戶」的人們很快形成社會生活中的一個新階層，他們對既定秩序和「大家平均」的傳統觀念造成一種生氣勃勃的挑戰，也使自己的生活進入冒險和動盪的處境之中。「個體戶」是小攤販、小業主、小企業經營者、廣告商、自由文化人……等等脫離國營機關或廠礦企業而獨立謀生者的統稱。在八〇年代初期，也是「被甩出正常秩序者」和「被歧視的奮鬥者」的別名，因爲此前三十年，大陸的社會制度以公有制和全民就業爲前提，從國營企業中退職或自由從業者意味著收入失去保障。但同時，「個體戶」又以百倍勤奮和獨立運籌的經營思想嘗試著原始積累的冒險開拓，成爲新經濟體制的探索者和鋪路人。他們體現著一種與唯唯諾諾、不思進取、靠大鍋飯安度終身的苟安哲學相對立的價值觀念，他們甘冒風險、備受坎坷、激烈競爭，經歷成功的驚喜，和萬一失敗而家破人亡的滅頂之災。

城市經濟改革各方面影響大陸電影面貌。多種文化消費形式促使商業片大潮湧起；電影體制改革導致利潤爲重的製片策略；哲學文化思潮的開放和多元化引發主流電影模式的解體；社會價值觀念的更替導致電影中主人公形象的移位……。用動盪不安和焦慮驚恐來形容八〇年代後期銀幕上的主人公心態是恰如其分的。傳統電影中的英雄人物和正面主人公形象，讓位給叛逆傳統、嘲諷人生的潮流青年們。警匪片、犯罪片和近似黑色幽默的現代喜劇應運而生。躁動不安的反叛的一代在秩序和法律的邊緣徘徊遊蕩。

《太陽雨》（一九八七）、《給咖啡加點糖》（一九八八）、《搖滾青年》（一九八八）都是以青年個體戶爲主人公的影片。這幾部作品在當時的出現，既區別於以往城市電影的溫馨和鄉土情懷，亦拉開了和第五代電影歷史反思的距離。現代都市氣息撲面而來，嶄新的城市青年形象，在銀幕上生氣勃勃又焦慮不安地奔波忙碌著。主人公們相似的心態，都是從傳統的生活秩序和價值觀念中叛離出來，體味到自由的歡愉，又伴隨著掙脫束縛後的失重和飄浮。保持了個人空間的絕對自主，卻忍受著孤獨的煎熬和疏離人際的情感壓抑。

在這批影片裡，城市的空間形象以一種嘈雜、喧囂而奔騰不息的姿態，置身於觀衆面前。城市以城市應有的姿態和內涵出現了。城市電影的編碼、節奏、色彩、音響，以一種對世俗人生充分肯定的面貌展示於銀幕，一掃昔日對鄉村田園脈脈溫情和留戀往返。在《太陽雨》裡，女主人公亞曦做爲傳統淑女典型的生活軌跡，被滔滔的商品洪流沖了亂，陷入無限的悵惘之中，忍受著固守傳統價值觀念的孤獨和寂寞。在《搖滾青年》裡，男主人公拋棄歌舞劇院主角的地位，「下海」謀生，甘當街頭搖滾族群的一員，變成無家可歸的飄泊者，卻實現了自由人生的選擇。而此類影片裡最有代表性的《給咖啡加點糖》，則以廣州城裡的青年廣告商剛仔的商業成功和精神失落爲典型的寫照。這個在個體經營中迅速發財致富的廣告店小老闆，在富有、忙碌和疲憊不已的厭倦中，渴望著從一個農家女——隻身到廣州謀生的個體攤販——純情中尋求永恆的愛情，體現了和傳統價值觀割不斷的精神臍帶，和對農村鄉土純情的執拗戀情。

《頑主》（一九八八）、《輪迴》（一九八八）、《一半是海水，一半是火焰》（一九八九）、《大喘氣》（一九八九），是一批由青年作家王朔的小說改編成的電影。描寫了一類在七〇年代長大、從「文化革命」後期的精神荒原中走來的少年無政府主義者，如何以一個新族群的姿態，置身於我們的面前。王朔小說無疑是八〇年代後期最具轉型意味的文學現象之一。他那調侃戲謔、玩世不恭的口語方言，和小說人物放浪形骸、褻瀆神聖的越軌行爲，從敘事和語言兩個層面解構著主流意識形態。

《頑主》描寫三個青年人成立了一個精神服務公司，替民解憂、替民排難、替民尋樂，經營精神商品化的推銷服務。以悲涼的嘲謔對轉型期社會的金錢至上、世態庸俗進行了毀滅性的諷刺。《頑主》探索了象徵性喜劇的手法，在「三T公司」替冒牌作家評功發獎的大會上，由舞台上的時裝表演而引出的現實和歷史中的各種政治勢力興衰榮辱、更替流變，從舞台的荒誕映照了生活和歷史的荒誕。《頑主》在嘲謔和調侃之中深含著平民青年的苦澀和無奈。在父子對立和訓子從善的辯論中，精神代溝的不可彌合和價值衝突的無從調和，成爲了城市電影中探討父權文化和審父意識的重要例子。

由王朔小說改編的影片《輪迴》，則從另一個視角揭示了城市文化更替的軌跡。《輪迴》描寫了高級幹部子弟石邑的精神困境和自殺結局。年輕的主人公石邑生活在一套高級公寓之中，這是身居高位卻已雙雙亡故的革命父母留給他的遺產。但是他的信仰和觀念，卻跟他的父母爲之奮鬥了一生的政治目標背道而馳。多居室的公寓成爲了自由青年們聚會歡飲的場所，成爲了無父無母的自由空間。石邑從商失敗，又慘遭黑道中人肆虐致殘。雖有一位女舞蹈演員的至誠相愛，但絕望和信念毀滅仍然促使他從高樓自墜。《輪迴》的垮掉一代的精神縮影背後，隱喻著子一代與父輩們價值觀念的矛盾和衝突。

上述描述青年族群的影片，所涉及的共同特徵是：第一，都描寫經濟上、職業上企圖獨立的青年，決心從傳統的生活軌道中叛離出來，但一經叛離，又處於失重的飄浮和無所依存的悵惘之中。第二，這些影片中的家庭都不再是完整、健全的中國之家，而成爲無父無母、只有孩子們自由生存的精神空間。正如有的電影論者指出的，在電影正文之中，「完成了一次弑父行爲」，⑦表現了邊緣文化和主流文化之間的對峙。第三，愛情主題在這些城市電影中，都表現爲雙方不可溝通、不可持久的殘破狀態，追求獨立精神的戀人們在種種分離的結局之後，落得顧影自憐的獨自一人。第四，飄泊、焦慮和永無止息的奔波、追尋，成爲自由青年族群的持續心態和行爲慣性。正是通過這種焦慮和追求的心態，揭示了轉型期城市的人生圖景。因爲在社會轉型期歷史遽變和青春期心理遽變中，人們面臨著人格重構和社會定位的雙重矛盾。

在一九八五—一九八八年期間，城市電影的發展，不但體現在數量和題材上的增加和拓寬，而且也體現在樣式上的豐富。警匪片和犯罪片不止注重表面的商業效果，更以揭示社會矛盾和城市社會問題爲主旨，成爲運用類型片模式來觸及青年的精神矛盾和犯罪動機的一個藝術視角。《最後的瘋狂》（一九八七）、《瘋狂的代價》（一九八八）和《本命年》（一九八九），都是此類影片的代表。特別是謝飛導演的《本命年》，其中的主人公李慧泉一心想從犯罪的黑道上幡然悔悟，決心回歸秩序而不能，卻死在更新一代的少年犯罪者刀下的結局，暗示出城市犯罪問題背後的世俗偏見、人際冷漠、教育破壞（「文化革命」的惡果）和商品大潮的負面性效應。在這裡，孤獨的主題得到了另一種展現。

一個被排斥和被遺忘的回歸者，在正常的家庭溫暖、愛情體驗和道德認同之外的絕望和失落，他的回歸法律的失敗的悲劇，揭示出現代城市社會的犯罪跟精神絕望和社會隔膜之間的潛在的關係。

在這裡，還特別值得提到的一部描寫城市社會的影片，是胡柄榴導演的《商界》（一九八〇）。[二]這部影片的創作者，把故事的背景擴大到南方某大城市的各階層，對處在經濟改革大潮中的各類人等，做了全景式的描繪。從實業公司董事長、總經理、銀行行長、工商兼管的廠長、回國投資的港商直到個體經營的小商販……，都做了相當精緻的心理描寫。影片在展示一幕商業角逐的社會圖景時，強調了自覺的和被動的投機、違法、損人利己、爾虞我詐的商業競爭，而且劇中的主人公們幾乎無一例外的遭到自殺、撤職、精神分裂、賣身出國……等等毀滅性結局，而倖存者只有退出商界，回歸原有的社會位置和精神母胎之後，才得以再獲安寧、重建人生。這部城市電影所展示的社會視角和道德評價，特別值得引人注意。它的毫不隱諱的觀點就是，市場經營的實施和建立，是以破壞傳統的倫理精神和家庭溫情、人倫關係爲代價的。而傳統的倫理和道德價值卻正是人性和仁愛的所在。

電影正文中的這幅過分絕望悲觀的人生圖畫，眞是八〇年代後期，商品大潮興起之初，大陸城市社會的歷史性寫照嗎？還是憂心忡忡的電影藝術家們，在轉型期社會的遽變面前，心態平衡、文化價值取向後傾的表現呢!?

四、溫馨的夢境和昨天：在懷舊和追憶中尋求安撫

一九八九—一九九二年的中國大陸電影，瀰漫著一種懷舊情緒和回歸傾向。這不但是處在經濟調整時期所致，而且也由於電影政策的重新估量。在這三年裡，政治歷史話語和傳統英雄形象再次獲得確認，歷史傳記片和傳統敘事模式得到新的展示；商業性娛樂電影陷入低谷，道德倫理片充滿了懷舊話語。這種文化印記也不能不體現在城市電影的肌里之上。

長篇電視連續劇《渴望》（一九九〇）和故事片《焦裕祿》（一九九〇）造成的全國性收視熱潮，是觀衆呼喚傳統道德回歸和執拗懷舊情緒的表現。溫馨、忘我、利他主義、助人爲樂以至於犧牲個人的一切，而求得集體利益的維護和保障，體現在《渴望》的女主人公劉慧芳和《焦裕祿》電影中六〇年代爲民捐軀的縣委書記身上，既可以說是社會主義道德精神的化身，也體現了儒家倫理以仁待人、禮義爲本的人文精神。《焦裕祿》以倫理片而創造賣座的高峰紀錄，和社會轟動效應，反映了廣大觀衆的社會關注點和認同心理被深深的觸動。

一九八四—一九八九年的城市經濟改革，不但波及人們的經濟生活和分配方式，而且關乎傳統人格和生存目標的繼承或否定。在精神領域裡，農業文化人格和商品文化人格的激烈衝突，競爭意識和個人價值觀念的高揚，傳統意識和昔日權勢光榮遭受挑戰。絕大多數習慣於傳統軌道中的人們，他們因平安而有保障的生活受到挑戰而惶惶不安；「個體戶」和私營企業主們，他們在法制不全、政策多變的商業環境中慘淡經營，前途莫測。老一代因昔日的光榮和歷史紀錄在多元價值觀面前被

蒙塵淡忘而失落；年輕的一族在西方文化的衝擊下躁動不安，奔忙尋求。試圖改革，又禁受不起改革必然造成的動盪和壓力；尋求突破，又不準備付出必須的精神和物質代價而穿過改革的歷史性難關。焦慮、惶恐、退縮、懷舊成爲轉型期典型的社會民衆心態。尋求溫馨和道德化的精神撫慰，希冀傳統的血緣根基型人際關係提供精神母胎的安全和保護，這是九〇年代初期改革調整期民衆心態的概括。這也是「劉慧芳人格」和「焦裕祿精神」在九〇年代初期，通過電視和銀幕造成強烈的社會認同感的另一種原因。

《心香》（一九九二）和《四十不惑》（一九九二）是兩部品味同樣高雅、視點正好相反的懷舊電影。前者站在小鎮和農村的田園之中，反觀城市的喧囂、紛亂和失落；後者位於大都市的中心，追憶二十年前農村中的往事，觸摸和重溫那珍貴的青春年華。懷舊不止做爲一種敍事程式，懷舊深含著對往昔和歷史的肯定。在《四十不惑》裡，主人公曹德培是一位功成名就、家庭幸福的報社攝影記者，但是他平靜的生活被往事打亂；十幾年前他在北大荒插隊時，他與前妻生下的一個孩子，突然闖入他的生活，掀起了一場家庭風波。在現實和往事的交織之中，往日的溫馨、逝去歲月的樸素與眞誠，歷歷在目。影片的中心事件是舉辦主人公的個人攝影展覽。但是，這一現實中的焦點卻被追憶的目光取代；曹德培藏身暗室，在幻燈機下與兒子反覆觀看他前妻照片，成爲一次眞正的青春祭奠式的攝影展覽。

無獨有偶，《心香》裡邊也描寫了一個十來歲的男孩踏進陌生的環境，觀看陌生的人群。所不同的是，他從嘈雜的城市來到田園綠洲，領略了傳統文化的洗禮。小男孩京京因父母離婚，家庭破裂，而被送回外公身邊暫住。外公和一位幾十年精神之戀的戀人蓮姑老太太，以「一瓣心香」的禪心、寬容、人生之道，淋浴了這個孤獨受傷的幼小心靈。在這片沁人心肺的綠野中，京劇、古訓、增廣賢文、觀音菩薩，加上外公和蓮姑爲人爲事的禮、義、仁、信，成爲一篇古樸而莊嚴的倫常詩文，成爲對小京京銘心刻骨的情感哺育。當他手捧著蓮姑的遺物——一個小小的玉觀音，終於要告別外公，重返城市之際，外公揮淚叮嚀著：「告訴你媽媽，不管發生了什麼事，都可以回來，這兒總還是她的家呀！」

家，對於中國人來說，這田園、這古宅、這大地和滔滔的江河，豈只是古舊親切、屋宇棲身之家；更是焦慮、恐懼和徬徨之時念念不忘的精神之舍，尋求心靈安撫之家！

一九八〇—一九九〇年匆匆十年。城市電影中兩種文化意識的矛盾交織，往復循環，多麼引人深思和回味。

結語

中國城市電影和鄉土電影，歷來成爲傳統深遠的兩脈，貫穿始終。伴隨工業化進程和市場經濟的興起，大陸城市電影中蘊涵的歷史和文化矛盾，將會越來越受人矚目。本文極其簡略地探討了八〇年代的大陸城市電影的文化走向，試圖尋找社會變革對電影形態和文化內涵的影響，以及兩者之間的互動關係。

大陸城市電影的文化矛盾，和遠近的文化思想和政治正史淵源有深切的聯繫：

㈠儒家文化體系的「仁」、「禮」、「孝」、「悌」，做爲恆定而影響深遠的倫理精神，反映了農業文化的血緣宗法關係，本質上和工業化生產方式和城市文化的精神格局是有巨大的差別的。

㈡半個世紀以來，中國大陸所經歷的漫長的革命戰爭，是以「農村包圍城市」爲長遠戰略的。無論從延安時代開始的國家雛型，還是全國性勝利之後的各項政策制訂，主流意識形態中滲透著沉重的農業文化精神，不能不影響到文藝思想包括電影文化思想的結構，城市電影中的文化矛盾既是一個社會歷史問題，也是一個文藝思想史問題。

㈢東西方文化的矛盾和融合，是「五四」以來幾代知識份子面對的文化困惑和發展中國文化的傳統命題。工業化進程和西方文化的關係，始終是備受關注的焦點。城市電影中的文化矛盾不能不觸及到各階層，尤其是城市青年價值觀念的遽變和繼承中國文化傳統問題。

㈣中國城市的悠久傳統和發展模式，有別於西方。中國古代城市不僅是商業中心，更重要的特徵是政治行政管理中心。在歐洲，城市是商業和資本主義的象徵，而在中國古代，最發達的城市，卻是封建統治勢力控制最強的地方。[8]這導致了中國的城市文化意識和西方有根本的差別。近代以來亦仍受這一傳統的左右。

㈤中國大陸的改革開放，從城市結構和經濟體制上引發了重大的變化。電影的消費需求和文化功能，在城市經濟體制改革中，相應的變動，直接影響到電影的類型、形式、數量和素質。城市電影在當前和今後的生產形勢中面臨著全方位的適應和調整。

考察大陸城市電影的文化走向，由於以上種種分析，可以得到的結論是，一種眞正意義上的城市意識和城市文化精神，尚未在以往的城市電影中得到全面的展示和形成。但是，隨著工業化進程的眞正深入和商品經濟有步驟的、快速的發展，城市文化正在迅速演變，城市電影中的文化風采，將會以新的面貌顯示在今後的大陸電影之中。

一九九二年十二月

註釋

①〔美〕R・E・帕克、E・N・伯吉斯、R・D・麥肯齊著，《城市社會學》（北京：華夏出版社，一九八七），頁二。

②王因爲、宗書傳著，《社會學綱要》（山東人民出版社，一九八六），頁四〇二。

③〔法〕路易・阿爾都塞，〈意識形態和意識形態國家機器〉，《當代電影雜誌》，第三期（北京：中國電影研究中心出版，一九八七）。

④陳荒煤主編，《當代中國電影》上卷（北京：中國社會科學出版社，一九八九）。

⑤同②，頁四〇三。

⑥見《牧馬人》劇本。

⑦李奕明，〈弒父行爲之後〉，《電影藝術雜誌》，第六期（北京：中國電影出版社，一九八九）。

⑧金觀濤、劉青峰著，《興盛與危機——論中國封建社會的超穩定結構》（湖南人民出版社，一九八四），頁一五八。

女性主義與中國女性電影

◆楊遠嬰

人類由男女兩性組成，人類歷史貫穿著無數兩性串演的悲劇。然而，在浩瀚的歷史文獻中，女性的榮光卻總被男性的陰影所遮蓋。女人的孤獨與忿懣隨著自我意識的覺醒而日益蔓延，終於燃成一片熊熊的火焰。消解男性中心文化，尋求個人的生存空間和發展空間，激情澎湃的女性思潮已經成爲當今世界一種不可漠視的社會現象。

西方女性理論的先行逼使我們必須從比較的角度去認識中國女性意識的嬗變。中國婦女所走過的獨特途徑並不提供某種女性思想的理論框架，因此我們只能依照社會觀念對女性行爲的潛在影響和女性的藝術創造來描述其意識的衍化。對任何事物的歷史分析都應當在不同於當時意識的層面上運作。西方女性運動所顯示的轉型價值觀和新女性模式無疑爲我們打開了更廣闊的視野。把中國大陸女性意識問題置放於西方女性理論的參照系統之中，也許能夠較爲清晰地看到民族文化背景下的女性意識特徵及其發展脈絡。

中西方女性的意識涵蓋著各自民族文化的意蘊，也許能夠這樣說，這兩者都反映了其演變的脈絡。因此我們應該把握東西文化在意識形態方面的差異及在女性問題上的反映。

上篇

這裡所談的西方女性主義實際上是相對於以往維護婦女利益的一般性社會活動而言的「新女性主義」，它誕生於二十世紀中葉聲勢浩大的婦女解放運動，六〇年代後期衝擊了整個西方世界的激進主義民主浪潮，以前所未有的強烈方式提出了個人身分問題，破裂的個人身分意識構成了當時西方文化的主要內容。機敏的女性主義者將這一思想納入自己的理論框架，發動了爭取婦女權益的新攻勢。

理性思維的逐步深化使運動中的先鋒人物很快認識到，婦女的境遇絕非僅僅受制於天賦的性別差異和社會的經濟因素，而往往取決於意識形態的傾向。於是，女性主義很快從具體的政治運動轉向整體的文化批判，做爲意識形態重要載體的文學藝術，必然地成爲女性主義的考察對象，女性主義批評也就由此面世。

女性主義創立的基礎是男女兩性社會存在不平等的既成事實和以男性爲中心的文化形態，如果取消男女對立的前提，便無從說明女性理論的獨立意義。女性批評旨在爲婦女創作提呈一個自身的邏輯框架，建構一個基於女性本體體驗的世界模式，從而使其擺脫男性理論，改變以往適應於男性意識的傳統創作方法。做爲後結構主義風潮中的一個流派，女性批評肯定讀者，特別是女性讀者的反應。它主張讀者有權「重寫」作品，而這一被重寫「重讀」的對象就是受舊式男女價值觀左右的經典作品。

在女性批評的初興階段，批評家們首先感受到的是女性形象塑造中所滲透的父權意識，即男性作家對婦女面貌的曲扭。所以女性批評的第一個課題就是暴露藝術創作中的性歧視，揭示它所蘊含的政治歷史意味。這一時期的女權批評所涉及的對象主要是男性作者，許多女性主義者都拒絕通過其他婦女觀照自身。

七〇年代中期，女性批評開始注意研究女性作家及其作品，一批女批評家認識到，社會上廣泛流行的藝術史是父權思想標準的產物，婦女作者在其中不是遭排斥，就是被誤解，因此有必要重新書寫文化史，編撰婦女創作傳統的篇章。她們把女性文學的發展過程劃分爲「女性」、「女權」和「女人」等三階段，並進一步分析道：「女性」時期的婦女作家力圖達到男性創作的水平，但卻潛移默化地接受了男人的偏見。一些女作家不僅模仿男性話語，刻劃男性主題，甚至使用男性化的筆名。「女權」時期的婦女已經明確意識男女之間的差異，並開始有力地抵制男性思想的滲透，高揚女性的獨立觀念。「女人」時期的婦女既不認同於男性，又超越簡單的男女二元對立，她們把女人自身的經驗看做自主藝術的根源，在創作實踐中追求建立眞正女性化的文學，從注意女性創作的從屬地位，分析語言中性別的象徵構成，建構婦女自己的藝術傳統，到要把兩性經驗結合起來，創立具有普遍意識的藝術模式，這意味著女性理論包容著超越性別藩籬、邁向徹底革命的藝術未來的宏大目標。

鑑於方法論的差別，女性批評被劃分爲社會學批評、符號學批評、心理學批評、同性戀女性批評、黑人女性批評，以及集大成的社會學—符號學—心理學—馬克思主義的女性批評等幾大流派，這種龐雜表面上顯示了女性批評的興盛，實際上卻暗示出女性批評在哲學理論方面的匱乏，這是因爲女性理論不像馬克思主義或結構主義那樣，具有深厚的思想淵源和哲學根基，儘管它從事於對整體文化的批判，但自己卻置身於任何學術傳統之外，由於沒有適應的哲學構架，女性批評一直堅持多角度的闡釋觀點，著名女性主義批評家蕭瓦爾特曾說，八○年代的女性批評仍然處於「在野」階段，它終始是理論風暴中一個經驗主義的孤兒，當然在具體不同國家，情況還有所區別。法國女性批評受到拉康的精神分析學和德希達的消解論的深刻影響，熱中於話語革命，因而較爲理論化。英美女性批評注重婦女的現實狀況，注重種族、階級等經驗事實，表現出反對過分理論化的傾向。

女性主義電影批評是女性理論中的一個分支，其目的在於瓦解電影業中對女性創作的壓制和銀幕上對女性形象的剝奪。做爲一種表象性的敍述語言和大衆化的娛樂形式，電影最爲鮮明地體現著意識形態的制約，譬如，好萊塢的經典電影通過特有修辭手段，使女性的視覺形象成爲色慾的消費對象。因此，女性電影批評的首要任務就是解構這類深藏反女性本質的電影，不論是在莊士頓(Claire Johnston)的《女性電影做爲抗衡的電影》(Woman's Cinema as Counter-Cinema)或瑪爾菲(Laura Mulvey)的《視覺快感與敍事電影》(Visual Pleasure and Narrative Cineme)，還是密契爾(Juliet Mitchell)的《精神分析與女性主義》(Psycho-Analysis and Feminism)或羅拉蒂斯(Teresa de Lauretis)的《愛麗絲不》(Alice Doesn't)等，都執意於用不同的方法破譯好萊塢電影的影像符碼，揭示其中所隱含的「性別歧視」。

針對「女性在電影正文中是什麼」的問題，女性主義電影理論得出了這樣四個結論：㈠女性是被典型化了的；㈡女性是符號；㈢女性是缺乏；㈣女性是「社會建構」的。在批評實踐中，女性電影批評主要借用社會學、精神分析學、文化分析等三種思維模式，其理論目標是解放電影敍述主體，使女性表現客觀化，女權主義電影批評家們認爲，以往的電影語言是男性的產兒，要想建立更接近婦女情感體驗的新電影，就必須首先破壞語言，摧毀大男子主義的傳播方式。她們從個人、社會以及政治等種種不同的生活層面，深刻地闡釋了好萊塢電影影像所洩漏出的男性慾望和侵略心理。這種批判的縝密和有力使之遠遠超出了單純的女性意義，而成爲對電影製作和電影理論的全面反思與質疑。比之女性主義文學批評，女性電影批評的理論表述似乎更爲激烈而完整，它產生了自己的經典著作和學術帶頭人，能夠與其他電影學派並駕齊驅，它所採用的審視角度和讀解方法，爲電影學者帶來了新的靈感與啓迪。

與充滿思辯色彩的西方女性理論相比，大陸的女性研究可以說尚未眞正展開。這裡既沒有發生過女權意義上的社會運動，也不具備起碼的理論形態。大陸的女性研究往往表現爲對女性創作或女性形象的藝術闡釋，以這種途徑讀解出來的女性創作特點，不是某種羅曼蒂克的象徵，便是一個佛洛伊德式的抽象符號。幾本屈指可數的婦女文學史，大都囿於文學的內部規律描敍女性寫作現象，不僅沒有對女性作品與社會的多種聯繫進行形而上學的概括，甚至缺乏對女性意識發展的線性歸納。比起逐步體系化的西方女性理論，大陸的工作還處於襁褓時期，如果說，中國沒有女性主義基於女性自發的實踐活動和理論挑戰，那麼中國的婦女觀則更多地隱匿於社會總體的道德規範和革命運動之中。因此，對於大陸婦女材料的把握應該立足於經驗範疇，而不是理念範疇。或許，我們可以把儒教婦女精神和公元一九四九年後大陸婦女解放的獨特背景做爲梳理的經緯，從婦女觀念的縱向演變勾勒大陸女性意識生成的歷史線索。

在漫長的中國文化傳統中，始終有一個由陰陽構成的二元宇宙觀。「一陰一陽之爲道」、「陽陰不測之謂神」（《周易》）的論調，顯然在提倡對世界的完整認識，對女性的溫柔態度。然而，當陰陽學說逐漸成爲籠蓋人間萬物關係的傳統哲學精髓之時，中國婦女卻隨著儒學的興起被一步步地束縛起來。孔子的理想社會是沒有「曠男怨女」，人人成家立業。他所推薦的人生道路爲「修身、齊家、治國、平天下」。在這樣一個以家爲本的國家模式中，婦女就被理所當然地剝奪了社交機遇，而只有在家庭中完成做妻子和母親的職責。封建社會的小生產勞動方式強化了兩性的自然分工，於是中國女性群體完全從社會生活中消失，而分散融化在男性中心的個體家庭之中。她們專心致志於生人、養人、服侍人，卻把人生價值淹沒在盲目的自我奉獻之中。

在宋明理學的時代，封建的婦女觀念發展到了極致。大儒生朱熹熱中於推行纏足習俗，把它做爲傳播中國文化、隔離男女兩性的手段。女人的小腳可能爲她帶來一生的榮耀，但卻使她受盡無窮的肉體痛苦。隨著家族意識的強化，女人的貞潔也受到格外的重視，因爲這決定家族的血緣是否純正，家族的財產是否不流傳外人。寡婦再嫁被人視爲道德的罪惡，守節的貞操則被奉爲至高無上的品格，在「君君、臣臣、父父、子子」的封建權力結構之中，婦女只有按照宗法制度和世俗男性所期待的樣式塑造自己，才能適應社會和家庭的規範。

與西方傳統女性形象相比，中國藝術史中女性典型常常有很大的虛僞性。譬如，西方的婦女神話和宗教教義都毫不掩飾地體現出深刻的男性偏見，不論是史書記載還是文學描繪，婦女都是做爲家庭的、被征服的和性的角色而出現，天使和妖女就是兩種最基本的原型。但在中國藝術的長廊中、不僅有許多膾炙人口的英雄母親，而且還有不少勇於向男性進攻的青年女子，就是《聊齋》中那些託之鬼狐的戀愛故事，也往往是美女先向書生挑逗。這與「男尊女卑」的現實相差如此之遠，以致常常使人對中國婦女的實際地位大惑不解。其實，這種母親借用了女性慈愛的面孔，卻完成著「父親」的職能——爲權勢者佈道。風流女子主動調情，正好是男性逃脫姦淫罪責的遁詞，在以男性強權政治爲模式的封建國家中，婦女永遠不可能置身於文化的中心地位。

如果說，中國古代婦女的歷史是一部女性意識在男性社會和個體家庭中消融的歷史，那麼，當代婦女的精神歷程則是在轟轟烈烈的社會革命中沉浮隱現的奮掙紀錄。做爲社會問題的變色龍，當代婦女的生活狀況一直敏感地反映著時代的潮漲潮落。但做爲一個獨立存在的實體，她們卻未能建構一個與男性意識抗衡的亞文化圈。這種情形是由大陸婦女解放的獨特途徑所決定的。

近代中國歷史的現實告訴我們，婦女與封建生活方式的逐漸疏離始終依賴於社會整體的變革。不論是辛亥革命、「五四」運動，還是新民主主義革命，都是中國婦女擺脫家庭羈絆、投身新生活的關鍵性契機。而這些運動本身也確實把解救婦女當做改造封建世界的一個重要環節，在革命的倡導者看來，婦女的苦難就是社會的痼疾。革命接納了女性，她們的自我意識在革命運動中萌生，她們的個人成長伴隨著革命事業的發展，因而她們本能地把社會革命當做自身的革命。

在中國，首先以抗爭形式提出男女思想的主要是一些男性社會改革家，如戊戌變法中有康有爲、梁啓超，「五四」啓蒙運動中的李大釗、陳獨秀，而在社會潮流中謀於自身利益的激進婦女們卻未能進一步形成獨立的行動綱領和鬥爭原則。這樣，中國婦女革命的思想基礎和活動方式就天然地帶有男性色彩。

婦女解放運動中突出的社會化特徵和男性化傾向大大削弱了女性自我反思的意識與批判男子中心主義文化的衝動。而且，婦女思想的非獨立性已使男性成爲運動的實際主體。在社會革命的洪流中，婦女們把男性當做行動的楷模，以男性的標準衡量自身的價值。她無法認識自身精神存在的特殊性，因此只能不斷追隨大環境的需求而壓抑個人內在生命力的釋放。「男人能辦到的女人也能辦到」，這句在神州大地風行多年的口號鑄就了千百萬婦女踏入各種社會行業的心理動機。可以說，大陸的婦女解放一直是社會革命運動的某個分歧，而大陸女性在很長一段時間內都不具有清醒的自主觀念。

倘若把西方女性主義運動的邏輯過程歸納爲社會革命——男性批判——自我反思，那麼大陸婦女的解放則呈現出完全不同的格局。前者更強調男性批判與自我反思，後者則過多地沉溺於社會革命。這種深刻的差異使西方女性運動帶有極大的自覺性和自足性，而大陸婦女的解放則表現出明顯的被動性與依附性。批判意識的淡化與反思能力的不足，造成了大陸女性理論的貧弱，也導致了婦女解放的先天失調，它不像西方婦女運動那樣具有自己明確的女性領導人。所以，許多人都斷然否認大陸有產生女性主義的可能。

也許，大陸確實沒有西方意義上的女性主義，但我們不能無視女性意識的客觀存在。它見諸於女性文藝創作，體現在婦女的社會生活之中，甚至那些聲稱「我不是女性主義者」的論調，也包含著某種機警的女性策略；她們或者不願繼續扮演社會化的戰鬥角色，而渴望溫馨優雅的女性方式；或者想擺脫與男性抗衡可能遇到的困擾，而追求靜悄悄的變革成效。大陸婦女運動固然面臨著精神重構的任務，但它畢竟不是一潭死水，隨著時間的推移，它必將湧動、奔騰起來。

下篇

在封建時代，女性的自我意識沉淪於婚姻家庭之中，又覺醒於兩性之愛，她們的反抗常常闡發於傷春閨怨，自嘆不幸。李清照、朱淑眞等才女們的詩書筆墨所傳出的心靈寂寞和生死戀情，可以說是女性人格意識的最初萌芽。而從「五四」到現在，一大批在革命激流中脫穎而出的女文學家更顯示出令人驚嘆的勇氣與天才。她們的行爲不僅給男性創造者以藝術的情緒和靈感，同時自己也留下卓越的成就。做爲一支生氣勃勃的力量，女性藝術已經對社會產生了多方面的影響。

在電影業的現代過程中，大陸的女導演參與了具有本質性意義的問題探討，她們的作品數量可觀，人員也日漸龐大。就創造主題而言，她們正逐漸趨向一個毋庸置疑的核心。就美學觀念而言，她們的影片又呈現出不同的價值取向。因此，對女導演創作的考察似乎應注意其在時間和空間兩個範圍內的發展。

從時間流程上追溯傳統，我們在她們的作品序列中可以發現一個想像的連續體。女性的生活模式、女性的社會形象、女性的婚姻問題以變幻的形式不斷重複出現。雖然許多影片並不單純從性別角度來刻劃和評價婦女，但都透出對女性問題獨有的敏感與關切。從空間環境上把握文化背景，她們的創作顯示出與民族政治意識變革的密切關聯。她們的作品往往是大時代中的小故事，而作品中女性位置的安排則常常是社會徵候的藝術隱喻。

大陸的藝術是一塊透明的鏡子，它十分精確地反映著各個時期社會政治的演變和文化領域中的傾向。所以，任何一種創作現象都不可能避開歷史氣氛的影響，而總是和國家意識形態緊密地糾葛在一起。譬如，易卜生(Henrik Ibsen)的《娜拉》一經在中國舞台出現，她就成爲娜拉的一個變種。在移植的過程中，爲了適應當時流行的概念而使娜拉的某些個性特徵得以泯滅。大陸婦女解放與民族革命的同一性更使女導演們的早期創作在主題上傾斜於社會一面。做爲這一階段代表人物的王苹與董克娜，是一九四九年後第一批走上影壇的女導演。在當時社會主義建設的高潮中，這些首先獲得了與男人同等工作權利的女人們都憧憬建立一個與男人同步的行爲模式，並希望在生活中找到自己滿意的、具有革命性的東西。這種以社會意識爲主導的創作心態最終導致了女性自我探索與時代政治的同化。

董克娜在皚皚白雪中展現的《崑崙山上一棵草》曾爲大陸影壇帶來一股清涼的風，影片充滿了女性特有的熱情和人倫精神，但也不乏簡單說教的空洞。這部影片即是對當時主流意識形態宣傳，而又是創作者女性體驗的無意洩漏。它以一棵小草命名自己的主人公，並將他們融入磅礡的崑崙山脈——宏大的社會生活背景之中。影片主要由中全景鏡頭構成，人物與環境總是統一地出現在觀衆面前，因而在視覺上造成臣服於現存秩序的效果。其中做爲女性因素出現的是影片把鏡頭的焦點對準了兩個不同層次的女人，以一種熱切的方式描述了她們投身社會艱苦工作歷史命運。

影片敍述的視角基本上是女人的視角，前半段是新來的女技術員眼中的惠嫂，後半段是惠嫂自己的閃回。女技術員眼中的惠嫂是母親的形象，惠嫂個人回顧的是妻子的義務，而年輕的技術員無論在年齡上還是思想成熟度上都是女兒的化身，這三個時態正好構成了女人的一生。初出校門的女學生被荒涼的大自然嚇倒，面對嚴峻的工作條件失去了心理平衡。來自工農的惠嫂用現身說法鼓起了她的勇氣，使她重新踏上前進的征程。做爲教育者的惠嫂充滿了慈愛，而做爲受教育者的惠嫂和女學生則顯示出任性的嬌蠻，在這一點上影片與大陸慣用的女性塑造法相通，即只有在她與當時的文化意識同化以後，才能成爲理想的母親形象。具體地講，就是惠嫂只有歸順於以她丈夫爲代表的男性社會規範之後，才能躋身於盡善盡美的等級。

《崑崙山上一棵草》的敍事是一種社會推理模式，通過敍事，人物的信仰和行爲方式得到解釋，並被做爲合理的典型而受到提倡。觀衆在這樣的敍事情境中確定了自身的社會位置，並領悟到處理類似情況的最佳辦法。這樣的社會象徵式敍事遠遠突破了女性電影的框架，而成爲一代電影的基本樣式。

這種特徵在王苹影片中的表現更爲突出，她的作品正文和語言方式直接隱喻社會的政治風雲。

不論是《柳堡的故事》、《槐樹莊》、《霓虹燈下的哨兵》，抑或大型歌舞片《東方紅》，都與時代的泛正文構成問答關係。這些影片的藝術處理不僅是當時政策的意象符號，而且還承擔著規畫未來的重任。所以，王苹的意義似乎更多地在於她做爲一個女人在電影業中扮演了舉足輕重的角色，而不體現於個人藝術創作中的自我意識。她的影片往往善於通過標準化的大衆媒介表現政治涵義極爲鮮明的故事，並使主題的當代性與敍事的當代性融爲一個和諧的整體，她創作的電影通常能夠引起轟動效應。

王苹的女人性表現在她對革命題材的情感處理，她的作品常常以感情細膩而給觀衆留下深刻印象。在《柳堡的故事》中，她不滿足於平鋪直述地宣揚戰爭年代的英勇精神，而虛構了一個峰巒迭起的愛情波折，並自稱使用了主觀鏡頭。當創作革命史詩《東方紅》時，她以女性的纖巧和活潑使花籃彩帶、鐮刀斧頭等日用物品生發出巨大的感染力，使之成爲戰鬥與歡樂的象徵。《槐樹莊》因其濃厚的政治色彩後來受到冷遇，但它所提供的女主人公卻是一個大膽而堅韌的性格典型，她的另一部政治片《霓虹燈下的哨兵》也塑造了一位令人迴腸蕩氣的農村女性。

王苹、董克娜影片中的女性雖然有不同的細部特徵，但大體上都是當時男性精神的縮影。她們在謳歌女性的同時把男人做爲參照物，以男性英雄的標準描述女主人公的成長歷程，男人是積極的施動者或助動者，女人是消極的模仿者，人物的心理特徵並不訴諸女性的經驗與情感，而更多地傾注於一般性的集體意識，就形象內涵而言，她們的創作沒有超過男性的意向範圍。藝術狀態的形成是歷史條件使然。這些於五〇年代初期就扛起攝影機的女導演，當時在政治和業務兩方面都處於模仿階段，她們既要從思想上與時代合拍，又要讓自己的影片求得社會的承認。生存的非自主性無可避免地決定了創作的趨同性，女性電影的萌芽期確實還沒有可能產生獨立的價值觀。

歷史進入八〇年代，情況發生了驚人的變化。一批學院派女導演的崛起不僅大大擴充了創作隊伍，而且從藝術上突破了舊的框架。做爲一支新的力量，她們爲龐大的婦女階層展示了廣闊的精神視野。應該指出的是，大陸電影伴隨著社會的變遷跨越了一段長長的探索路程，但是，並非所有經歷了這種跨越的創作者都循著同一路徑或同一速度前進。女導演群體固然有著非常接近的目標與志趣，然而在追求中卻顯現出不同的倫理傾向。那些表面上似乎含有同一理想的作品其實在觀念上相距甚遠。

近十年來，這樣一些女導演的創作較爲引人注目：凌子的《原野》和《風吹嗩吶聲》分別從兩類典型——反抗與屈從的形象探索了女性的歷史命運；張暖忻在《沙鷗》與《青春祭》中回溯了當代女性面臨的社會文化背景；史蜀君試圖以學生三部曲的形式展現青春期的少女情態；王君正則返回茫茫山林，捕捉今昔兩代婦女的差異；劉苗苗用《馬蹄聲碎》描繪女人被戰爭的開化；彭小蓮以《女人的故事》講述農村女性意識的甦醒。如果說八〇年代中期以後的女導演開始明確地按照自己的關注和理解來反映世界，那麼，《女兒樓》、《人鬼情》等影片已經與女性文化發生直接聯繫。不管是胡玫式的感傷憂鬱，或是張暖忻式的自我思忖，還是黃蜀芹式的高翔放縱，她們對女性問題的切實思考都構成大陸女性電影走向成熟的必經路段。

《原野》並不是一部本來意義上的女性作品，但凌子的電影化搬演增進了女人的原始野性力量。《原野》從舞台到銀幕，經歷了視點的轉換。話劇的主線是仇虎復仇，大量的細節鋪陳於他的潛意識活動。電影的主角卻是金子，多變的鏡頭集中展示她的萬種風情。爲了突出她的性格力度，影片還用浪漫化的製作方法，把情節要求的陰沉而幽暗的氣氛改爲如癡如狂的艷麗色調，使金子的風流與狂野充滿超乎尋常的感染力。對於故事發生的具體年代來說，這一形象奇特而怪異，但從影片產生的社會情緒來看，她卻眞實而自然。這是八〇年代的淩子對婦女個性發展的一次理想式表述，是當代女性自我意識勃起的先聲。金子的塑造就像一部啓示錄，誘導女性充分釋放自己的內在衝動，弘揚生命的力量。

《原野》的女性表現還是某種外在化的方法，而《青春祭》已經貫穿著鮮明的內省精神，影片編、導、演與女性身分的契合，使之第一次以毫無掩飾的傾向講述婦女的心靈。然而失當的藝術處理造成它的不完整。導演意欲在與自然的對映中描繪當代女性自我意識的缺乏，但卻未能找到相應的語境關係，影片以女主人公自述的方式展開，通過傣漢兩族少女不同生活態度的比較，揭示非正常的社會氣氛對女性意識的沉重壓抑。但編導沒有緊緊把住這一主題，卻過多地渲染現代文明與原始生態的差異，所以女主角的自我審視常常在女性與非女性、文化與野蠻之間游移不定。加上「文革」背景的特定規範，影片所觸及的女性問題就衍化爲一般的人性問題，女主人公的反思也失去個人成分，而成爲一代青年男女共同情緒的象徵。

從探索主題和藝術方式上看，《青春祭》已經接近了自覺的女性體，但由於編導追求大範圍影響而背棄了自己的創作初衷。影片把不同性質的矛盾衝突同構並置，試圖使主題獲得更大的包容度，然而卻損傷了它的純粹性，這也許依然是意識不夠清晰的結果。

第五代中令人矚目的女導演胡玫是一個敏感者。她個人有過曲折的生活經歷，因此對女性境遇具備特別的感受。她所創作的《女兒樓》充滿悲哀意味。回溯政治運動中女性本我的喪失。影片問世的一九八五年前後，創作界熱中於探討社會職責與個人生活的矛盾，但這一主題往往被處理成無能爲力的道德衝突。《女兒樓》則以一種細膩的表述向我們說明，女性人生態度的造就受制於社會規定的觀念，侷限於她們習慣的總體文化。儘管席捲大陸的政治運動已經過去，但其遺留的意識形態仍然是許多女性心頭不可推諉的現實負擔。主人公喬小雨夭折的愛情就是一個準確無誤的證明。影片的鏡語設置和對兩性關係的把握都顯出女性特有的感覺方式，但它最大的意義還是在於把婦女塑造爲積極說話的主體。無論喬小雨的艱難選擇，抑或她朋友們的實際處境，都力圖表達女性是什麼、女性需要什麼的問題。

大陸婦女生活的社會化使她們擔負著雙重任務，一是在與傳統觀念的決裂中證實自己做爲「社會人」的價值，二是在男女角色的衝突中證明自己做爲「女人」的意義。在「男女都一樣」的口號下面，她們承受著巨大的精神壓力和肉體消耗。揭示多種人格面具後的自我失落，正是一批中青年女導演的創作目的所在。如果說《青春祭》和《女兒樓》的女性分裂心理剖析是某種初步的嘗試，那麼黃蜀芹的《人鬼情》則已經相當完整。

在很長的一段時間內，黃蜀芹沉溺於浪漫主義的夢想之中，她試圖通過《青春萬歲》或《童年的朋友》將那些慵倦的人們從沉睡中喚醒。也許是由於這種過分清純的思想，使她對感傷的「自我抒發」缺乏明顯的興趣，而全神貫注於對社會倫理問題的探索。《人鬼情》的誕生，標示她進入一個新的藝術境界。

《人鬼情》以某個著名演員的藝術生涯爲藍本，但影片與其說是讚賞她最後的成功，倒不如說是鑑於她的生活道路表明對女性單向發展的質疑態度，導演依從自己的女性經驗，細緻地描述女主人公「生成」中的歷史，從而把以往變爲程式的新女性典型透明化和具體化了。影片十分注重人物意識與環境觀念的交融，其目的就是打破所謂平等的神話。

《人鬼情》的情節陳述，可以分解爲下列幾項事序：

㈠母親私奔，養父被砸台，秋芸遭凌辱——童年夢醒。

㈡秋芸初試身手，教師慧眼相識，愛情受阻——青春的磨難。

㈢秋芸功成名就，婚姻家庭卻頗爲不幸——欠缺的人生。

這些敍事單位被安排在一個時序性的水平軸上，構成了影片層層展開、剝洋葱頭式的表述。倘若借用格雷馬斯(A. J. Greimas)的模式，也可以說《人鬼情》的敍事是契約式的結構，因爲女人公命運發展的契機，往往在於她與某種外在力量的交易，這些交易包含著不同的社會關係層面，呈現出循環往復的建約毀約過程，而這些因素的林林總總，決定了她個性發展的趨向。

事序㈠中的契約關係表現在家庭層面，它實在但卻無形，只隱存於人們的理念之中。具體地講，就是秋芸與生身之父的契約。這個始終以「後腦勺」出現的人物本來與秋芸有著天然的血緣關係，受社會倫理規範，他應該承擔撫育秋芸的職責。然而他不僅自己隱瞞身分，而且還攜拐母親出逃，把幼小的秋芸置於無父無母的狀態，使她因此而遭受男孩子們的譏笑欺侮。父親的毀約和二娃哥的失信在影片的開始部分就建立起男人—惡鬼的聯想模式，暗示了秋芸一生不可擺脫的壓抑。

事序㈡中張老師與秋芸的關係把影片敍事從家庭層面提升到社會層面。在這一契約中，張老師是立約者，秋芸是受約者。他以兄長的身分出現，與秋芸建立起師徒關係。但他沒有維繫這契約，而憑個人情感打破了原來的平衡。問題不在於師長與情人角色的置換，而是他根本沒有勇氣建立新的關係。從而又一次把秋芸推到生活的邊緣。

事序㈢中的契約產生於夫妻之間。影片並未出現秋芸丈夫的鏡頭，但卻提到他的行爲表現：嗜酒嗜賭，心地狹窄，秋芸演男的嫌醜，演女的不放心。做爲立約的一方，他早已破壞了夫妻間應有的道義協定。

這三個事序的敍事轉換完全依賴於契約的破裂。「後腦勺」逃避父女契約，張老師解除師徒契約，丈夫毀壞夫妻契約，這些正常人倫關係的否定使秋芸置身於一個顚倒的生存環境，使她面臨父不父、師不師、夫不夫的現實困境。於是，她轉而嫁與舞台，投向冥冥鬼神。

影片把《鍾馗嫁妹》的戲劇程式和情節做爲電影化的聚合語言，來針砭秋芸所被迫接受的社會行爲。影片用夢幻的方式表現鍾馗的出場，使之成爲一面無所不在的精神透鏡，觀衆從中可以辨識正文的內在機制。它不僅是讀解秋芸心理特徵的鑰匙，而且也是把握編導藝術傾向的途徑。

影片開始，當秋芸慢慢把自己裝扮成一個戲劇鬼魂時，我們就領悟到這將是一部女性生活的寓言。在這個寓言中，人物的內涵將不斷被鬼魂所印證。事實上，鍾馗在影片中一直是秋芸心目中理想男性的象徵。每當她遭受凌辱或磨難，鍾馗就一路殺鬼，前來營救，而一旦她路逢轉機，鍾馗又喜不自禁，即使在她成功之際，鍾馗仍不無憐惜地慨嘆她太辛苦了。秋芸說她嫁給了舞台，其實是嫁給了鍾馗。她在現實生活中找不到好男人，於是便在幻想中尋找保護神。這裡，傳統的魔幻意象已經成爲人物贖救的出發點。

在影片片頭部分，秋芸曾在鏡子面前仔細地審度自己，直到把自己完全變爲男性角色。鏡子在此出色地發揮了反射作用。秋芸在鏡中完成蛻變過程，觀衆從鏡外凝視她的行動，當她與男性角色完全融爲一體，鏡子便把她徹底吞沒，暗示她與角色彼此置換。在影片的尾部，男女參半的意象再次出現，它和片頭的影像遙相呼應，構成一個提示性的結語。

《人鬼情》的套層結構完成了兩個層面的故事。它既表現女主人公艱難立業的奮鬥過程，同時又對促成她個人經歷的社會背景提出反詰；它既渲染秋芸的刻苦精神，又著力於她不斷碰到的現實障礙和心理矛盾；這種複雜的敍事方法以對當代女性發展所面臨的文化難題進行了歷史的透視。而正是在這一點上，它突破了以往一般女性電影所建構的表敍框架。

《人鬼情》的出現使她們對女性電影的熱情顯得不那麼唐突。它不僅印證了中國女性意識的現實存在，而且還預示了它的未來發展。爲了無愧於這樣的作品，理論界應當把這方面的工作深入下去。

結論

中國婦女的解放是社會革命的直接結果，它缺少女性個體意識覺醒的精神體驗，也沒有女性群體向男性反抗的社會階段。在反帝反封的旗幟下，反抗的婦女借助於社會力量，彷彿一下子就進入一個平等的世界。然而，婦女生活的社會化卻給她帶來了兩重矛盾：一是在時代新潮和傳統勢力的衝突中證實自己做爲「社會人」的獨立價值，二是在男性與女性的角色衝突中證明自己做爲「女人」的意義。這兩種矛盾構成了兩條藝術線索，當女性意識淡薄時，第一條線索就處於主導位置；當女性意識覺醒時，第二條線索就匯成湍急的創作思潮，蓬蓬勃勃地蔓延開來。

不論是「尋找自我」還是「人格分裂」，都集中體現了當代婦女的基本心態，突出了女性自我精神與社會角色的衝突。西方女作家往往著重寫多重價值壓力下的精神分裂（有閒暇卻無能力保存自我），因此塑造了眾多的女性精神病人形象。而中國的當代女導演，則著重表現多重角色壓力下的自我失落（有能力卻無閒暇發展自我），刻畫的多是女性飄泊的靈魂。

大陸女性的「我不是女性主義者」的話語策略，反映了獨特的中國經驗，在不否定男女已經取得相對平等權力的前提下，提倡鼓吹女性的特點與差異，實際上就解構了傳統的平等概念，解構了對女性特徵的形而上學式的理解，將這一實踐領域變爲一個未知的、將被創造的空間。

在以往關於婦女社會地位的理論中，經濟決定論往往被看做是最爲深刻的理論，即認爲婦女的最終解放取決於女子在經濟上的獨立。但是，女性的被壓抑並非是一個純經濟的事實，即使女子在經濟上獲得了解放，她的行爲也仍然受到社會觀念那麼譜網的種種束縛，也並非能夠獲得完全的自由。因此，決定女性在社會中地位的，絕不是任何生理、心理或經濟的因素，而是人類文化的整體。正是這後一點才造成了男性與女性之間的本質差異。

如果說，「精神斷奶」是改變自己對某一階層的依附的形容，那麼，女性的「精神斷奶」則標誌著對按照男性觀念審視自己的規則的破壞。我以爲，女性所面臨的和正在解決的就是這樣一個建構獨立的群體意識和判斷自身存在價值觀念體系的任務。而女性所需要的雙重解決則是：一是從權力的壓抑下解放她做爲人的自由；二是從性別的壓抑下尋求女性群體的意識。

中國電影：多重視點中的敍事分析

◆李 迅

時至九〇年代，電影理論追趕著社會科學和文學研究中的各種時髦學說已經二十多年了。且不說結構主義符號學、精神分析批評、女權主義批評、意識形態批評、文化研究、新電影史學及社會學研究在電影研究領域各擅勝場，就是敍事理論也因格雷馬斯、巴特(R. Barthes)、托多羅夫(T. Todorov)、布雷蒙(C. Bremond)和吉奈特(G. Genette)等人的工作而獲得了引人矚目的成果。趕潮至今，回首望去，不覺發現各種研究業已形成一個相當規模甚至可以說相當完備的學術結構，以致在對某一現象進行分析考察時，也需要方法上的「多重決定」(Overdetermination)了。就敍事分析而言，由於它將研究重點完全放在敍述成分的含義及表意作用上，因而就像一個語義的稜鏡折射出上述各種理論方法無不加以關注的迷人光彩——展現或隱含在敍事作品裡的人類的各種存在方式與表達方式。再就電影研究領域講，長時期的趕學術時髦恐怕也使我們丟掉了一些東西，可能有些東西我們也沒有立足於電影的特性對它們加以細緻的研究。因此，本文試圖以「多重決定」的觀點爲參照，回到格雷馬斯①，重新探討一下電影特有的敍述結構、敍述成分以及它們在社會發展中的變化(transformation)。

儘管晚近的敍事研究多側重分析某部作品是如何敍事的、敍事的操縱以及敍事活動與觀者／讀者的關係等問題，但無論如何，做爲這些研究之基礎的基本敍述結構和話語結構、敍述的基本成分以及它們在上述兩個結構中，可能形成的語義關係仍是作品含義生產的根本所在。尤其是話語層面諸種成分（主要是「扮者」和「形象」）的規範狀態及其變形，對於研究中國改革開放時期在表現形式和內容上不斷豐富與發展著的敍事作品（當然包括電影作品）仍具有非常重要的意義。在探討這些問題之前，有必要簡單描述一下格雷馬斯敍事理論中有關的主要概念。

在格雷馬斯的分析圖式中，敍事作品包含兩個最基本的層面，即敍述層和話語層。這兩個層面既相互獨立，又相互契合，因而對它們的分析研究也是注重聯繫和連續性的。格雷馬斯對敍事理論所做的最重要的貢獻之一就是他針對上述兩個層面的研究所提出的「動素」(actant)和「扮者」的概念以及從動素結構和扮者結構入手的敍事分析。

格雷馬斯的「動素」概念借自法國語言學家泰尼埃爾(Lucien Tesniere)，但也可看出普羅普(V. Propp)七種人物劃分的影響②。不同的是，普羅普用一系列謂語來確定每個人物，而格雷馬斯則把人物置於謂語關係之外，並將人物的主題作用放在首要位置。在格雷馬斯那裡，動素是敍事中重複出現的元素，但它們只是定位於敍述層面的一種抽象的句法成分，有別於話語層面的「人物」(語義成分)。格雷馬斯歸納有六種動素：發送者、主體、客體、受惠者(接收者)、助手和敵手。這一動素模型暗示出一個有著古老文化底蘊的敍事規範：一個發送者派一個主體找回或奪回一個客體，主體遇到一個助手並／或接近一個敵手，在敵之先或從敵手中獲得那個客體，戰勝敵手，最後把客體交給受惠者(有時發送者也是受惠者，有時主體本人就是受惠者)。

這一模型僅僅提供了一個敍事中的抽象關係，或者說代表了一種敍事「潛能」(competence)。而在敍事的「實演」(performance)中，動素均要被「命名」，即要由「扮者」(acteur)來體現。扮者總是以人物的形式出現，但有時也表現爲一些客觀物體(寶物、要塞等)或抽象之物(信念、法規、制度等)。動素在扮者那裡獲得了語義成分，敍事分析也由此進入話語層。

在敍事話語中，我們可以看到扮者結構與動素結構的重疊，或者說扮者與動素的重合。在最簡單的敍事——比如神話或民間故事——中常會看到這種情況(仍以上述動素模型的特定順序爲例：

主體便是故事中的英雄，敵手常常是一個惡魔。惡魔將公主（客體）擄去，於是國王（發送者）委派英雄去奪回公主，英雄救美過程中總會遇到一個幫手（助手），最後英雄戰勝惡魔，救出公主，並把她還給國王（這時國王便成了受惠者），或者國王把公主嫁給英雄（這種結局表明：在國王的許諾以及英雄與公主之間的愛情中隱含了一種契約關係；這時英雄本人即成爲受惠者）。——從有無這種契約所產生的不同結局可以發現，契約關係會引起扮者的重新分布。這就是說，在某種（比如契約關係，或更加複雜的）情況下，扮者不但至少要擔負一個主題角色，而且還常常要完成兩三種動素的任務。一般而言，一個扮者所擔負的動素功能越多，這個人物也就越顯得複雜或神祕。比如在影片《戰慄遊戲》（*Misery*）中，女主角安妮先是做爲助手出現（救保羅出險），後來便成爲保羅（英雄／男主角）的敵手（他重獲自由的敵人）。此外，她也是一個發送者——「委派」保羅繼續《苦兒》系列小說的寫作，一個助手——「侍候」他寫作，一個受惠者——得到小說（客體），滿足了自己的渴念。當然最後小說又得而復失，安妮還賠上了一條命。再如〇〇七影片中，那些美女正是由於她們忽而是助手、忽而又變成敵手、忽而又成爲客體（男性的慾望對象）而顯得神祕莫測。③

到此爲止，文學的敍事分析和電影的敍事分析還沒有什麼不同。而下一個概念的引入將會使上述兩種分析區別開來，這就是「形象」（figure）。就如這個詞在英法等語言中的含義一樣，我們不僅把它視爲事物如其所是的外觀，而且也把它看做是以形象寓示含義的各種方式與策略（即「修辭格」）。文學作品中的各種形象（比如人物及其生活環境等等）是用文字表現的，我們須靠想像來感受它們，而電影卻能將這些形象直觀地呈現在我們面前，雖然就「形象」的第二層含義講，無論理解文學作品還是電影作品，都需要我們的智性和悟性。總之，當我們在電影中不僅認出扮者的形象／

修辭，而且也能發現其他（特別是環境造型）的形象／修辭時，我們便眞正觸及電影含義的生成之源了。

在話語層面辨認扮者是理解作品含義的最基本的步驟。在電影中同樣可以沿用格雷馬斯的定義：扮者就是起動素作用並有某（幾）種主題作用的形象。比如英雄（主體）總是代表著勇敢和正義（兩個和諧的主題），而歹徒（敵手）則代表卑劣和邪惡（同是兩個和諧的主題）。如前所述，電影與文學不同的是，電影的視聽造型特性可以把這兩種人物的形象生動地呈現在銀幕上。不惟如此，電影還在這些形象裡加入了電影特有的表意形式——通過攝影機操作、佈光、化妝和服裝等工作完成的攝影造型，或稱影象造型。④

自有敘事電影以來，特別是由於德國表現主義電影的影響，一些人物的造型特徵逐漸固定下來，形成模式。甚至特定的電影造型方式也變成了某種語義元素。比如，歹徒臉上要蒙上一片陰影，或者用柔和的佈光和暖調來拍一個善良的姑娘或慈祥的母親。甚至在意識形態上相距甚遠的好萊塢類型片和中國（大陸）影片中，都毫無二致的存在著這種二元對立的形象／修辭。用具有二元對立語義元素的造型模式來塑造處於善惡兩級的扮者，其銀幕效果，我們借用格雷馬斯的「形象域」（the field of the figure）概念，稱之爲「類型化的扮者形象域」。在話語層面，這種扮者及其形象域最突出地承載著意識形態的傳導與灌輸功能。

在中國（大陸）電影中，這種類型化的扮者形象域做爲一種創作模式於文化革命時期被推至極端：比如，正面英雄人物在畫面中要佔主要地位，要顯得高大，而反面人物則要顯得渺小（我大敵小）；變英雄人物的佈光要明亮的暖調，對反面人物則暗淡得多，甚至用冷調（我明敵暗）；對英雄人物要仰拍，對反面人物則俯拍（我仰敵俯）等等。

正如上述人物造型原則所顯示的，在一九四九年至文化革命前、特別是文革中的影片中，類型化扮者形象中的各種語義元素是和諧統一的，即正面語義的造型元素附著於正面人物，負面語義的造型元素附著於反面人物。在文革結束後相當長的一段時間裡，這一造型原則並無多大變化。直至一九八四年第五代導演的第一部作品《一個和八個》才從根本上對上述創作原則提出挑戰。影片粗獷的攝影造型風格在八個「壞人」身上表現得強烈剛勁而又非常和諧（在中國電影中如此人物描寫和攝影造型風格是空前的），而蒙在鋤奸科長形象上的一片陰影則使他成爲了一個含義曖昧的「正面」人物（負中有正，正中有負）。

再從敘事層面看，無論在神話故事還是民間傳說中，發送者的地位十分重要。它往往代表天意（神意）或正義和公平。這一點在中國的一般影片和好萊塢的一般影片中也有著鮮明的體現。在中國影片中，這種行爲發送者的扮者往往是有一定級別的黨務或行政官員（文革前、中常爲黨支部書記或黨委書記，文革後又幾乎都變成了市長或廠長）。在公安題材的影片中，起發送者作用的基本是公安局長，好萊塢的情況與此類似，永遠在上級領導身上體現政治制度中「好」的一面：「民主」、「法律」與「公允」，以及對法律和政策的正確執行。有時也包括對部下（英雄）「出格」行爲的在情感上的寬容。我們可以把這種發送者稱爲「終極發送者」（ultimate sender）以區別某個語段或某個情節中的一般發送者。

如果我們運用這一概念來考察一下人類歷史中各個時期的東西方敘事作品，就會發現一個很有意思的現象。首先，無論是在西方還是在中國的古代敘事作品中，終極發送者（往往由某個神、國王／皇帝或村裡的長老來「扮演」）有著非常重要的意識形態主導地位。其權力主要體現在「命令」和「裁斷」這兩個敘事功能上。「忠」（忠神、忠君）、「順」（服從）的英雄（主體）永遠在意識形態上受到最高的褒獎。

西方資本主義的發展對終極發送者的地位產生了強有力的衝擊。其結果是英雄（主體）神話的無限膨脹。原先在終極發送者身上體現的主導意識形態傾向逐漸改由「獨斷專行」的英雄（主體）來表現了；前者的地位越來越低，作用也越來越小。在某些作品中，終極發送者甚至成了反面形象（至少在敘事電影中，我們可以舉政治片和部分間諜片爲例）。而中國電影做爲一種「民族的寓言」，其終極發送者（做爲民衆領袖）在意識形態上的主宰地位一直是至尊無上、不可冒犯的。當然，描寫非黨領導下的政治生活、社會生活和個人生活的作品不屬此列（比如描寫封建社會生活的作品等）。文革之後，這種情況開始有了些變化。與上述西方情況相比，我們的變化主要發生在終極發送者與其扮者的關係上。在文革時期的影片中，終極發送者的位置是由黨的領導的體現者——黨委書記、支部書記佔據的。他（她）們是黨的絕對正確的化身。文革後，隨著經濟建設漸居國家生活的主位，而且也由於對文革時期文藝作品人物模式（書記代表正確路線，×長則代表錯誤路線）的反撥，「扮演」終極發送者的人物便從黨的幹部逐漸變成了行政管理幹部（省長、市長、縣長）或經濟幹部（廠長、經理）。在一些極端的例子中，黨的幹部幾乎成了「反面」人物——頭腦僵化，只知道搞階級鬥爭（如《黑炮事件》）。革命歷史題材的影片中也出現了類似情況。另一個變化是：在文革以前和文革期間的現實題材影片中，終極發送者幾乎是無所不在，每片必有的。而近幾年來，終極發送者基本上只出現於革命歷史題材和標準的「主旋律」影片中。終極發送者在一般影片中的「消隱」在東西方各有不同的社會歷史根源，這一點因論題和篇幅有限，就不在此展開討論了。

以上我們主要討論的是話語層面的扮者，即起動素作用又有某種主題作用的形象。事實上，在電影中還有另外一種形象，即有主題作用而無動素作用的形象。

在文學作品中，描寫(description)和敘事(narration)是相對的。描寫一般包括心理的、景物和氣氛的。當描寫出現時，敘事便停頓下來。格雷馬斯把描寫部分的文字稱爲「形質語段」(enonce qualificatif)，以使其與敘事語段(enonce narratif)區別開來。格雷馬斯一方面認爲「形質語段」(即描寫）是一種自律成分，因而可以在敘事分析中將它「懸置」一邊；但另一方面他在分析作品中不同形式的語義空間時，也注意到環境背景（描寫）與動素／扮者之動作的相應關係。例如，在分析一個立陶宛(Lithuanian)民間故事時，他發現聖器管理人被殺於神壇，執事則受傷於尖塔，而俗人只能挨打於墓地——動作空間的語義相應於扮者身分的逐次降低。

巴特則以一種更加系統性的敘事分析觀點來看待描寫。他的「功能」定義便不限於動作成分，他不僅將整體的、系統的觀點引入對作品敘事成分的考察，同時也將這種觀點擴展到對描寫成分的分析。他認爲功能就是「能夠在敘事作品裡播下一個成分以後在同一層面或另一層面上成熟的東西」。也就是說，一個形象（或細節）無論多小，無論它是獨立的描寫（副省長家裡的鸚鵡），還是敘事語段中的描寫成分（「邦德拿起四個話筒中的一個」），只要它在全文中具有重要意義，便構成一個功能。⑤簡言之，功能不僅是對下文乃至結局構成重要意義的動作，而且也可以是對整個作品構成重要意義的形象。這種形象便是我們將要討論的「有主題作用但無動素作用的形象」。

與文學作品不同，電影的敘事和描寫是同時呈現於觀者的。我們看到人物、動作的同時也看到了人物和動作的環境。文學中的描寫在此相當於電影中的人物造型和環境造型。就環境形象而言，其具體、細膩和逼眞的程度是電影以前的任何藝術形式都無法達到的。然而，自電影成爲一種成熟的敘事形式後，環境形象便似乎只是故事發生的單純背景了。對此不滿的電影創作者於是開始了兩個方向的探索。⑥一是反對敘事，而把「描寫的自律性」推到極端，以多種方式探索影像的表現力。這種電影形式多見於實驗片中。二是在敘事電影中注重營造與故事的主題和含義相應的環境形象，⑦並利用重複、對比、對應等手法，使分布在衆多段落中的形象構成一種關係網。這就是說，當一些形象反覆出現（或伴隨著特定的人物，或與故事的含義構成某種語義關係）時，便在整部影片中構成一種有主題作用的話語「構型」（configuration）。用符號學術語講，當形象從形象層面上升至敘事層面並與該層面的諸多元素構成某種語義關係時，做爲意符（形式）的形象便獲得其意指（含義）了。亦如巴特所言，在具體成分中播種，而在整體意義上成熟。這種形象與構型的主題作用亦有兩種，即審美的和意識形態的。對敘述分析來說，前者可謂美味佳肴，後者則是家常便飯。當然，審美和意識形態常常是同時對觀衆起作用的。在觀衆接受方面亦是如此。或是兼收並蓄，或是完全排斥，自然也有接受某一方而排斥另一方面的情況。

中國電影由於其注重人物與故事的傳統，長期以來只把環境造型當做是用現實主義手法搭建的故事背景。雖然在單個段落內不乏有主題作用的環境形象和明喻性的修辭（如困難時刻雲遮月、壯烈時刻松柏狂濤等等），卻很難一見在影片整體意義上的形象／寓義空間。吳永剛的《浪淘沙》（一九三六）和費穆的《小城之春》（一九四八）幾乎成了空前絕後的特例，直到第五代作品的問世。如果說《一個和八個》的環境造型還只是出於一種美學上的直覺的話，那麼《黃土地》的形象／寓義空間的建構則完全是思想的產物。影片中重複出現的黃土、黃河與其他形象（人物的和民俗的，以及「腰鼓」和「求雨」）一起在整體意義上形成了具有深厚文化歷史內涵的完整構型。其後在環境形象上具有同樣重要意義的影片是《黑炮事件》（一九八六）。影片中封閉壓抑的環境形象隨處可見，從而構成一種同質的形象之網，大大深化了影片敍事所闡發的思想含義。值得一提的還有影片《海灘》中海灘與城市的形象對立等等。

國內也曾出現過「淡化敍事」，即沿上述第一種方向去探索電影「描寫的自律性」的作品，如《姊姊》（一九八三）和《霧界》（一九八六）等片。由於這些影片的環境形象沒有同敍事構成密切的、有主題意義的同質關係，因而它們只能做爲電影作品而受到關注電影本體的人們的重視，但對於敍事的電影來說便意義甚微了。

總之，我們在此想要指出的是，把含義（表意）放在首位的敍事分析，特別是對電影的敍事分析不僅要研究扮者結構和情節結構，也要研究與人物、故事密切相關的形象結構。這恐怕也是電影的特殊性所決定的。

現在讓我們帶著以上取得的「成果」回到對扮者與敍事結構的考察上來，探討一下現當代電影中的一些複雜情況。

如前所述，在世界各國的大多數影片（無論是好萊塢類型片、還是歐洲國家的大部分商業片，甚至我國及其他第三世界國家的大部分影片）中，敍事中的扮者／人物都是善惡分明的，而圍繞著他（她）們的形象系統在語義上也是各司其職、淸晰明瞭。觀衆在感受影片中的人物、理解影片寓意時可以說毫不費力。然而，在現當代的一些比較複雜的影片中，扮者身上會有兩種情況使觀衆的接受產生困難或混亂。首先，當一個扮者承載多種動素的功能，尤其是在偏離了符合主流意識形態和保守觀衆接受定勢的類型化扮者模式時（比如，主角並非神話中的英雄或完人，而是日常生活中的有著人性弱點的普通人；歹徒也並非絕對的惡魔，而是制度或人性錯誤的犧牲品），在話語層面會使內含差異甚至矛盾的語義——反映著社會上存在著的中心與邊緣、保守與激進以及這兩極之間的各種政治的、法律的、倫理道德的、藝術的等等意識形態觀點，以及基於這些觀點的思維、言談和行爲方式——匯聚在這種扮者身上，從而在作品的意識形態生產和傳導上造成一種緊張局面（一般商業片的電影創作者傾向於利用人物的多面性格來吸引觀衆和引導觀衆，並在影片結尾時設法使上述緊張局面緩和下來，甚至乾脆把它消隱掉。而有思想的導演則恰恰相反，即要加強和擴大這種緊張局面）。其次，以上述扮者複雜個性爲創作依據，在電影化的扮者造型上突破了類型化的形象／寓義模式（不再絕對地紅光照英雄、藍光照歹徒，黑喩惡、白喩善，陰影寓險惡、高調表純眞等等），即在描寫內心複雜、善惡難辨的人物過程中，使具有相異語義甚至相互矛盾語義的多種造型元素匯聚於這種扮者。這種旨在與人物內心吻合的扮者造型衝破了迎合大衆接受定勢的陳舊模式，因而使觀衆在對人物外表的直接感受中產生一種與敘事效果相應的混合心理：理智上的推拒與情感上的認同，或是相反。這些都爲我們研究針對一般敘事規範而言的變異情況以及分析這些變異對含義生產的影響提供了令人感興趣的對象。

在現當代電影的敘事結構中出現的一些新情況與上述扮者的狀況類似。就如好萊塢爲世界上所有的電影樹立了電影語言的規範一樣，它也爲其他電影樹立了一個敘事的規範。這種規範之所以被普遍認可，皆因它源於世界各民族所共有的神話模式。這種敘事規範或模式有兩個最根本的基質：

一是含義的，叫「正義必勝邪惡」；二是故事的，即大團圓結局。幾十年來，現代文藝作品（尤其應提到六、七○年代的電影作品）對這種規範展開了全面的挑戰。直至今日，仍可見到批評家們通過定量分析來確認某一作品對一般敘事規範的背離程度（特別是結局），並結合對具體扮者、具體段落以至整個作品的意識形態屬性（以及作品的風格等）的考察來評價作品的政治傾向和藝術水平。然而，當今的文藝作品卻呈現出其特殊的複雜性。首先，由於當代社會已將具有革命意義的現代主義納入了日常生活的消費規範，我們天天耳聞目睹的是鋪天蓋地的現代主義「贗品」(kitch)。事實上，現代主義已成爲一種「舊的」傳統。加之好萊塢之外（包括美國本土的、歐洲的，特別是第三世界國家）的電影創作者出於吸引觀衆、傳達思想的目的而對好萊塢大衆化電影語言模式的借鑑，以及當地意識形態的和文化的形勢因素的影響，有些作品雖然在形式上的對傳統敘事規範有所偏離，但其內容卻傳達著陳腐的意識形態信息；而也有些作品雖然沿襲傳統的敘事形式，但內容卻是激進的、顚覆性的。⑧其次，在八○年代以來，中國和美國的很多電影作品中有一種共同的特徵，即意識形態的或文化的雜處與雜交的混亂現象(其中包括上述兩個神話基質在各自特定條件下的復歸)。在西方，人們把它歸之於後現代主義或後工業社會拼合(bricolage)文化的產物。在中國，這種現象雖自有其根源，卻也是數種社會形態（封建主義、社會主義、資本主義）縱橫作用、三十年封閉十年浩劫的深重影響匯聚於八○年代改革開放的結果。在這類作品中，敘事結局雖仍可做爲衡量作品忠順還是背離規範的基本標準，但敘事進程中顯露出來的衝突和矛盾則因其對敘事結局的意識形態效果所起的顚覆作用已逐漸成爲分析研究的重點和評價作品的重要依據。

格雷馬斯的敘事模式並不是全能的，但它畢竟再現了世間一切敘事作品都要在其標準下接受檢驗的「終極規範」，並爲我們提供了一種分析方法。我們可以根據這種規範和方法去考察不同階級、民族、種族和性別的不同話語在作品中的表現與交鋒，分析同一形象在不同語境中的多義性以及同一主題在不同形象中的表達特點，甚至探討由於社會壓力和作者心理特徵所造成的在扮者和形象中體現出來的「移置作用」(displacement)和「凝縮作用」(condensation)等等。人類存在一天，便不會沒有敘事。隨著社會文化的發展，敘事研究自然也不甘囿於抽象的公式或糾纏於一些語法術語，而會同意識形態分析、文化分析、歷史分析以及正文分析一起（或以某種結合形式）馳騁於敘事這一廣闊的場域(site)。

註釋

①這種做法旨在㈠選取格雷馬斯早期理論中能以說明電影問題的一些概念（而非其理論的整個架構），來重新檢驗一下敘述理論在電影研究中的作爲。要點在於：這種討論既是敘述理論的，也是電影的，即它是以電影特性做爲分析和闡釋的基礎，而不僅僅是套用敘述理論來分析電影中的故事。㈡二元對立的觀點的確在後期結構主義理論中受到質疑，但我們選擇和應用理論方法似更應基於它的有效性。在處理內容中二元對立非常鮮明的作品時，分析和討論自然會偏重於有關二元對立的理論規範，這種做法至少對大部分好萊塢類型片以及大部分大陸、台灣、香港電影來說是適用的，雖然有時失於簡單——也正因爲如此，本文根據大陸改革開放以來的電影發展以整個世界現當代電影文化的發展，對一些比較複雜的電影情況做了簡要的分析和闡釋。就像大家所看到的，在這種討論中，二元對立的規範便自然隱退，取而代之的是一種更爲辯證的研究觀點。

②普羅普（一八九五—一九七〇），俄國民俗學家。著有《民間故事形態學》（一九二八）等。他從民間故事中概括出七種基本人物：英雄、公主、委託人、侵犯者、作惡者、輔佐者和假英雄。

③女性扮者的特殊動素作用以及她們與男性扮者和（男性）觀衆的關係並非本文的主要論題，因此就不詳細討論了。在此僅說明一點：電影研究中的女性主義批評在很大程度上是基於（或者說結合了）敍述理論的，而且成果頗豐。

④這裡爲敍述簡便起見，有意忽略了電影聲音的作用。

⑤見巴特：《敍事作品結構分析導論》第二部分「功能」。

⑥格雷馬斯關於「形質語段的自律性」和「形象與構型」的概念恰好與這兩種方向暗合。

⑦單個段落中「配合」情節含義或人物描寫的形象／修辭較爲常見，如畫面中二人之間隔著柱子、柵欄等便暗示二人的心理隔閡等等。在此我們主要討論在影片整體意義上具有主題作用的形象與構型。

⑧對政治背景、作者情況以及作品意識形態效果的分析範例，請見"The Editors of Cahiers du Cinema: John Ford's Young Mr. Lincoln".

參考文獻

A. J. Greimas: "Narrative Grammar: Units and Levels." 中譯文見《當代電影》，第一期，一九八八。

A. J. Greimas: "Actant, Acteur et Figure." 中譯文見《敍述學研究》。北京：中國社會科學出版社，一九八九。

Roland Barthes: "Introduction 'a l'analyse structurale des re'cits." 中譯文同上。

困境與裂隙：邁向九〇年代的新中國電影

◆戴錦華

在前工業社會與後現代主義文化之間

九〇年代初年的中國電影，呈現爲一個特定的社會語境中的零亂而繁複的語義場。一邊是做爲前工業社會文化範型的歷史獨白和經典話語複述的主流電影的再度湧現；一邊是在後現代主義的悄然滲透、在西方文化的優越視點的籠罩和籲請之中，在相對延宕了的現代化進程的時間霧障中更顯露出其困窘與尷尬的藝術電影的製作。九〇年代的中國藝術電影，具體地說，是所謂第五代的創作，面臨著一前工業社會與後現代主義文化之間的狹隙，面臨著橫陳的民族文化裂谷與社會經濟擠壓下的生存困境。繼一九八七年，第五代的創作——歷史、文化反思的、構造元歷史和元語言的，典型的現代主義嘗試：對不可表達之物的表達，以《孩子王》、《紅高粱》爲其藝術審美和文化陳述之維的兩極，而頗爲恢弘地宣告了解體和終結之後；一九八八—一九八九年，城市電影的創作潮——一次有意識的後現代主義藝術實踐頗有意味地終止於一部第四代導演（謝飛）製作的影片《本命年》，終止在影片那個封閉的、寓言式的結局之上：燦爛的露天舞台的燈光依次熄滅，主人公孤寂地死在舞台之下。第五代的創作在經歷了一次短暫的精神漂泊之後，重回一九八四年。

九〇年代，當第五代再度開始營造關於中國歷史的電影正文時，它所提供的已不復是一個圍繞著內視、自省視點的民族生存、文化的寓言，不復是一個有機的、現實與歷史的複調式對話。①八〇年代末，中國社會的現實震盪，造成了一次新的震驚體驗與創傷記憶；②張皇之間，一個文明颶風到來之前的歷史反視失去了它的現實立足點。現實，做爲構置歷史寓言的基本視域，失去了它原有的明晰與確定。似乎是歷史環舞中的一幕，又似乎是崩解之後、遺落在一片空明之中的、仿若相識的一節鏈環。於是，在九〇年代的第五代電影正文中，現實在與歷史的相疊之際，漸次相背而去。同時，電影，做爲藝術／商業／工業／意識形態的節點，九〇年代中國的社會經濟現實爲第五代的藝術創作設下了一個更爲艱難的生存困境。逃脫之路當然並非是純藝術的潔身自好，因爲「電影是一種太過昂貴的話語」③；而是對另一市場——西方，尤其是歐洲藝術電影市場的爭取。而在國際重要電影節上獲獎則是到達這一電影市場的唯一通道。繼以國際電影節獲獎之爲中國藝術電影成功的標誌之後，獲獎也成了藝術電影的求生存之路——成爲獲取海外電影投資、合拍、協拍機會的起點與機遇。頗爲荒誕地，這一方式成了堅持藝術與文化立場的電影導演們逃脫商業大潮與主流模式的唯一一道窄門。似乎是一種反諷，這一逃脫之路的到達，無異於另一次落網。首先，當獲獎與海外投資由手段而爲目的之後，尋找一種西方文化視域中的東方呈現便成爲創作的前提，而將西方式的文化視點、國際電影節評委的口味、其對中國電影／第五代電影之預期投射的內在化，便成爲影片敍事主體重構的過程。而此間成功地通過了這扇窄門的第五代作品，做爲一種在歐洲中心文化中尋找自己邊緣位置的、自知的他性文化的呈現，在逃脫一種權力話語的同時，失陷於另一權力話語的軛下。④在這副自由枷鎖間恣意而輾轉的中國藝術電影正文，漸次布滿了裂隙；當歷史敍事不再做爲基於現實的「破壞性重述」⑤時，它便開始蛻變爲一種後現代主義的複製⑥；一個西方文化視域中的、異樣而非異己的語義場，一個可供觀賞的、前工業社會表象之連綴。

筆者曾於一舊文中談及⑦，始於八〇年代中期的歷史、文化反思運動本身，正是一個其內涵自相悖反的運動，一個個悖論式的文化、政治命題的呈現。一邊是所謂啓蒙的：完成一個深入的文化內省與歷史批判，永遠地放逐並埋葬五千年的歷史幽靈，爲將臨、已至的現代化進程拓清道路。它是一次再次爲救亡運動所延宕「五四」文化運動的繼續。而另一邊則尋根的：試圖在「五四」文化裂谷之上搭設橋樑，重返民族文化本源，再塑民族文化本體。後者同時也是前者的一種更爲深刻、內在的要求：只有還原歷史的「膏丹丸散、陳年古簿」而爲一歷史的實存，才有可能重寫歷史；只有穿越「五四」文化裂谷所造成的語言與時空的霧障，才有可能完成一次深刻而從容的反思與清算。同時，所謂反思與尋根，也是文明颶風徹底阻斷歷史視域之前的最後一次返視與回瞻。它是試圖結束「五四」以來，中國文化、中國知識份子特定的「內在流放」⑧經歷的、一次幾近絕望的努力。筆者認爲，「五四文化運動」，其爲一場文化革命的最爲深刻之處，在於白話文對文言文的革命性替代。如果說，語言秩序便是社會秩序的核心呈現；⑨話語結構便是權力結構的異質同構體；⑩那麼「五四」語言、文體革命勢必構成了一次文化的、與歷史的斷裂。而白話文的確立，同時湧入的大量外來語彙，以及西方文化的進入及內在化過程，客觀上造成「五四」之後（不是「五四」之中）的幾代中國知識份子異化並外在於民族文化本體的歷史現實，這是一個文化與精神的「內在流放」過程。而反傳統的、歷史批判的立場（「與傳統觀念徹底決裂」）之爲主流意識形態獨尊地位的確立，「血跡斑斑的百年記憶」的反覆重述，又在不斷地加強這一過程。於是，一種新的語言秩序、新的文化範式、一種新的意識形態化的文化立場所造成的「內在流放」，使得中國民族文化本體和爲語言所負載的民族經驗之於「五四」後的中國知識份子，成爲一種隔膜的、陌生而空洞的存在（所謂「歷史的無物之陣」）。而八〇年代中期的歷史文化反思、尋根運動，同時也是在某種意義上，試圖結束這一「內在流放」，將民族文化、經驗、記憶重新組織爲當代文化的有機部分。然而，當八〇年代後期急劇加速的現代化進程與卒臨的商業化大潮在中斷了反思運動的同時，製造了新的文化斷裂。於是，九〇年代初，中國文化視域中曖昧而迷人的歷史正文，便在一個新的陌生化、間離化的過程中，在後殖民主義文化的扭曲之中，成爲那一「內在流放」再度呈現。在將「他者」／西方文化的視點的內在化過程中，民族文化、民族經驗被更爲深刻地疏離、凍結於「他人的語言」與表象的絢爛之中。

歷史與話語

成功通過了那扇時代之窄門，而且似乎更爲成功地逃脫了雙重文化視點、權力話語的逼視與威懾的，當推張藝謀。他做爲第五代電影語言的營造者與奠基者之一，其執導第一部作品《紅高粱》便成了文化裂谷側畔的一處標誌。其間，張藝謀以張揚而頗富神采的民族神話取代了第五代寓言式自我纏繞的文化困境，在影片象徵性的成人式中、在爲第五代設定爲缺席的英雄的登場中，一舉以東方／中國文化主體的形象出現在西方世界面前。而做爲九〇年代藝術電影逃脫的特例，他的《菊豆》和《大紅燈籠高高掛》則以萬軍之中長驅直入的氣勢，極爲成功地切入歐洲、甚或美國文化視域(《菊豆》、《大紅燈籠高高掛》連年獲奧斯卡最佳外語片提名，開中國電影做爲強有力的入圍影片、角逐奧斯卡之先例；《菊豆》雖競爭坎城失利，但《大紅燈籠高高掛》卻獲威尼斯電影節銀獎。兩部影片均在西方電影市場上盛極一時）。於是，張藝謀之影片成了中國電影一個特殊的邊緣，但成了西方文化邊緣地帶中國電影主流的指稱。

張藝謀之成功，或曰逃脫中的落網（更爲準確地說，是投身於網中），在於他明智地避開了歷史文化反思這一薛西弗斯(Sisyphe)[11]式精神跋涉；以輕盈的三級跳越過第五代或曰尋根派的文化溯源與歷史批判的雙重悖反的使命怪圈。相反「歷史的無物之陣」或文明將堆起阻斷回瞻視域的垃圾，爲張藝謀提供了一份便利，一個空明的遊戲場，一個成功地變歷史而爲話語、變歷史敘事而爲歷史故事的複製、變反思使命的負荷而爲西方文化預期中的東方文化表象的營造的空間。對歷史循環的指認成爲《菊豆》中構成敘事循環、意義的反轉與增殖的契機；文化反思的經典敘事模式：父子秩序的森嚴、他人的女人、「他人」的血脈的歷史毀滅力，成爲構成一個西方的、佛洛依德式窺視、洞穴的視覺主題與關於慾望之敘事的重要方式；歷史的沉滯、縈迴不去的幽靈與陰影成了《天工開物》式的染坊的奇觀空間、色彩明麗而斑斕的懸垂的色布。一個關乎東方殺子文化的歷史話語被張藝謀成功地疊加在一個西方文化的弒父情境之中。

於是，《菊豆》這個情慾與酷烈的故事便搬演在一個古意盎然的造型空間中。在大部分日景的段落裡，整個染坊瀉滿了金黃色的光霧，一匹匹瀑布般落下的色布，爲古樸滯重的染具添加了輕盈的動感。既使反覆在大俯拍中呈現的囚牢般的四合院天井，也爲懸垂、拂動的紅黃色布點染了幾許風情。而在影片的敘事結構中，全部情節與造型元素都以循環／毀滅的方式複沓呈現。對歷史循環的思考成了循環敘事的依託。父子秩序、慾望與禁止、歷史宿命與歷史的閹割力，不僅成爲影片正文對象徵秩序的呈現，而且就是影片核心被述事件。如果說，「好男無好妻，賴漢娶花枝」這一故事母題，在尋根派那裡用於歷史批判、象喻父子秩序、權力結構與歷史閹割力；那麼，這一母題在《菊豆》中疊加而爲歷史與權力的固化形式。「父親」、父權成爲歷史空間中「父之名」[12]的統御。在《菊豆》的敘境中，父權始終是一個虛空卻不可撼動的稱謂與神聖。在意義層面上佔據了「父親」位置的無疑是染坊主人楊金山（李緯飾）。做爲這一母題中的基本要素，他只是憑藉元社會中的權力地位和金錢「佔有」菊豆（鞏俐飾），如同佔有染坊、騾子；這又無疑是徒有其名的佔有。然而在這一特定的母題中，「父親」性能力的殘缺並不意味著父權的殘損；相反，性無能者對敘境中女人的合法佔有，成爲對他人／子一代的壓抑與剝奪，正是歷史閹割力的呈現。楊金山並非父權與秩序的化身，他只是那香火甚盛的祖先牌位、「楊家先人」的後繼者之一，無數「子」構成的鏈條中的一環。他的全部慾望只是一個絕望的、甚不稱職的使命：傳宗接代、延續子孫。而影片情節中最爲重要的循環之一，是由子一輩匡正、加固了傾斜的、被侵害了的父權。一如《紅高粱》中，在酒缸中嬉戲、喊爹叫娘的豆官將「我爺爺」指認爲秩序中人，「父親」之位的合法佔有者，而不是一個僭越者；而《菊豆》中，天白將楊金山稱之爲「爹」，則意味著對一個「合法」稱謂的歸還，意味著秩序的再確認。不是來自父權（諸如影片敘境中那個老邁迂腐的楊氏族長）的權勢與暴虐懲治了天青（李保田飾）、菊豆的慾望與僭越，而是秩序的、名分的、非血緣的父子間的指認與銜接，將僭越者放逐到秩序外的幽冥之中。於是，頗有反諷與喜劇意味的「擋棺」一場，便在七度哭喊著撲倒塵埃的天青、菊豆與六次反打爲大仰拍鏡頭、炫目的陽光裡赫然端坐棺頂、手捧死者牌位孺子天白的切換中，添加了悲劇與循環的味道。這是來自父與子雙重意義上的懲戒。當「父親」的權力確乎成了「父之名」、成了一個空位的時候，它卻陡增了眞確的威懾與權勢，因爲此時，它是由年輕、強悍的子一代來執行的。於是，兩度出現的「鈴兒鈴兒蒼啷啷」童謠，循環式地印證了父權與秩序的最後勝利。其第一次出現的時候，是僭越者似乎獲勝的間隙中，天青、菊豆抱著襁褓中的天白，在拂動的明艷的色布間，伴著染坊絞輪的脆響，歡樂的唱起這隻童謠；第二次則是在菊豆的避孕嘗試成了非人的酷刑、而幼年的天白固執地立在他們「淫亂」門前、不停地擲石塊之後，懸在屋樑上木桶中的楊金山唱起了這隻童謠。伴著夜色中升搖拍攝空洞、陰森屋頂的鏡頭，銀幕空間中迴盪著那蒼老刻毒、充滿快意的聲音。

劉恆的原作《伏羲伏羲》做爲文化反思、尋根小說中的一部，無疑是一個東方式的殺子故事，一個無聲、無血的虐殺故事。而在影片《菊豆》中則兩度出現了弒父情境。第一次只是偶然間的失誤：幼小的天白牽翻了楊金山的木桶，將他翻入了血紅的染池；而第二次則是一次蓄意的謀殺。長大成人的天白從天青、菊豆「苟合」的洞穴中背出天青，把他扔進了血紅的染池，並在菊豆非人的哀告聲中冷酷而準確地打落了天青攀在絞輪上的雙手。事實上，這也是從小說到電影最重要的改編之一。原作中，只是天青無法忍受天白那日復一日的冷酷的目光，終於赤身裸體地將自己淹死在水缸裡。一個謙卑的謝罪式。而在影片中，這一無血的自戕，成了染血的謀殺。它仍是一次殺子式，天白所做的只是楊金山無力完成的懲罰；但它發生在敍境中，菊豆的明言：「今個兒我把話明撂給你：楊天青他是你的親爹！」之後，便潛在地成了西方文化視域中的伊底帕斯（Oedipus）情境。做爲造型因素的複沓，是成匹殷紅的色布窸窸窣窣地墜落。先是在天青、菊豆第一次交歡的時刻，墜落的紅布掠過菊豆的鬢角、面頰，成了狂舞的紅高粱的對應；第二次則是隨著天白打落了天青攀著絞輪的雙手，墜落的紅色布跌在染池中天青的頭頂上，成了他葬身的墳墓。而影片情節的另一處複沓，同時也是張藝謀對原作結局的另一修訂：不是天青謙卑地自盡之後，菊豆帶著一個不足月的孩子回到了村子，這個孩子依照天青、天白的排行，被取名爲天黃；無言而絕望地意味著「鐵屋子」中歲月的無盡；而是墜落的紅布緩緩疊化而爲大仰拍中染坊的天井與低垂的色布，漸次傳來了嗶嗶剝剝的烈焰升騰之聲，在一個頗長的鏡頭段落中，半瘋狂的菊豆舉火焚毀了整座染坊。這一烈焰與焚毀的結局，成了對此前楊金山喜劇放火之舉的一次悲劇式複沓。它除卻構成了一個視覺高潮之外，同時封閉了敘事，阻斷了正文歷史視域的延伸。於是，敘事所負荷的歷史反思，不復在敘事終止處延續。

如果說，《菊豆》中西方文化視域的逼近，及將這一視域的內在化的過程，呈現爲古文物的復原及表象的詩化，呈現爲傾斜的、極具佛洛依德象徵意味的洞穴和經典的窺視／暴露場景，呈現爲慾望的語言，呈現爲伊底帕斯情境；那麼，這一切尚不能完全消解第五代過度表達的電影形態，及原作《伏羲伏羲》所負荷的歷史與文化反思的內涵。《菊豆》畢竟提供了一部寓言式的正文。它仍以某種形式聯繫著九〇年代的中國，聯繫著爲八〇年代末的新的震驚體驗所製造的新的現實與歷史的霧障，及這一霧障中徘徊者所能體味到的滯重與創楚。而在《大紅燈籠高高掛》中，張藝謀爲這一西方文化視域中，中國歷史的話語化、表象化找到一個更爲得體巧妙的敘事方式。中國歷史的寓言與神話爲一幅西方視點中的中國文化鏡象所取代與消解。一個典型的中國閉鎖式空間、蘇童式的消解時間維度以消解歷史的伸延的「妻妾成群」的故事，爲張藝謀建構一個封凍在平面國中的中國文化鏡象，營造一個爲西方式的權力、慾望（對慾望之慾望）⑬、壓抑的話語所浸潤的中國歷史話語，提供便利和可能。而女人的世界，「閣樓上的瘋女人」⑭的故事使這幅鏡象更富於觀賞性。

至爲有趣的是，張藝謀爲這個蘇童的、頗有後現代意味的歷史故事選取了一個博物館做爲它呈現的舞台。《大紅燈籠高高掛》中的陳府是一處名副其實的博物館——一處古建築，並非一個陳列文物的空間，而是這一空間自身便是陳列物，便是一「件」文物。如果說，在唐那多(Eugenio Donato)那裡，「博物館」是架設在現實與現實表現之間的橋樑，通過「博物館」，不可能到達「任何眞理、實質或源泉」，因爲「博物館只能以轉喩的方式呈現物體，至少有個二次性的轉移」⑮的話；那麼，張藝謀之選取一處古建築博物館之爲影片的「外景」／電影視覺語言之首：空間造型環境，其本身便頗有意味。它成功地負荷了由中國歷史本體向電影的歷史話語的轉移。如果說在蘇童那裡，斷裂的時空指認爲虛構的敍事，將中國歷史、特定的政治、歷史話語還原陌生化、間離化的語言自身，同時完成了關於歷史之權力話語的解構；那麼，在張藝謀這兒，這一特定的空間／電影語言的選取則以「內在流放」的方式：將歷史反思封凍、放逐而爲歷史表象。如果說，蘇童的小說，在對語言秩序的顚覆中，完成著對某種權力秩序的傾覆與放逐，那麼在張藝謀的影片中，則成了西方文化視域俯瞰之下，東方文化秩序的再整合；不是本土文化視域中的陌生化，而是做爲一種趣味的、西方文化中的新奇。如一位美國影評人不無羞澀地承認：「儘管這麼說有點優越感，但我不得不說，張藝謀的影片吸引我的是那種異國情調。」這一特定的空間成爲影片敍事的主要支撑。在固定機位和俯拍全景鏡頭的經典中國式的閉鎖空間，既爲這個「妻妾成群」的故事提供了可信性與「歷史感」，又負荷著囚牢與「人性」之異化的主題：頌蓮（鞏俐飾）所謂：「我就是不明白，人在這個院子裡算個什麼東西？像狗、像貓、像耗子，什麼都像，可就是不像個人。」它同時偶合著一個當代西方文化中醒目的象喩性空間：做爲人類社會之隱喩的監獄／中心監視塔式建構。於是，在《大紅燈籠高高掛》中，第五代文化英雄主義的努力：對中國歷史、文化本體／不可表達之物的表達，成了唐那多所謂的「博物館」式的二次性轉移：變中國歷史而爲提喩式的歷史表象的呈現，變中國歷史表象而爲西方視域中的「異國情調」。第五代共同的視覺主題：空間對於時間的勝利，在《大紅燈籠高高掛》中成爲空洞而迷人的形式，成爲敍事而非反敍事的依託。

而爲這所博物館、這個典型的中國式空間點綴上風情與色彩的，是《大紅燈籠高高掛》中的另一個造型依託：大紅燈籠。它不僅成了影片敍境中引人矚目的一抹東方色彩，而且得寵與失寵的爭風，「哪院點燈、哪院點菜」葷素菜之爭、燕兒的悲劇、三院的「鬧鬼」，成爲影片被述事件的主部；它同時構成了西方視點的內在化切入：老中國歷史生存的典儀式呈現。點燈、滅燈、封燈、長明燈，黃昏時分庭院中「應召」儀式，伴著「捶腳」的杜撰之俗；頗有反諷意味的京劇的鑼鼓點兒聲、做爲悲悼主題的無伴奏、無詞的女聲吟唱、做爲無血或血腥虐殺主題的活潑的童謠、黃昏中不絕於耳的腳棰的節拍，構成了老中國死亡環舞與空洞典儀的呈現。於是，這個「女人國」的爭風吃醋的故事，並非慾望的故事，而是一個權力的故事。統御著這一閉鎖空間、決定著紅燈籠明滅，甚或不復是一個寄寓於肉身的、象徵著「父之名」形象，而是「府上的規矩」：在影片以電影特有的放逐與否定的方式，將五個女人的爭奪對象、對她們有著生殺榮辱之權的陳老爺，始終呈現爲一個背影或側面、一個缺席的在場者、一個畫外音的聲源，旨在暗示他也只是執行規矩的一具傀儡而已。而五個女人間的爭奪、仇恨、怨憎，不僅爲《大紅燈籠高高掛》提供了一個移置歷史思考與現實困境的「空洞的意指」；而且使這一非慾望、而權力的故事，成爲西方觀衆視域中的慾望呈現與指稱。頻頻出現在正面水平機位、對稱構圖中的頌蓮的近景鏡頭，迎合著西方男性觀衆慾望的目光和他們對東方佳麗的預期；並使這一形象成爲一幅關於東方的長卷畫、或彩鑲屏風上點睛之筆。

一如《菊豆》，影片中朱紅色的草書標明由夏而夏的、一年中四季更迭所形成的時間的循環；由四太太的進門到五太太的迎娶所形成的事件的循環，已從對中國歷史循環的思考而爲結構並封閉影片敍事的方式。一個東方的壓抑、虐殺、「吃人」的故事，成爲西方文化視域中的傳奇。敍境中的冰冷與窒息成了西方影評人「美麗」、「迷人」的盛讚。《大紅燈籠高高掛》由此而超越了中國，成了「全球性」的藝術。中國歷史、文化成爲西方文化視域中一隻淒艷而纖毫畢現的、釘死的蝴蝶。張藝謀由此而爲我們提供了十分典型的後殖民文化的範本。

語義與裂隙

在構成這類逃脫中落網的第五代電影正文中，陳凱歌的《邊走邊唱》成爲有趣而典型的一例。這仍是一個《黃土地》式的中國歷史故事，所不同的是，歷史不再是萬古巋然的空間頹敗處顯露出的時間印痕，不再是懸置於艱難地依土而生、靠天吃飯的中國式生存之外的敍事與話語，只是在憨憨逆人群而下、奔向終於平衡了、但空明一片的地平線時，歷史才顯露出它的滯重、無所不在和面對它的無奈與痛楚。在《邊走邊唱》中，中國的歷史與對這一歷史的反思和批判已不復是影片的特定語境，它甚或不復做爲一個巨大的缺席之在場者決定著影片意指的展開方式。相反，《邊走邊唱》比《黃土地》或《孩子王》更爲明確地以中國歷史與文化爲其被述對象；區別只於，它不是民族內視的、穿越民族文化裂谷的精神之旅，而成了朝向西方的、試圖在西方文化中尋找一個切入點的歷史敍事。歷史，西方視域中悠長、陌生而有趣的中國歷史在《邊走邊唱》中成了一個空洞的意指，成了一個開闊的、任意放置語義的空間。由影片的原本——史鐵生的小說〈命若琴弦〉到陳凱歌的

《邊走邊唱》，這個盲歌手被師父許諾彈斷一千根琴弦，便可以打開琴匣，得以重見光明的藥方而耗盡一生，終得知琴匣中只有白紙一片的故事，已由建築在批判立場上的歷史、文化寓言而成了爲情節、奇觀、彼此疊加而又相互解構的語境、文化判決與拯救、意義與非意義所充滿、所裂解的敍事正文。陳凱歌在失落了他的現實的同時，失落了他的歷史視野。在中國的／西方的、民族的／世界的雙重語境之間，在文化的／反文化的、傳統的中心再置／朝向世界的歷史性離心過程之間，陳凱歌呈現了一個充滿裂隙、語義雜陳的空間。《邊走邊唱》並不如陳凱歌所言的那樣是一部「十分單純的影片」，它的題旨僅在於表達「人只活一次」⑯。相反，它是一部太過繁複的、過度表達的正文。從某種意義上說，陳凱歌之於中國歷史、文化、現實，確乎比張藝謀更多些忠實與愛戀；或許換一個角度說，較之張藝謀，陳凱歌更多些文化的、而非電影的使命感。於是，對東方的、民族文化的忠誠，對現實窘境的思考與規避中的直面；和遭遇西方文化視域的俯察與逼視，試圖化《孩子王》之陌生與隔膜而爲切入與理解的焦慮；中國精英文化的自恃和面對好萊塢電影時的仰慕與自卑，使得《邊走邊唱》因彼此矛盾、相互消解的多重主題的設置，因東西方雙重文化視域的並存，而成了一部超載的正文。

「命若琴弦」的故事仍是《邊走邊唱》的情節主部，它所負荷的特定語義——文化反思的、歷史控訴與救贖的、人生悲劇的——因之而保留下來。一個幽黯的、爲文化英雄主義所支持的絕望。一個中國現代化進程中特定的「文明與愚昧」命題的呈現。瞎眼，除卻做爲史鐵生特有的人生磨難的寓意之外，無疑是蒙昧、歷史閹割力的象徵。那張師徒三代相傳的藥方——一張白紙，是無望人生逆旅的依託，也是一個「等待果陀」式的、永遠延宕的光明許諾。然而，陳凱歌爲這個經典的尋根派／第五代式主題添加了一個新的層面：那就是老瞎子之爲古老的東方文化的使徒的寓意。不復是生命如琴弦般的脆弱與任人撥弄，而撥動琴弦將喚出奔突的、文化傳統的感召力與凝聚力；不復是一個歷史的人質和歷史命運的象喩，而成爲中國／東方文化之拯救力的呈現。他在敍境中尊爲「神神」，而這一身分將爲影片中的元社會反覆指認。影片的序幕是爲藍色的幽光所籠罩，爲白色的垂絲、正方形的光區所界定的一個舞台式的電影空間。行將就木的老師爺用瘖啞的嗓音吐出最後的遺囑：「藥方在琴裡。記住：一千根！」在一個正面、低角度的機位中，前景中是琴架上聖物般的琴，中景裡是已然長眠的師爺，他身後，徒弟祈禱般地唸道：「千弦斷，琴匣開；琴匣開，買藥來；買藥來，看世界，天下白！」他漸唸漸起，向著夜空伸開雙臂，與此同時，伴著升騰而起的轟鳴的音響，無名之風狂舞著垂絲，攝影機歌吟式地升搖起來；疊化爲搖拍中群山衆壑。這無疑不是一個歷史謊言被承襲的時刻，而是一個文化使命得到繼承，一位「神神」誕生、繼位的時刻。當攝影機再度搖降下來的時候，已是六十年歲月流逝，白髮的老「神神」一襲白衣，坐在師傅墓前，撥動琴弦。他繼而進入鬧市尋找徒兒石頭時，老人在鬧市中執杖疾行，俯拍鏡頭中，一雙雙敬畏的手敏捷地拖開稻筐，爲他開路。對一個無知者的發問：「這老爺子是誰呀？」路人的回答是：「你不知道他？你是誰呀?!」他爲一種崇高的使命感所驅使，從一處到另一處，爲在不毛之地上艱難生存的人們而歌吟。他的歌滋潤、灌溉著乾涸的黃土地。序幕後的第二景是師徒二人大全景的藍天黃土之間，在熾熱的驕陽之下，跋涉在戈壁草甸之上，他們的包頭、綁腿，使他們別有一番西方形象藝術中的聖徒風韻；入夜，則是月球景觀般的荒蕪奇詭。在這樣的空間中，師徒間進行著「什麼是藍色的大海？」「空白是白的嗎？」之哲理的、或曰「教程問答」。此後，則是影片另一個重要的舞台式場景：黃河岸邊的小麵鋪。那是九曲黃河的一處彎道，驚濤奔湧，飛浪跌落；不復爲反思文學或電影之「無水黃河的歌」，不復爲黃河與黃土地的同構同形。在此，老「神神」一個琴音使爭鬥者遲疑，一段旋律使二人住手斂容。當老人的固執征服了黃河艄公（「得過。野羊坳的人等著呢。」），後者一揮手，地平線上躍出數十個健美赤膊的小伙子，發一聲喊便托舉起渡船。「神神」師徒二人出征者般地執杖前引，吟唱著鏗鏘有力的號子；紅衣小姑娘執一隻火把在船上雀躍，他們背後是激浪翻滾的黃河。抵達對岸時，一人問艄公：「他是個瘋漢？」艄公字字千鈞地答道：「他是個神神！」至此，影片已無疑確認了一種史詩的、或寓言的風格，不是一個歷史的蒙難者，而是一位先知的故事，至少是一位先知所講述的故事。不是民族歷史中的一段，倒是民族神話的新的一頁。當他被野羊坳的人們舉過頭頂，當他第一次登上了爲火把所環繞的、神壇般的歌壇時，他所吟唱的不復是原小說中的〈董永葬父〉、〈秦香蓮〉、〈孟姜女〉、〈小羅成〉；而是「古時候有英雄，名叫夸父，追日頭，五百年」、「古時候有女子，名叫女媧，煉石頭，五百年」、「古時候有先人，名叫大禹，治大水，五百年」——民族的創世與拯救神話。

《邊走邊唱》不僅是民族的與文化的神話，也是拯救與文化使徒的神話。當村民們野蠻而盲目地開始了大規模血腥的原始械鬥，唯一能阻止這殘忍、荒誕的集體屠殺的是「神神」。他不顧重病，披衣握琴毅然奔赴。對徒弟的哭喊下跪：「要是再犯了病，你就彈不完你那些琴弦子了！」大全景中，老人只是稍一遲疑便頓足答道：「彈不完就彈不完罷！」顯然，拯救的使命感已遠遠超出了他彈斷千弦、重見光明的渴望。於是，一組鏡頭以白衣握琴、端坐山頂的神神之背影爲前景，後景中谷地上，是兩邊即將遭遇的、螻蟻般的廝殺的人群。當俯拍大全景鏡頭中，攪動塵埃的械鬥村民已混戰如一古戰場。老神神撥動琴弦唱道：「你們是個人。他們是個人。我們是個人。什麼時候，人啊是個人？人啊，人啊！」歌聲漸響，遍傳山間。神神正面大特寫鏡頭以聖者的莊嚴充滿畫面。終於他高歌著，摸索著向廝殺的人們走去，逆光中，老人披一身暉光。人群被震撼了、征服了，瘋狂廝殺的人群漸次住手，他們丟下了棍棒，終於葵花向陽、百鳥朝鳳般地向神神奔跑、聚攏而來，圍繞著他、簇擁著他匯聚成一股愛與力的人流。與此同時，攝影機仰拍長空，雁行飛過，在天空中大書下「人」字。和解的人群齊聲歡呼：「神神！神神！神神！」聲震長空。而當老人的最後一根弦——第一千根弦，不彈自斷時，群山呼應。於是，瞎眼不再是磨難與蒙昧，而成了使徒的十字架，一個到達天國而必須穿越的煉獄之火。事實上，這也正是敍境中的意義呈現之一。老人的故事是：「玉皇大帝的兩個兒子天河裡洗澡，一不小心從雲縫裡漏下來了。玉皇大帝就派天兵天將下凡，封了他們的眼。還說：下界那麼髒的地方，可不敢叫他們看見了。」這樣，瞎眼便成了純潔的保障，成了神之子、東方之基督的標誌。當這一層面同奇異、宏偉的空間形象、同驚濤拍岸、奔瀉萬里的黃河、同健美的、輕鬆地托舉起渡船的黃河船夫們縫合在一起的時候，它便成了一個古老民族的文化拯救力與原初生命力的神話，這無疑是陳凱歌面向西方文明所選取的特定姿態：置身西方優越文化視點中的民族文化的反抗——一個傳統的中心再置的掙扎；但其成爲又一逃脫中的落網，正在於這一民族神話剛好提供了西方文化向一個他性文化索取的拯救力。甚至當命若琴弦的故事已經完成，老人彈斷千弦換得了一張白紙之後，他並不如原作所描述的那樣，手中只剩下一把無弦的琴；而是死而復生般地撥動琴弦。在影片的最後一幕中，他重登那爲熊熊火把所環繞、所照亮、所形成的「舞台」上。老人端坐祭壇，用蒼老、宏亮的聲音開始唱：「大家都歌唱、歡樂！」此情境已超出敍境之外，成了電影敍事人的「赤膊上陣」：這是一個世界的舞台，陳凱歌在重唱古老中國的神話。中國的歷史與現實黯然消隱在神話出場的地方。然而這則陌生的中國民族與文化的神話並未能內在的包容、消解那個命若琴弦的悲劇。於是內視的／外顯的、反思的／弘揚的、死滅的／永生的語義便在《邊走邊唱》的正文中構成相互的反諷與解構。不知是一個歷史循環、文化謊言的悲劇爲民族神話所中斷，還是這一神話爲重寫的歷史話語所消解。

而從小說到電影，重要的改編之一，是影片充實、強化石頭和蘭秀的愛情故事（也是陳凱歌意欲構成影片商業價值的重要部分）。和原作不同，它不再是老少兩代悲劇命運的複沓，不再是盲歌手黑暗的人生歷程中的一個注定的斷念；而是因蘭秀的殉情而成爲一闋愛情的絕唱。於是，神神的故事、命運和石頭的故事便做爲出世與入世的對立，而成了正文中另一道「結構性的自相矛盾」的裂隙，成爲另一組彼此消解的語義。在神神處，這是文化與拯救的使命，是對光明鍥而不捨的渴望與供奉，是超越；而在石頭處，則是現世的愛情，是慾望，是對現實的認可。於是，當神神歌吟夸父、女媧、大禹時，石頭令人啼笑皆非地、不成調地加了一句：「升了仙……晚年無人照看。」於是，盲歌者的孤獨與流浪，不再是別無選擇的背負，不再是悲劇的、不公的宿命，而是一種出世、入世間的選擇。影片所表述的，不是命運的剝奪、歷史的閹割，而是一個存在主義式的主動拒絕。伴著超越歷史的個人、普遍命運、選擇命題的呈現，歷史、民族、文化的語義隨之而消解。如果命運的抉擇永在個人，如果「歷史的人質」隨時可以高揚起一面沙特的、大書著「不」字的旗幟；那麼他必可超越歷史、文化之壁壘，東西方之視域。而高山、長河、夸父、女媧——民族、民族文化也因之而失色。但這一切又似非陳凱歌選〈命若琴弦〉爲素材之本意。而當「神神」夜半起身，自問：

「六十年的功夫，就爲了看一眼，值嗎？什麼都沒了。沒了就再也找不回來了，就剩下那張藥方了。值嗎？」並回答「值得！」的時候；當他得知藥方只是一張白紙，憤而砸斷了師傅的墓碑，繼而呈現了那個幽綠色的夢，兩個綠衣新娘，最後只有沙中的綠轎、綠燈時；「神神」似又復爲一個歷史謊言的受害者與蒙難者。而此前蘭秀與石頭情竇初開、但畢竟兩小無猜地並肩坐在破廟門前，蘭秀搓落懸掛的葵花，給石頭一次遊戲的葵花子的洗禮，但忽而索然坐下，呆望著那已成空巢的葵殼，眼中泛出淚光。接下來，場景轉換爲堆滿金黃麥穗的場院，蘭秀手中拿著一隻完整的魚的枯骨。成熟的葵花和魚做爲形象的和語義上生殖力與多子多孫的象徵；而葵花的空巢和乾枯的魚骨便無疑成了被禁止的慾望、被閹割的生命的指稱。於是，石頭的個人悲劇又成了不可逃脫的歷史命運。

正是由於「神神」和石頭之故事的語義對立，影片便內在消解了「命若琴弦」的故事，及陳凱歌、第五代的一貫主題，顯然也是《邊走邊唱》的主題之一：對歷史循環的思考。如果說，「神神」的命運與他的師傅的一生構成了一次重複、循環；那麼，「神神」與石頭卻並非如此。從一開始，石頭就做爲一種別樣的人生態度、一種獨立而質疑的個人而存在。他對蘭秀的話：「我不一樣，彈斷多少是多少。」他關注的是「藍色的大海」和「空白是白的嗎？」而當蘭秀之死使他的入世之念成爲空想與斷念時，他也並沒有屈服或投身於師傅的模式。同一舞台式的、有著白色垂絛的、爲幽藍光所籠罩的序幕的再現只是老「神神」的一個噩夢，而不復是現實。儘管師傅傳下了「一千二百根」的遺訓，但石頭封入琴匣的並非師爺傳下的那方白紙，而是蘭秀遺下的那封「信」。那是石頭的目的，卻不是一個做爲歷史想像或謊言的理想；它是一個被指認爲夢的夢想、一個充分自覺的信念。當石頭水葬了師傅，背起琴、裝束上路時，特寫鏡頭呈現出破廟神像下，風捲去了「神神」的藥方——那張白紙。甚至當那把裝有蘭秀遺信的、師傅的琴被奪下之後，他仍然凜然地制止了將他當做新「神神」抬在肩上的村民，坦蕩蕩徒步、隻身而去。如果說，石頭的命運也注定爲一幕悲劇，那它並非「神神」之悲劇的重演；它將不是執著於一個光明的幻影，在爲理想而獻身的路上喪失理想的使徒，而是一個薛西弗斯式的、爲注定失敗的事業而戰鬥的英雄。他的悲劇只是西方文化視域中的個人的、命運悲劇，而不是「神神」式的東方的、歷史與社會悲劇。於是，影片的尾聲、石頭的故事便抵消了「神神」的命運之爲民族神話的文化內涵。對東方的、循環的歷史觀的反思與對西方的線性歷史觀的呈現，使《邊走邊唱》成爲一具「不復成片段」的「拆碎」之「七寶樓台」。

更爲有趣的是，當陳凱歌分身爲中國歷史悲劇的蒙難者與神聖的東方文化的使徒，分身爲歷史循環的控訴者和新一代薛西弗斯式英雄助產士及歷史進步的預言家，分身爲精英文化的執著者與大衆商業文化表象的營造者，分身爲老中國的「無主名、無意識殺人團」的控訴者與人道主義信念的傳道者之後，陳凱歌之爲電影敘事人選取的最後化身與假面，是對這雜陳而混亂的語義的超越。爲了成全一個全知的、甚或先知式的敘事視點，陳凱歌在《邊走邊唱》中設置了一個人類意義上的、或曰超越的人物：在敍境中，他是黃河岸邊小麵鋪中莫測高深的老闆，他又是影片最重要的場景：「神神」和石頭棲身的破廟中的一尊泥塑（由同一演員扮演），而這尊杜撰的東方神像，是一個介乎羅漢、魁星與判官的形象。其取義顯然是判官，一個西方文化語義中的命運之神與死神的對應物。做爲影片中最重要的造型與意義元素，這一形象力不勝任地負載著「命若琴弦」的故事和陳凱歌飛升爲一個人類母題。當仰拍中的藥鋪櫃枱、全無憐憫的賣藥者，將老「神神」的一生揭示爲一個謊言之後，黃河岸邊，那神祕的麵鋪老闆開口了：「甭管是誰，人人來到這世上，都得演一齣。有演得好的，有演得不好的。」心如死灰的「神神」驚問：「你是誰？」不答而言：「不看到完，怎麼知道這戲是好呢？」「神神」又問：「知道今日怎樣？」微微一笑答曰：「你是個幸福的人。」這段《五燈會元》式的參禪應答，將《邊走邊唱》由一個東方的故事、一個中國的民族神話扶搖而升入人生舞台之「大空」之中。接下來，「神神」辭去，紅衣小姑娘問道：「瞎爺爺，你啥時候再來呀？」回答是在升騰而起的音響之中、麵鋪傻伙計的吆喝：「客來，客走！」於是，過客般的人生便由此而懸浮在空明一片的舞台上。當「神神」再登祭壇般的歌台，唱一曲東方〈歡樂頌〉時，那神祕的麵鋪老闆也混跡於人群之中。看到老人再次高歌，他似欣慰、似嘲弄的一笑，轉身而去。如果這一超越的意義可以得以成立，那麼我們、你們、他們便只管閒雲野鶴般地、或老驥伏櫪般穿過人生，反思與神話、歷史與現實、殺戮與博愛、東方與西方，便都可休矣。《邊走邊唱》由此而成了過度表達又語焉不詳的特定正文，成了當代中國文化困境的直觀呈現，成了後殖民文化時代的一個畸胎。

九〇年代中國電影中類似的範本或許還有李少紅的《血色清晨》、孫周的《心香》和更年輕的一代張元所製作的《媽媽》。事實上，這是九〇年代中國電影一個角隅、一個邊緣；但它做爲西方文化視域中中國電影的主流，同時也是可預期的九〇年代中國電影中新的、典型的文化困境的呈現。重新開始的現代化進程將必然加深和拓寬歷史文化裂谷，將歷史更深地放逐到潛意識的幽谷中去。無可迴避地中國—世界一體化的進程將使後殖民化傾向更深地切入、裂解中國文化。一個「轟毀」文化的「鐵屋子」⑰的歷史契機？還是民族文化的悲劇式沉淪？與陳凱歌、張藝謀等同爲班傑明(Walter Benjamin)所謂的世界文化市場上的「文人」⑱，同在一個成型中的歷史——一個「巨大的開放性情節」⑲之中，這是一個並非筆者所能回答的問題。

註釋

①複調對話，語出自巴赫金。〔蘇〕《陀斯妥耶夫斯基詩學問題》，三聯書店。

②震驚體驗，語出自本雅明。〔德〕《發達資本主義時代的抒情詩人》，三聯書店。

③語出自克・麥茨。〔法〕C. Metz, *Language and Cinema.*

④權力話語、他性文化，語出自J・傅柯。〔法〕Michel Foucault, *The Archaeology of Knowledge.*

⑤語出自J・德里達。〔法〕Jecques Derrida, *Writing and Difference.*

⑥F・傑姆遜《後現代主義與文化理論》，陝西師範大學出版社。

⑦筆者〈斷橋：重讀第五代〉，《電影藝術》，一九九〇年三、四月。

⑧語出自保羅・伊利。轉引自M・德魯栗〈歷史的反省—紹拉反《卡門》〉，《世界電影》，一九八九年六月。

⑨〔法〕Roland Barthes, *The Pleasure of the Text.*

⑩同④。

⑪〔法〕加繆《西西福的神話》，三聯書店。

⑫〔法〕J・Lacan, *The Meaning of the Phullas.*

⑬〔美〕Marie A. Tony, *The Desire to Desire.*

⑭引自瑪麗・伊格爾頓《女權主義文藝理論》，湖南文藝出版社。

⑮唐那多〈博物館的嚴峻考驗〉。轉引自《本文的策略》，花城出版社。

⑯《每日一星：陳凱歌》，香港衛星電視中文台。

⑰魯迅〈《吶喊》序〉。

⑱同②。

⑲〔美〕Fredric Jameson, *The Political Unconscious.*

後新時期中國電影：分裂的挑戰

◆張頤武

一

讓我們從兩個場景開始。這兩個來自一九九三年的電視屏幕的場景是如此隱喻式地凸現了當下中國文化的某種處境，它們所構成的對照構成了我們時代的象徵性的圖景，它們以詭異的奇觀性昭示了衆多萬花筒中的碎片式的現象之流中的特殊的意義。它們似乎就是九〇年代本身，以一種不容質疑的粗暴將自身變成了時代之表徵。

第一個場景是燦爛的。在坎城電影節的發獎儀式上，法國影星伊莎貝爾・艾珍妮把金棕櫚獎授予了中國導演陳凱歌的《霸王別姬》。當穿著華貴的西服打著領結的陳凱歌走上領獎台，用英語表達自己對這個獎的渴望和尊重時，場內的來自西方的參加者報以熱烈的掌聲。一個「第五代」的中國「灰姑娘」的傳奇似乎已經有了最輝煌的結局，一個「走向世界」的八〇年代的宏願與幽夢已經有了最後的歸宿，但這個置身於西方觀衆掌聲中的成功者，這個以跨國資本製作影片的國際巨匠，這個將「中國」化爲奇觀的東西方傳媒的共同的「文化英雄」，當他用英語講述他對電影節和西方觀衆的認同與臣屬時，他和他的母語，和他所試圖表現的「中國」之間又有怎樣的關係呢？他又是以怎樣的「視點」去看這個「中國」的呢？這個堅忍地三次撞擊「金棕櫚」獎的「灰姑娘」傳奇的喜劇的歸宿是不是一個認同與臣屬的悲劇式的結局呢？作爲一個置身於全球性後殖民語境中的中國知識分子，我們不必也無權像陳凱歌一樣欣喜若狂，而是必須提出我們自己的追問。

第二個場景則是迷亂的。這是一個中國大陸最流行的電視肥皂劇的片段，一個值得我們記住的片段。這是《北京人在紐約》中的片段，由姜文扮演的王起明站在紐約的街頭，用北京俚語痛罵起來，而周圍的人們卻並不能聽懂這狂烈的咒罵，他們只是隔膜而冷淡地看一眼就悄然離去。咒罵與憤怒並沒有得到回音。這個站在紐約街頭、被成功的渴望點燃的角色卻成了一九九三年中國大陸觀衆的最愛。這個有關紐約、有關天堂與地獄之間的游走者的傳奇究竟爲什麼會使中國的觀衆如醉如痴呢？這個發生在與我們遠隔重洋的國際大都會的故事卻又爲什麼會打動第三世界的語境中的人們呢？狂烈的咒罵和電視劇結尾時那個粗暴的手勢究竟投射了怎樣的情緒和心態呢？

這兩個場景有極爲鮮明的對比。陳凱歌以英語表達他的認同和臣屬，而王起明卻是用漢語表達他的不平與不安；陳凱歌以講述神祕詭異的「中國」的獨特性獲得西方人的認同，而王起明卻試圖在紐約獲得夢想的成功而得到了中國大衆的傾心。這裡有一個有趣的矛盾，《霸王別姬》所表現的是一個神祕詭異的「中國」，卻受到了西方觀衆的認同，而《北京人在紐約》卻展現的是紐約，它受到了中國觀衆的認同。陳凱歌給予人們的是一個有關中國的「時間滯後」(time lag)，卻變成了後現代共時空間中受到認同和讚譽的「時間匱缺」(time lack)的表徵，它以東方的落後贏得了那一瞬間的共時的光榮。而《北京人在紐約》卻是反其道而行之，是在紐約這個「時間匱缺」的空間中呈露出第三世界文化處境的「時間滯後」，王起明的焦慮，正是在「同一個太陽」下的全球文化／經濟／政治的斷裂的表徵，它是在共時的狂熱追逐中獲得的落後的不安與焦慮。這兩個本文正好在完全不同的時間面向中顯示了其不同的特徵，而這些特徵則是中國大陸文化自身發展的結果，是「後新時期」文化運作的結果。

我所感興趣的是這兩個場景中不同的空間面向。陳凱歌的《霸王別姬》是利用跨國資本的投資，面向國際市場的電影，它的目標正是國際化的文化機器的認同。而《北京人在紐約》則是明確定位爲面向國內觀衆，試圖擁有最高收視率的電視肥皀劇，它的投資者包括國內主流經濟部門，試圖佔有中國市場的公司（如每次播出劇集之前都播出的可口可樂廣告）等等。兩部不同類型的影視片的完全不同的空間面向指向了國際／國內兩個不同的市場及不同的隱含觀衆。中國電影文化的狀況正可以從這兩個場景中顯現出來，而這種市場與「隱含觀衆」的分裂也就不可避免地構成了表意策略與風格特徵的分裂。中國電影文化正經歷了自身前所未有的「二元性」的發展，這種「二元性」的發展構成的電影文化本身的分裂，似乎是後新時期中國電影的基本表徵。《霸王別姬》和《北京人在紐約》雖分屬電影和電視領域，但它們構成的分裂景觀卻可以做爲中國電影文化的一個象徵、一個隱喩、一個無可逃脫的宿命。

所謂「二元性」，原是一個發展經濟學的概念。它指的是在發展中的第三世界國家經濟方面所出現的傳統部門／現代部門間、內向型／外向型經濟間所出現的分裂，也指在第一世界／第三世界間在世界社會體系中的分裂。①這種分裂往往導致第三世界的社會本身的二元格局。一部分外向型的經濟部門往往獲得了大量的國際投資和技術支持，因而獲得了迅速的發展，而另一部分內向型的經濟部門則面臨著停滯和不受重視的局面。兩個不同部門之間幾乎是互無聯繫的，而且往往前者的發展是以對後者的忽視爲代價的。這種「二元性」的經濟狀況往往也導致了一種文化的「二元性」發展。而這種文化的「二元性」發展正是我們所要研究的課題，它隨著某種全球性的「後殖民性」與「後現代性」的文化運作，在第三世界社會中發揮著作用，特別是對於中國這樣的具有悠久文化傳統和歷史的社會和民族來說，文化「二元性」的發展更具有著極爲複雜的政治／經濟／美學的特徵，值得我們深入的探究。這種文化「二元性」的出現意味著中國在向世界開放和全球文化傳媒化、信息化的時代中，在中國文化在後新時期中經歷的最爲複雜的市場化與消費化的進程中的文化新格局的形成，而在新格局的背後則是話語大轉型的「歷史之手」的新的擺動，是「歷史之手」徹底結束「現代性」偉大敍事的徵兆。這種文化「二元性」意味著一個中國文化的海外市場業已形成，文化生產、製作、消費的舊的模式已無力有效地運作，而一個我們都不熟悉的新的模式正在形成之中。而中國電影在國際／國內市場及隱含觀衆間形成的「二元性」的格局顯然是諸文化部門中最具典型性的，也是發育得最爲成熟的。因此，探討中國電影文化的「二元性」，也就是探討我們文化自身的命運與前途，也是探討在全球性的「後現代」與「後殖民」的語境之中的第三世界的命運和前途。探索「二元性」構成的分裂的挑戰，正是我們在走向二十一世紀的進程中的無可逃脫的選擇。

二

中國電影文化的「二元性」的形成，首先有賴於一個中國電影的海外市場的形成；其次，則必須有跨國資本的介入方能使這一「外向型」的電影具有較雄厚的資金支持而形成與西方電影工業的製作水準和生產及消費能力相適應的總體形象。自中國電影誕生以來，它就一直缺少一個明確的海外市場。可以說，中國電影一直是針對本民族的觀衆及本國市場的。它做爲文化工業的運作，始終是建立在國內市場的自身循環的基礎上的。這種狀態由本世紀二〇年代中國電影開始形成工業生產能力時起直到「新時期」都未有改變。在二〇—四〇年代，中國電影的票房主要依賴市民觀衆的介入，而五〇年代以後則主要是依賴社會主義國家機器對電影業的支持與管理。這使得中國電影始終處於一種單向、一元的運作模式之中。在二〇—八〇年代的漫長歲月中，中國電影雖經歷了不同體制的轉換，但卻沒有進入國際循環之中，它在二〇—四〇年代受到了具有強烈的文化殖民色彩的好萊塢電影的擠壓，②也往往對之進行模仿以適應市民觀衆的需求，而左翼電影則以強烈的政治傾向和訴求對人民進行「啓蒙」和「救亡」的宣傳。而五〇年代以後的中國電影則負載著「民族國家」對人民進行教育的使命，也有一定的娛樂與消費性的因素（如《五朶金花》或《今天我休息》等片都在其中溶入了頗濃的娛樂性）。但無論有多少差別，中國電影面對單一國內市場和隱含觀衆的狀況，卻決定了「現代性」的中國電影一直具有兩個明確的表徵。首先，中國電影雖處於世界電影總體格局中的「他者」位置上，但由於它並未加入國際電影工業的資本循環及跨國觀影體制之中，中國電影就仍保持著相對的獨立性，西方電影的「影響」往往經過中國電影本身的「轉換」，經過極爲複雜的接受、變形、改造、拒絕的過程方能投射在中國電影中。除了直接的影片輸入（如好萊塢電影、蘇聯電影都曾在特定時段形成過輸入熱潮），投資中國電影業的國際資本幾乎並不存在。中國電影也就在世界電影的邊緣悄然建構了自己的歷史和傳統，而與世界電影主潮間的互動並不明顯，中國獨立的「民族國家」的觀影體制和電影工業已經建立了自己的特殊的生產、流通及院線的機制。其次，這種單一市場和單一隱含觀衆的構成使得中國電影並未形成藝術電影／通俗電影、作者電影／主流電影的分層，類型化的策略亦不明顯。③而這兩個特徵正是決定中國電影具有的一元性特徵，並在其中形成了獨特的表意策略與風格。

中國電影的海外市場的形成與跨國資本的介入無疑是以張藝謀、陳凱歌電影的國際性成功爲標誌的。經過了「第五代」電影由《黃土地》開始的努力，一九八八年張藝謀的《紅高粱》在西柏林電影節上榮獲金熊獎，既爲八〇年代「走向世界」的夢想打開了大門，也爲當時處於體制轉型初期，在商業／藝術等多重矛盾中徘徊的電影界提供了對自身問題的「想像性」解決。既解脫了面對國內市場時第五代的激進實驗面臨票房壓力和抨擊，又使「第五代」獲得了一種前所未有的來自國際電影節的合法性。而事實證明，在國際電影節上的成功不僅是「藝術電影」的國際化商業性成功的保證，也使國內市場認可其價值，爲國內市場提供了票房的保證。進入九〇年代以來，中國電影的國際化的進程是與國內市場的萎縮及舊有的製作和觀影體制的逐步轉型和解體相一致的。張藝謀和陳凱歌的電影獲獎似乎已經成爲一種「國際慣例」，他們已成爲某種國際性的導演，是資金回收的可靠的保證。而正是隨著張、陳電影的成功，使中國電影已成爲跨國電影工業的理想投資方向。這種投資的目標則是爲西方電影節和觀衆提供來自第三世界的、價格相對低廉的文化消費品。由於中國與西方的高額匯率差距及中國作爲第三世界國家的電影製作成本的相對低廉，都使得這種投資並不需要巨大的商業成功即可收回成本，獲得極大利潤。這種以張藝謀、陳凱歌爲代表的中國「藝術電影」只需要有一個相對穩定的海外市場即可運作。我們可以發現張藝謀、陳凱歌的巨大成功導出了一種已具有明顯類型化傾向的電影製作模式。這種以「藝術電影」定位的類型化製作既是張藝謀、陳凱歌的自覺的追求，也是在何平的《炮打雙燈》、黃建新的《五魁》、周曉文的《二嬤》等影片的完全模式化的表意策略所呈現出的。這種類型化的「藝術電影」都是爲西方觀衆和電影節提供一種來自「中國」的「他性」的文化消費，使西方對於第三世界的慾望與幻象獲得最大限度的滿足。這種以標榜「作者」的個人獨創性和藝術表現的勇氣爲號召的「藝術電影」其實具有極其明確的共同的類型化的特點。這種「類型」不是好萊塢式的，而是在「後殖民」與「後現代」的全球文化語境中沉迷於「走向世界」的神話之中的中國電影的特殊的「藝術電影」定位。這裡有的不是藝術家的勇氣和才華，而是他對西方觀衆和電影節評委口味的精確把握和定位，有的是對投資人的理想回報的要求的合理的回應。

這種「藝術電影」類型的基本表意方式是對「民族寓言」的精確把握和調用。對在第三世界文化中的「民族寓言」的性質和功能，傑姆遜曾做過相當清晰的概括：「第三世界的本文，甚至那些看起來好像是關於個人和利比多趨力的本文，總是以民族寓言的形式來投射一種政治：關於個人命運的故事包含著第三世界的大衆文化的社會受到衝擊的寓言。」④中國電影的「民族寓言」特徵也已有批評家論及，認定這是新時期中國電影的基本特徵。⑤但此種「民族寓言」業已在張藝謀、陳凱歌式的類型化的「藝術電影」中化爲一種巨大的奇觀，化爲一種精心設計的「他性」的表意。這種「民族寓言」的表意具有雙重特點：

首先，這種「寓言」化的表意將「中國」視爲一個被放逐於世界歷史之外的特異性的空間。在這種電影中，總是以連續的長鏡頭提供詭異的空間特點。這種特點既表現於獨特的自然及人文景觀之中，又表現在被刻意渲染的獨特風俗及生活方式中。這些電影樂於選擇若干民俗代碼以強調中國文化的特殊性。這種空間的特殊性往往變爲西方人所無法想像和觀看的巨大的奇觀性。它們被看成一種靜止的、孤立的美的代碼。京劇、皮影、放鞭炮、出殯、掛燈籠都被精心地調用爲「美」的神祕而詭異的文化寓言。這種空間的特異性的提供，一方面讓它的西方觀衆看到某種幻象中的「中國」的奇觀，另一方面又把這種奇觀化爲與他們無關的離奇的軼事的匯集。這個充滿著詭異的特異性空間不是當下中國人所認知和了解的「中國」，而是類似於博爾赫斯幻想中的那個充滿異國情調的「中國」。正是這些卓有才華的導演將「中國」這個我們居住的空間化爲一種神祕的幻想性的空間，供西方的觀衆消費。這個異質性的「他者」的空間是異想天開的、驚心動魄的虛構的結果。

其次，這種「寓言化」的表意又把「中國」納入了世界歷史之中，將之化爲一個時間上滯後的社會和民族。這裡有來自西方主流話語的「普遍人性」的視點的充滿優越感的表述。這種對於中國的時間滯後性的探究，一方面乃是對中國私生活領域的壓抑性進行刻意的渲染（這裡最主要的是性的壓抑），另一方面，則是對中國的特殊的政治生活和意識形態的刻意的虛假的反抗。通過這兩種方式，「中國」人有了與西方人相似的渴望、慾求，只有由於滯後的時間而受到了壓抑。在陳凱歌的《霸王別姬》和張藝謀的最新影片《活著》中，那些越軌的愛情及中國近幾十年的歷史的進程的即興表述，都被指認爲具有某種當代性的特徵，變爲某種根本不存在虛假的反抗的代碼。正是依靠這種精心編碼的意識形態姿態，他們又一次完成了對西方話語的認同與臣屬。《活著》中那些極具煽情性的政治諷喩，顯然不是對中國歷史的認眞的探究，而不過是對發達資本主義文化霸權的慾望與幻象的再一次滿足，不過是一次對當代中國文化及政治的「稗史化」的幻想的表述。這種來自所謂「普遍人性」的對「中國」的表述當然極其概念化和粗率，而《活著》在坎城所獲得的榮譽，不過是一次對於我們處於中國文化語境中的人的荒誕的文化報復而已。像這樣類似政治活報劇的生硬的本文居然被視爲中國電影的傑出代表，不能不認爲是一場可笑的貝克特式的戲劇。

總之，這種類型化的所謂「藝術電影」是「後新時期」中國文化的獨特產物。它當然與五四以來的「現代性」話語對「國民性」的批判及「文化反思」具有某種聯繫，但又與之存在著深刻的斷裂。五四以來的「現代性」話語所造成的「民族寓言」，是爲了使本土的觀衆獲得有關自身處境的「知識」，以促進中國的變革。在這裡，啓蒙大衆和爲大衆代言構築了「喚醒」民衆的偉大敘事，對西方話語的認同導向的是試圖賦與本土民衆新的「知識」的努力。而這種類型化的「藝術電影」則不再是面對本土觀衆的選擇，而是爲西方提供慾望與幻象的滿足。前者是現代性的，後者是「後現代性」的；前者是對「時間」的焦慮，而後者則是對全球空間關係的精確把握。這種把握正是通過將西方的「視點」「內在化」而取得的。張藝謀和陳凱歌的執著的追求和過人的才華，卻使他們成爲西方話語的某種「轉換器」，以藝術的表意將「中國」轉換爲一個「他者的神話」。這是當代全球性的「後殖民」與「後現代」的語境之中第三世界文化的困境的表徵。你要被「世界」所接受，就不得不選擇對西方話語和文化權力的認同，就不得不選擇對自身的「他者化」，就無法不將自己化爲一個「被看」之物。張藝謀、陳凱歌的確是英雄般的勝利者，卻也是被放置在全球文化／經濟／政治格局中的囚徒。他們的追求和才華似乎超越了民族的界限，成了一個「世界」性或「人類」性的藝術家，但其實不過更深地落入了全球性的文化權力的掌握之中。這種「普遍人性」的幻想本身就是一個巨大的神話。張藝謀曾認爲：「你不要考慮獵奇，不要考慮別人喜歡你什麼東西，只要你把電影拍好了，只要你傳達出人和人之間最眞誠的關係，那麼無論是哪國觀衆都會喜歡。」⑥但其實這裡充滿詩意的烏托邦式的人類大同的幻象裡的問題是，「好」是誰來判定的？誰認定張藝謀就是「好」的？也許我們不應懷疑張藝謀的天眞幻想（「無論是哪國觀衆都會喜歡」）的眞誠性，但人們似乎也無法不發問，誰在製作張藝謀的影片？誰通過發獎方式的方式創造了張藝謀這個神話人物？在跨國電影資本的運作中以中國爲空間所加工的張藝謀電影眞是一個單純到不停地宣諭「無論哪國觀衆都會喜歡」的天才藝術家的個人的神聖藝術追求呢？還是全球性的電影工業所加工的有關第三世界的廉價的文化消費品呢？在張藝謀、陳凱歌及其後來者們所製造的那些「藝術電影」中我們不難找到最清晰的回答。

這種類型化的「藝術電影」創造了兩個巨大的神話，一是「藝術電影」的合法性的標準乃是西方電影節的獎杯。來自第一世界的電影節的評委們變成了第三世界「藝術電影」的無私的知音和守護神，變成了捍衛藝術的純潔和美的天使。二是跨國資本的運作乃是中國「藝術電影」獲得拯救與出路的唯一方式，是其生存的唯一可能性。這種「類型化」的藝術電影已成爲一種壓抑性的文化等級制的「經典」，它們以流水線式的方式成批地生產並成批地獲獎，並被判定爲「好」的電影。其實上述的兩個神話的主人公們遠非純潔的天使，而是在全球性的「後殖民」語境之中以自身的話語權力及意識形態對第三世界電影進行全面的「再編碼」的人。他們正是爲了西方的主體和「中心」的永恆的普遍性的價值才創造這種有關「中國」的特殊性的。「中國」通過空間的特異性與時間的滯後性的雙重交叉定位被化做了供西方消費的「寓言」。這當然徹底地結束了中國電影的單向性和一元性的發展。中國電影在打開它的海外的空間之時，卻又發現它彷彿被囚入了這一空間的一個邊緣的位置之中。它變成了與它的本土的語言／生存的無關之物，它在成爲這個「民族」的寓言的同時，卻又失掉了與這個民族的當下狀態的聯繫，變成了一種飄浮遊蕩的華美而又枯萎的花朵。

三

構成中國電影的「二元性」的另外一極的是一種「狀態」性電影的生成。這種電影乃是面對國內市場和本土觀衆的選擇，它承受著電影體制轉軌所帶來的巨大壓力，也承受著外向性的部門的壓力。它是傳統的單向性和一元性的電影體制面對著消費化與市場化的「後新時期」的新的取向。它主要以目前中國人的關注熱點及大衆文化的資源建構自身的話語。它力圖迎合中國大陸正在興起的民間社會的文化及價值取向，是與傳媒的發展及中國大陸文化市場的發育相適應的。它不是以「寓言」的方式表述中國的總體形象，而是立足於當下我們自身的語言／生存境遇，它以對當下「狀態」的把握和控制吸引本土的觀衆。它賦與我們所關注、所傾心的問題以想像性的解決，它調動我們的無意識與慾望。「王朔電影」在八〇年代後期的驚人成功可以說是這種對「狀態」的表述的最初成就，而從《渴望》到《北京人在紐約》的整個電視肥皂劇都是對當下「中國」的「狀態」的表述。它是以實用的九〇年代價值爲前提，以把握本土觀衆、掌握國內市場爲特徵的。因此，這種「狀態」的表述追求極爲強烈的當下性，它是緊隨時代的話語轉換及流行文化潮流的變化而發展的。

所謂「狀態」電影，指的是如夏剛的《大撒把》、《無人喝采》，張建亞的《三毛從軍記》、《王先生之慾火焚身》，胡雪楊的《留守女士》式的電影。它還包括一些被指認爲中國「新影像運動」的電影等等。這些電影似乎已呈現了兩種走向。一是以張建亞的兩部電影爲代表的「反寓言」式的電影，它是以當下普通人的趣味和實用的價值觀，以狂想式的卡通風格「戲擬」了種種「寓言」化的表意及「現代性」的偉大敘事，在錯雜的狂歡的嬉笑中將那一切化爲烏有。這種電影充分利用了文類混雜、戲擬、眞人與漫畫混合等等方法打破電影的幻覺特徵，並對電影史的許多經典的片段進行了肆意的嘲弄。這些方式的出現乃是力圖掙脫「寓言化」的反諷，也是對面向國際市場的「後新時期」的寓言性表意的反諷。二是以夏剛、胡雪楊及若干其他導演的本文所顯現的對當下「狀態」的直接的投射。這是「狀態」性電影的主要潮流，值得進行較爲細緻的探討。

這種「狀態」電影的出現乃是「後新時期」電影的國內生產部門的嚴重的「表徵危機」的結果。這種「表徵危機」指的是電影無力把握實在的危機，又指的是無數大衆傳媒的表述與指稱所構造的「超級眞實」使舊的「眞實」及「表現」都失掉了意義。這種電影的「表徵危機」首先來自電影自身。「第五代」的探索已變爲面向西方的電影生產，而經典的中國電影表意方式也已無力適應當下的消費化及市場化進程中的「中國」。電影的表現力長期受到了尖銳的批評和指責。其次，這種「表徵危機」也體現於電影之外的視聽媒介的崛起及新的空間意識的形成。MTV、廣告、肥皂劇、卡拉OK、CD、衛星電視構築了一個比電影更富奇觀魅力的世界。一種新的空間感、一種無時間性的欣悅與沉醉、一種遊戲機式的瞬間的美學擊碎了舊的表達的界限。這樣，在內部和外部，面對國內市場的中國電影的生存面對著表徵危機的強烈挑戰。「狀態」電影正是對表徵危機的表述。這種表述正像傑姆遜所言：「我們要注意，當時間的連續性破碎斷落，目前的經驗便變得有力無比，驚人的活潑，而且絕對『物質』。我們的世界以無比緊張的心情，面對此一精神分裂的現象，懷著一種既神祕難解又高壓難受的心情。」⑦

這種「經驗」和「感情」對於「冷戰後」的第三世界語境而言，具有強烈的衝擊力。中國的「狀態」及「個人」的「狀態」均呈現出撲朔迷離的特徵。表徵危機正是文化再定位的危機，是重新認識自身的危機。「狀態」電影正是這一處境的多重複合的投射。

首先，「狀態」電影意味著一個巨大的「視點」的改變。電影的攝影機及背後的文化機器昔日的簡單表達已無法存在下去。「狀態」電影所拍攝正是與其拍攝者自身的「狀態」相契合的，影片與拍攝者的生存狀態幾乎是同一的，拍攝本身就是體驗、參與、共生的過程。

其次，它是照相式的寫實風格與抽象式的表現風格的混合。在這種「狀態」電影中，時間並不十分清晰的，而現時的經驗卻是異常逼眞的，但這種逼眞性又被無數光斑式的亮點所遮蔽。這裡沒有我們習慣的「眞實」，而有無限的片段性和不完整性。如一部不久之前製作的電影以複雜的巴洛克式的繁複結構及極爲逼眞的日常生活再現，使得體驗性的心理情緒的過程與實眞的物像的迷戀相混雜，以勾勒九〇年代中國青年生活的「狀態」。

再次，它是瞬間性與長時段的拼貼與混合。以這種混合構造成一種強烈的當下性，使得片段的彷彿即興化的連綴也成了某種特殊的可能性的展現。

第四，它是內在／外在、體驗／觀察的拼貼與混合。這種混合提供了對「狀態」的最爲直接的投射，是多重鏡像的諸相似性的無窮的反射。這裡沒有一種獨特的、偉大的整體新風格，而是對各種表意方式的無限度的挪用。而這種混合又往往具有自我反思性的「元敍事」的特徵。

第五，它是通俗性／先鋒性的拼貼與混合。這些電影具有相當的娛樂性和世俗經驗的呈現，又有某些先鋒電影的特點，顯示出「塡平雅俗鴻溝」的傾向。

從上述的五個方面看，所謂「狀態」電影乃是像法國哲學家博德里亞所指出的：「將狀態回歸於狀態自身，戲耍於身體之狀態而非慾望之深度。」⑧它構成了中國電影的國內部門，而正像我們上面所討論的，這種「狀態」電影的出現標誌著破除「寓言」電影所造的「中國」的固有形象，從而嘗試探究某種新的表達。

四

綜上所述，後新時期中國電影所面對的是一個「二元性」的景觀。「寓言」／「狀態」間分裂正是不同空間面向及文化選擇的結果。它標誌著中國電影文化的分裂，一種不同文化部門間的分裂。這種分裂的令人不安之處在於，這兩個不同的電影部門之間已經越來越缺少聯繫。在所謂「藝術電影」越來越國際化、外向化的同時，而具有某種商業性的「狀態」電影則趨向於國內化、內向化。這往往造成一種極爲簡單化的判斷，認定凡是可供外向化的就是「高雅」的，而內向化的則是「通俗」的，二者具有一種等級的差別。而強大的國際資本和國際電影節的認可則正在加劇這種外向的國際化選擇的力量，它們正在強化著中國電影的二元性的發展。這種二元性的發展正是在中國電影工業面臨著巨大的轉型的時刻發生的，體制的轉軌迫切需要資金，而院線的萎縮、觀衆的減少正使得國內市場的吸引力越來越小時，「二元性」發展形成了一個雙面刃。首先，它爲電影業塡補了在舊的計畫性的製作體制退出後的空白，支撐了中國電影的運作。其次，它卻進一步造成了優秀的人才被吸收到它的體系之內，悄然地變化了整個電影的格局，反過來加劇了面向國內的部門的困境。這種相當脆弱、極不成熟的「狀態」電影，必然很難與港台電影及外國電影相競爭，這就會使原本就在縮小的國內市場進一步萎縮。二元性發展的最大的困境是，「寓言」電影的國際性成功並沒有給國內的電影業注入勃勃的生機，它的成功並不能波及「狀態」電影的發展，它們正在平行的軌道上各自運行。

目前，這種二元性已經成爲一種無法改變的基本格局。這種格局最好地呈現在第十三屆金雞獎的評獎結果中。最佳故事片是張藝謀的《秋菊打官司》，而最佳導演則是《大撒把》的導演夏剛；最佳女主角的提名是鞏俐和在《大撒把》中飾女主角的徐帆，最終得獎的是鞏俐。國際化的、外向性的「寓言」電影與國內化的、內向性的「狀態」電影的二元性在此已表露無遺。其實這裡的競爭並不平等，張藝謀和鞏俐的背後，有一個跨國的電影機器在悄然地運作；而夏剛和徐帆的背後則只有一個處於危機中的國內市場。這個評選結果的出現也就是十分自然的了。

二元性使我們面臨著分裂的挑戰，也使得後新時期電影的未來撲朔迷離。只要我們所面對全球性的「後殖民」與「後現代」語境仍然存在，只要中國本身的市場化進程仍在繼續，這種二元性就會始終糾纏著我們。但我們似乎不必悲觀，我寄望於「狀態」電影的發展。這往往一方面構成對西方話語和文化權力的批判，另一方面卻又在莎米·巴巴的「模仿」(mimicry)的意義上大膽地對西方及港台的流行文化進行「挪用」，造成一種像／不完全是的新的無法歸依的景觀。⑨這種新景觀並不試圖尋找純粹的「中國」電影，而是在一種交織雜揉(hybridtiy)中尋覓新的可能。這種「新影像」既可以重新獲得本土的觀衆，又可以脫離「現代性」的「後寓言」電影的新路，從而獲得一種新的未來。

但無論我們對未來做怎樣的期待，中國電影仍然要和我們一道走入二十一世紀。

註釋

①有關「二元性」的概念的詳盡闡釋可參閱李琮《第三世界論》，世界知識出版社，一九九三年三月，第一版，二六—三三頁。邁克爾・P・托達羅《經濟發展與第三世界》，中國經濟出版社，一九九二年三月，第一版，七三—七七頁。

②有關這方面的資料可參閱〈「好萊塢王國」在舊上海〉，此文中有大量相當有趣的第一手資料。文見魏紹昌《東方夜談》，海峽文藝出版社，一九八七年二月，第一版，一五三—一六九頁。

③中國電影的此類分化開始於八〇年代之後，其情況相當複雜，我將另文討論之。簡略地說，自「第四代」、「第五代」崛起時，中國電影的分層化過程即已開始。

④《當代電影》，一九八九年第六期。

⑤《電影理論與批評手册》，科學技術文獻出版社，一九九三年四月，第一版，五七—七五頁。

⑥《文藝爭鳴》增刊，《張藝謀現象專號》，五九頁。

⑦Fredric Jameson, "Postmodernism and Consumer Society", *The Anti-Aesthetic: Essays on Postmodern Culture,* ed. by Hal Foster (Seattle, WA: Bay Press), p.120.

⑧Jean Baudrillard, *Seduction* (New York: Saint Martin's 1990), p.16.

⑨有關「模仿」構成的反抗性的論述可參閱 Homi K. Bhabha, "Of Mimicry and Man: The Ambivalence of Colonial Discourse", *October: The First Decade 1976-1986.* (Cambridge, Mass.: MIT Press, 1987), p.317-25.

誰導演了張藝謀神話

◆王一川

在需要「卡里斯馬」英雄而又無力產生這種英雄的年代，文化所擅長的象徵性解決本領，莫過於能演出盡情揮灑浪漫奇想的當代神話劇了。於是，「張藝謀神話」應運而生。

張藝謀神話

二十世紀中西藝術交往史上如果出現過「神話」般奇蹟的話，張藝謀無疑該是這部神話的當然英雄（主角）了。

作爲邊緣性弱勢的話語的中國藝術，能從西方這中心性強勢話語王國成功地討來「說法」，談何容易！遙想玄奘當年，跋涉千里，歷經磨難，才從西天討來「說法」。本世紀中國文學向西天取經，更是長路漫漫。當同處亞洲的印度泰戈爾、日本川端康成榮享諾貝爾獎後，我們這泱泱詩國也該討得個「說法」了吧？在那些巴望中國文學「走向世界」的人看來，獲諾貝爾獎才是中國在世界成功的眞正標誌。可是，一流大師魯迅、郭沫若、茅盾、沈從文未成。巴金總行了吧？似乎也遙遙無期。彷彿已經命中注定，中國人與這大獎總失之交臂。

然而，令文壇尷尬的是，出道不久的張藝謀卻以《紅高粱》、《菊豆》、《大紅燈籠高高掛》和《秋菊打官司》，在西方一再獲得大獎或大獎提名，使文壇的夢想轉而在影壇成眞。這不是當代「神話」又是什麼？

張藝謀神話不僅在於中國人成功地從西方強勢話語場中討來「說法」，而且在於創造出當代個人的自我實現奇蹟。他以特殊的本領和機遇使中國最高電影學府的大門一叩即開；剛擺弄電影攝影就以《黃土地》一鳴驚人；做《老井》攝影又自薦出演主角，在東京一炮打響；直到首次執導影片就以《紅高粱》在柏林一夜成功。張藝謀，這「一」的神話的創造者！

而且，讓人驚奇的還在於，他能通過《秋菊打官司》的成功，而使在中國國內遭禁的《菊豆》、《大紅燈籠高高掛》起死回生，從而身價倍增。

張藝謀神話還在於，他從鄉村入城市，從西部入京都，從攝影升任導演，從世界文化的邊緣擠入中心……這豈不是從邊緣進入中心的成功範例？

顯然，張藝謀神話的尤其精彩處在於，它的主人公總是善於首先在西方獲得「說法」，然後據此回頭在國內找到「說法」。這意味著以來自中心的話語權威而使自己在邊緣地帶成爲話語權威。

原始神話曾是初民對宇宙人事之幻想的記錄，而今，人們的無盡幻想不仍在製作當代「神話」麼？

那麼，是誰導演了張藝謀神話？難道就是這位攝影、演員和導演俱佳的英雄本人？或者是冥冥中另一種神奇的力量？

總導演與執行導演之間

張藝謀本人是他執導的影片的導演，但卻不是張藝謀神話的導演。他在這部神話中確實顯示出驚人的表演天才和獨創性，但他只是主角；與這位主角的光芒四射不同，眞正的導演卻躲在幕後而難爲人所察覺。他似乎缺席，然而又一手導演著這一切，並有力地控制著主角的行動，因此是缺席的在場，是無形而又無所不在的支配力量。這導演是誰？籠統地講，正是歷史，即最終決定藝術話語行爲的我們的當下實在。不是張藝謀本人或其他偶然因素，而是歷史一手導演了張藝謀神話。

這歷史誠然可以歸結爲——處於初級階段的社會主義在與西方晚期資本主義對峙時遭遇的特殊情境。但它並不直接露面，而總是以一些「替身」去代行導演權力；它是總導演，替身們則充任執行導演。這執行導演之一正是文化，即可以在語言模型中闡釋的特定經濟、政治、哲學、宗教、藝術等狀況。文化是歷史境遇的顯示。這時期歷史決定了文化的特點、充滿異質力量間的矛盾、衝突、危機。如果說張藝謀神話是一則文化文本，那麼，文化便是它得以產生並造成感染效果的語境。文化語境以其內部多種力量交織而成的張力情勢促成了這神話文本的誕生。這樣，歷史總導演通過文化這執行導演而具體製作神話。因此，文化語境是直接支配神話的力量，但歷史並未因此被架空，而是更巧妙而高明地握有最終支配權。

張藝謀神話大致發端於八〇年代中後期而延續至今，環繞著它並使之產生的文化可以說是三方會談語境。當代自我爲第一方，他是未完成的形成中的主體；第二方是傳統父親，包括二十世紀前的古典傳統父親和二十世紀現代傳統父親，是影響當代自我生長並成人的深厚的傳統力量，是一位熟悉而陌生的「他者」；第三方則是西方他者，即強勢切入中國文化的西方文化，既有後現代、消費社會，也包括希臘精神、啓蒙主義等。當代自我作爲「盟主」，正與這兩位他者展開對話。情形是，當代自我中心無主，語調乏力，而傳統父親卻語氣逼人，西方他者更是力圖反客爲主。當代自我無可奈何地處於西方他者和傳統他者的強大權力威逼之下，遭受「他者引導」；不過，卻不甘屈服，而是竭力抵抗，謀求奪回話語盟主權。這場強弱懸殊的話語較量是如此艱難而漫長，以致當代自我已對勝利的結局急不可待。於是，他以豐富的想像力構想出與西方平等對話、甚至戰勝它，並借西方之力擊敗傳統父親的成功的神話故事，以便使自己的焦渴獲得暫時的象徵性滿足、宣洩。

正像《紅高粱》裡「我爺爺」憑藉打敗日本人這一壯舉使自己一躍而爲英雄一樣，張藝謀憑著從西柏林抱回「金熊獎」似乎證明：當代中國話語在飽經屈辱之後，已在西方中心贏得一席之地！而且，這似乎不過是開端，更輝煌的勝利還在後頭！於是，人們在心滿意足間恍然覺得，當代中國話語已經甩掉弱勢話語的破帽而具備第一流實力，不僅足以與西方強勢話語相抗衡，而且能輕鬆自如地擺脫傳統父親話語的血緣糾纏。

張藝謀神話的神話特色，總由於其情節的曲折跌宕而加強。主人公是在艱難曲折中取勝的，這一點反而增益了他的英雄氣度。《菊豆》、《大紅燈籠高高掛》雖然如願在西方獲獎，卻在國內遭禁。因爲，傳統父親威嚴地申斥說：在西方獲獎並不等於戰而勝之，而是拜倒在其權威之下；或者，這是以對傳統父親的作踐（不孝）而博取西人褒獎。這一斥責是否適當姑且不論，重要的是這表明傳統父親他者的依然在場，魔力不散，他注定了要力拚西方他者以奪回對當代自我的監護權。這樣，當代自我就無法不處在這兩位他者的兩面夾擊之下。

神話的英雄畢竟是英雄，他又在適當的時機以《秋菊打官司》從威尼斯搬來「金獅」獎，又借金獅的神力在國內換得「說法」。並且終於使那兩部被禁片開禁。秋菊雖打贏官司但未能討得「說法」，張藝謀卻既打贏官司又討得「說法」，可謂兩全其美，神乎其神！

我們的神話英雄似已成功地使自己處在三方會談的平等與和諧格局中。既蒙西方客人嘉獎，又得傳統父親誇讚，如此吉日良辰，當代自我怎不沾沾自喜、彈冠相慶？是否可以借張藝謀之口宣告，當代自我已重新控制三方會談的盟主權？

秋菊式錯覺

實際上，這種平等與和諧感不過是一種秋菊錯覺。錯覺，即是自我的誤認或自戀。秋菊滿心以爲，在一個好人環境中不難討得區區「說法」，但結果事與願違。村長王善堂這類握有話語控制權的「公家人」，決不會輕易給人「說法」。他寧願賠錢也不願賠「說法」，這同秋菊要「說法」而不要錢一樣：他們一樣地但是針鋒相對地認識到「說法」比「活法」更根本，因爲它是「活法」的方向，即是眞正的存在方式所在。海德格有理由說：「語言是存在的寓所。」當維根斯坦說「想像一種語言意味著想像一種生活形式」時，我們不妨變通著說：想像一種說法意味著想像一種活法。但是，想像畢竟是想像，往往可能是自我誤認或自戀。因爲，語言既可能是我們的「家」，也可能是「牢獄」（海德格），是「魔鬼」或「法西斯」（巴特）。在權力無孔不入之處，如何可能奪得眞正的語言淨土？秋菊不無道理地把「活法」投寄到「說法」上，但也因而不無道理地使自我迷失於虛空之中。這就是語言的悖理。正由於如此，有秋菊式錯覺。同時，張藝謀從西方討來「說法」，也不過是三方會談語境中當代自我的錯覺而已。

同時闡明西方他者和傳統他者給「說法」的個中究竟，想必令人感興趣。但限於篇幅，我們還是只集中說說西方之「說法」的內情。

西方話語作爲位居中心的強勢話語體系一樣，同任何統治性話語體系一樣，最關心的是自己在世界話語格局中統治權威的永世長存問題。因此，與任何邊緣性話語體系對話時，總是首先看其是否有利於維護自己的盟主性權威。就此而言，張藝謀文本可能具有如下四種作用：㈠有益，即有利於鞏固權威；㈡有害，即構成顛覆威脅；㈢既無益也無害，具有某種「可容納性」；㈣無法溝通，缺乏引進價值。哪種情形更爲可能成眞呢？張藝謀文本畢竟主要是有關中國人的生存方式的話語，從而不大可能直接構成鞏固或顛覆威脅西方話語。同時，在西方獲獎，證明溝通障礙問題不存在。這樣，㈠㈡㈣不大可能出現，唯餘第三種可能性。不過，在當代西方話語體系裡，㈢往往極具靈活、變通、可塑特性，能通過特殊「容納」手段而被挪移爲㈠，即由無益且無害的成爲有益的。

張藝謀文本既不會直接爲西方文化大廈添磚加瓦，更不會挖其牆腳，從而正是可以「容納」的合適對象。容納正是西方對付張藝謀文本這類「他者話語」的經常性戰略「詭計」。容納意味著對「他者話語」作包容、接納工作，使其按己方話語規範被重構，以便轉化爲鞏固己方盟主權的工具。這是一種話語挪移工程。張藝謀文本在被容納過程中，原有的獨特性和可能的或潛在的顛覆因素給稀釋、變形、瓦解或改裝，從而巧妙地挪移來鞏固西方話語的統治權威。具體講，這裡的容納有以下情形：

首先，張藝謀文本中那些富於異國情調的神奇因素，如顛轎、高粱地野合、點燈與封燈家規、鄉村民俗與西方後現代流行文化雜揉並存場面等，是西方人茶餘飯後心滿意足地享用他們的盟主權的絕妙點心。

其次，這部文本中對原始生命力乃至法西斯主義的張揚，《紅高粱》對暴虐、反人性的傳統父親倫理與家規的渲染與控訴（《菊豆》和《大紅燈籠高高掛》），以及慣用的儀式化場景，與二十世紀西方現代主義藝術在不確定中對確定性的追求有著一致；而當這些意義又往往憑藉「銀幕的暴力」呈現時，則與西方近年後現代主義熱潮合拍了。這自然會可以視張藝謀文本之模仿西方的成功樣板而受到老師嘉許，這又反過來證明西方盟主地位的當之無愧和固若金湯。

再次，對張藝謀文本這類邊緣性弱勢話語的成功容納，可以作爲一個典範向人們宣告：西方是一個虛懷若谷、自由平等的話語國度，在那裡就連這樣的邊緣話語也能受到如此禮遇！在這樣一層溫情脈脈的詩意面紗下，西方統治似乎就顯得合法、合理又合情了，從而獲得一次成功的再生產。

張藝謀文本，不正如此地被西方容納，成爲鞏固其統治權威的富於魅力的廣告麼？

當然，這種容納戰略與其說是有意識的，不如說更多地是無意識的，即是西方征服他者話語、鞏固自身權威的一種無意識戰略。正由於其在無意識層面暗中運作，即便西方人本身未必都意識到和承認，更不用說張藝謀仍對此難以覺察了。統治性話語的統治「詭計」正在於散布一些迷濛且迷人的煙幕以掩蓋自身赤裸裸的意圖。

更爲重要的是，張藝謀文本之被如此地容納，並不必然意味著徹底喪失獨立自主品格。可能性有兩種：一是被完全誘降，有意或無意中甘願做西方話語的馴服工具，跟在其後面亦步亦趨，滿足於從那裡獲得「說法」；二是順應並假借被容納情勢，「身在曹營心在漢」，巧妙地與權威鬥智鬥勇，保持自身的特立獨行風範，並伺機反抗和顛覆。在當今世界話語的西方中心格局中，邊緣性話語極易成爲第一種，而很難修煉成第二種。張藝謀話語似處於兩種之間，但具有向第一種傾斜的跡象。下一步該怎麼走，確乎是事關重大的話語抉擇了。張藝謀能成爲在容納中顛覆的神話英雄嗎？不妨拭目以待。

至此我們已看到，有關張藝謀從西方討得「說法」的感覺不過是一種秋菊式錯覺。「說法」是給了，而且確實讓西方了解並不再那麼一味輕視中國藝術，但並未如願地成爲當代自我成功的標誌，而相反成爲他被西方他者引導的證明。在西方獲獎並不足以證明中國電影已「走向世界」，而只是再次表明其仍在世界的邊緣。給不給「說法」，主動權不在我們，而在別處。張藝謀神話畢竟不是現實，而是當代自我的擺脫「他者引導」危機而虛構出來的象徵性模式，即是想像態錯覺。我們的三方會談文化尙不足以同西方文化抗衡，但又太需要確證自己的一流實力，於是急切地導演出在想像中與西方平等對話的張藝謀神話。而西方他者自身的戰略性需要正好有力地投合了這一點。然而，我們的缺席的歷史總導演呢，他不是依舊匱乏、孱弱麼？他不是仍在渴求「他者」而不是自己給「說法」麼？

第一部是正劇……

張藝謀神話或許是尙未完結的多部劇，第一部才剛剛演完。對此自可以見仁見智，誰也別以爲自己的觀感是唯一的權威話語。在我們看來，這一部是正劇，是神話英雄歷經艱難而在西天和中土大獲成功的記錄。但是，第二、三部又會是什麼呢？是悲劇抑或喜劇？如果重複扮演這同一角色，那麼會在容納中被誘降，做西人工具，於是就會有喜劇；而如果改動這一角色，力求在容納中奮勇反抗強權，那就極可能如以卵擊石而歸於失敗，於是就會有悲劇。

張藝謀會演哪一種呢？喜劇主角還是悲劇英雄？且看總導演和執行導演下一部會怎麼著。

作者與譯者簡介（按姓氏筆畫）

王一川

北京大學文學碩士，北京師範大學文學博士，專攻美學與文學理論。著作有《語言烏托邦》、《中國現代卡里斯馬典型》、《無代期中國電影》等。現任北京師範大學中文系教授。

丘靜美

美國加州大學洛杉磯分校(University of California, Los Angeles)電影系博士。著有〈《黃土地》：西方分析與非西方正文〉；〈中國是闡釋學的絕路嗎？論大陸電影對非漢族女性的政治及社會利用〉；〈國際幻影與新中國電影〉等文，載於美國《電影季刊》、《論述》及《電影與錄像評論季刊》之中。並合編有《新中國電影：形式、身分、政治》一書。現任加州西方學院(Occidental College)藝術系電影副教授，及美國電影研究學會一九九三—九六年度執行委員。

石琪

本名黃志強。曾任香港國泰電影公司美術部、《明報》編輯，同時用石琪筆名在《大特寫》、《香港國際電影節特刊》等發表電影評論專文數百篇，並廣爲東南亞各地報章轉載。現任香港《明報》影話影評專欄作家。

李天鐸

美國俄亥俄州立大學(Ohio State University, Columbus)影視傳播博士(一九八五)，專攻電影電視美學與批評。著作有《電視與當代批評理論》(譯／遠流出版)、《大陸電影事業發展現況與未來展望》(海基會出版)、〈客廳聲影與感知經驗：電視美學的符號分析〉、〈電視：替代性的文化論述機器〉。現任輔仁大學影像傳播系暨大衆傳播研究所副教授，及中華民國視覺傳播藝術學會理事長。

李迅

北京國際政治學院中文系畢業，現於中國電影藝術研究中心電影理論與美學研究室，從事理論研究和評論工作。主要譯著有《意識形態和意識形態國家機器》(譯)、《基本電影機器的意識形態效果》(譯)、《電影史：理論與實踐》(譯)以及《電影研究的觀念》、《龍年警官》、《話語間關係》、《漂亮女人：入夢就別醒》等。

李歐梵

美國哈佛大學(Harvard University)東亞研究博士，專攻中國近代思想史與文學。先後任教於美國普林斯頓大學、芝加哥大學、加州大學洛杉磯分校，目前任教於哈佛大學。英文著作有《中國現代的浪漫作家》(哈佛出版)、《鐵屋中的吶喊：魯迅研究》；中文方面有《西潮的彼岸》、《中西文學的徊想》、《狐狸洞話語》等。

吳正桓

美國喬治亞大學(University of Georgia)心理學博士(一九八五)，專修電影社會功能與觀衆認知，其所撰寫之相關電影研究文獻，散見於《電影欣賞》、《影響》及《中國時報》，並著有專書《低度開發的回憶》(唐山出版)，曾任台灣中原大學心理系副教授。於一九九五年病逝於台灣桃園。

吳昊

本名吳振邦。影評人、電視監製、專欄作家、電台節目主持人、舊文物收藏家、香港歷史民俗研究員，著有專書《香港電影民俗學》(次文化堂出版)。現任香港浸信會大學電影電視系主任，兼無線電視台節目發展部顧問。

胡克

北京師範大學中文系文藝學碩士。現任中國電影藝術研究中心理論與美學研究室副主任、副研究員，《當代電影》雜誌編委。從事電影理論研究、電影評論以及普及電影文化工作。主要著作有《從電影看社會問題》、《電影觀衆慾念分析》、《三種電影喜劇與觀衆的笑》、《香港台灣電影概要比較》等。編導介紹世界電影的電視片有：《世界電影之林》、《世界喜劇電影精萃》、《世界驚險電影精萃》

等。

倪震　畢業於北京電影學院美術系。八〇年代初開始從事電影理論與評論寫作。電影論文有〈中國三〇年代電影的現實主義與寫實風格〉、〈電影造型〉、〈起跳的高度〉、〈電影理論多元代的進程〉等。電影劇本有《大紅燈籠高高掛》等。現任北京電影學院副教授、電影理論研究室主任。

唐維敏　台北輔仁大學大衆傳播研究所碩士，專攻影視文化研究、傳播政治經濟學。著有〈影像與意識形態：電視廣告的符號學分析〉與〈破媒體時代：科技與文化的思考〉，其他譯作散見《當代》、《電影欣賞》、《傳播文化》、《內爆麥當奴》、《文化、社會與媒體》等書刊。現任輔仁大學大衆傳播系講師。

陳蓓芝　台北輔仁大學大衆傳播研究所碩士，專攻電影電視理論與批評。著有《八〇年代台灣新電影現象之社會歷史分析》。現爲雜誌編輯。

張頤武

現任北京大學中文系副教授，從事中國當代文學、電影及文學理論的教學與研究工作。著有《在邊緣處追索——第三世界文化與中國當代文學》、《大轉型——後新時期文化研究》（與謝冕合著）等專書及論文多種，編有《中國後現代散文選》。

楊遠嬰

一九八二年畢業於中國人民大學研究生院世界文學專業，同年獲碩士學位。一九八八年赴原蘇聯莫斯科國立電影學院電影學系訪問學習，現任中國電影藝術研究中心電影理論研究室副主任。在大陸和台灣出版理論譯著和電影論文多種。目前主要從事當代藝術批評、理論思潮譯介、電影與文藝刊物編輯等工作。

齊隆壬

法國巴黎第三大學現代文學電影碩士，專攻電影符號學與影像閱讀解析，著作有《電影符號學》（書林出版）、《電影沉思集》（圓神出版）、《KTV與控制社會》及影視批評專文多篇。現任台北世界新聞傳播學院視聽傳播系副教授。

劉現成

台北輔仁大學大衆傳播研究所碩士，專攻台灣電影史、電影電視理論與批評。著作有〈台港兩地的電影互動：回溯與展望〉、〈台灣電影發展史上的絕響：談《梁山伯與祝英台》的社會意義〉、〈六

○年代台灣健康寫實影片之社會歷史分析〉。現任行政院國科會電影專案研究員，台北市電影史料研究會常務理事。

戴錦華 一九八二年畢業於北京大學中文系文學專業。現為北京大學比較文學研究所副教授，並於北京電影學院文學系任教。主要從事電影理論與評論、中國當代電影與文學的教學與研究。代表著作有《浮出歷史地表》、《電影理論方法》、《中國電影文化：一九七九—一九八九》等。

文化叢書⑭

當代華語電影論述

編　著——李天鐸
發行人——孫思照
出版者——時報文化出版企業股份有限公司
台北市108和平西路三段二四〇號四樓
發行專線—(〇二)三〇六六八四二
讀者免費服務專線—(〇八〇)二三一七〇五
(如果您對本書品質與服務有任何不滿意的地方，請打這支電話。)
郵撥—〇一〇三八五四～〇時報出版公司
信箱—台北郵政七九～九九信箱
電子郵件信箱e-mail add:ctpc@c2.hinet.net

主編—吳昌杰
責任編輯—李濰美
校對—趙曼如・王開平
排版—正豐電腦排版有限公司
製版—成宏照相製版有限公司
印刷—嘉雨印刷事業股份有限公司
初版一刷—一九九六年五月十日
定價—三二〇元

Printed in Taiwan

ISBN 957-13-2032-3

國家圖書館出版品預行編目資料

當代華語電影論述 / 李天鐸編著. -- 初版. --
臺北市 : 時報文化, 1996[民85]
面 ; 公分. -- (文化叢書 ; 143)
ISBN 957-13-2032-3(平裝)

1. 電影 - 論文,講詞等

987.07 85003831

請沿虛線摺下裝訂，謝謝！

傳承文化・開創新局

文化叢書

寄回本卡，掌握文化、社會的最新出版訊息

請沿虛線撕下後對折裝訂寄回，謝謝！

（下列資料請以數字塡在每題前之空格處）

______您從哪裏得知本書／

1書店 2報紙廣告 3報紙專欄 4雜誌廣告

5親友介紹 6DM廣告傳單 7其它／______

______您希望我們爲您出版哪一類的作品／

1政治 2經濟 3哲學 4社會 5心理 6歷史

7其它：______

您對本書的意見／

______內容／1滿意 2尙可 3應改進

______編輯／1滿意 2尙可 3應改進

______封面設計／1滿意 2尙可 3應改進

______校對／1滿意 2尙可 3應改進

______定價／1偏低 2適中 3偏高

您希望我們爲您出版哪一位作者的作品／

1______ 2______ 3______

您的建議／

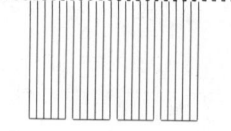

廣　告　回　郵
北區郵政管理局登
記證北台字1500號
免　貼　郵　票

時報出版
CHINA TIMES PUBLISHING COMPANY
尊重智慧與創意的文化事業

地址：台北市108和平西路三段240號 4 F
電話：(080)231705(讀者免費服務專線)
(02)3066842・(02)3024075(讀者服務中心)
郵撥：0103854-0時報出版公司

請寄回這張服務卡(免貼郵票)，您可以——
- ●隨時收到最新的出版訊息。
- ●參加專為您設計的各項回饋優惠活動。

編號：BA143	書名：當代華語電影論述
姓名：	性別：①男 ②女
出生日期：　年　月　日	身分證字號：
學歷：①小學 ②國中 ③高中 ④大專 ⑤研究所(含以上)	
職業：①學生 ②公務(含軍警) ③家管 ④服務 ⑤金融 ⑥製造 ⑦資訊 ⑧大眾傳播 ⑨自由業 ⑩農漁牧 ⑪退休	
地址：　縣市　鄉鎮區　村　里　鄰　路(街)　段　巷　弄　號　樓	
郵遞區號：	